Krassimir Stojanov

Bildung und Anerkennung

115 In die Welt Hinausgehen

Bildung mit sich selbst kennen

110 Anerkennung bildet die intersubjektive Voraussetzung u. Fähigkeit, die eigenen Lebensziele zu verwirklichen

118 Handeln — erhalten

170 Anjas = Rollenidentität

141 Daniel, Anerkennung

Krassimir Stojanov

Bildung und Anerkennung

Soziale Voraussetzungen von Selbst-Entwicklung und Welt-Erschließung

VS VERLAG FÜR SOZIALWISSENSCHAFTEN

Bibliografische Information Der Deutschen Nationalbibliothek
Die Deutsche Nationalbibliothek verzeichnet diese Publikation in der
Deutschen Nationalbibliografie; detaillierte bibliografische Daten sind im Internet über
<http://dnb.d-nb.de> abrufbar.

1. Auflage November 2006

Alle Rechte vorbehalten
© VS Verlag für Sozialwissenschaften | GWV Fachverlage GmbH, Wiesbaden 2006

Lektorat: Monika Mülhausen / Tanja Köhler

Der VS Verlag für Sozialwissenschaften ist ein Unternehmen von Springer Science+Business Media.
www.vs-verlag.de

Das Werk einschließlich aller seiner Teile ist urheberrechtlich geschützt. Jede Verwertung außerhalb der engen Grenzen des Urheberrechtsgesetzes ist ohne Zustimmung des Verlags unzulässig und strafbar. Das gilt insbesondere für Vervielfältigungen, Übersetzungen, Mikroverfilmungen und die Einspeicherung und Verarbeitung in elektronischen Systemen.

Die Wiedergabe von Gebrauchsnamen, Handelsnamen, Warenbezeichnungen usw. in diesem Werk berechtigt auch ohne besondere Kennzeichnung nicht zu der Annahme, dass solche Namen im Sinne der Warenzeichen- und Markenschutz-Gesetzgebung als frei zu betrachten wären und daher von jedermann benutzt werden dürften.

Umschlaggestaltung: KünkelLopka Medienentwicklung, Heidelberg
Druck und buchbinderische Verarbeitung: Krips b.v., Meppel
Gedruckt auf säurefreiem und chlorfrei gebleichtem Papier
Printed in the Netherlands

ISBN-10 3-531-15035-9
ISBN-13 978-3-531-15035-2

Inhalt

Vorwort 9

Einleitung 11

1 Intersubjektivitätstheoretische Transformation des Bildungsbegriffs 19

   1.1 Semantische Grundstruktur des gegenwärtigen Bildungsbegriffs 21
      1.1.1   Zur Logik der begriffsanalytischen Methode 21
      1.1.2   Zwei widersprüchliche Verwendungsweisen von „Bildung" 25
      1.1.3   Ist der Bildungsbegriff eine „deutschsprachige Besonderheit"? 27
         1.1.3.1 John McDowells Begriff der Bildung 30
      1.1.4   Semantische Dimensionen des Bildungsbegriffs und die Struktur ihres Zusammenhangs 33

   1.2 Bildung und posttraditionelle Gesellschaft 36
      1.2.1   Bildung, Tradition und post-konventionelle Inklusions- und Integrationsmuster 38
      1.2.2   Sozialwissenschaftliche Ansätze zum Bildungsbegriff 41
      1.2.3   Zentrale Desiderata der sozialwissenschaftlichen Ansätze zum Bildungsbegriff und der „klassisch-neuhumanistische" Bildungsgedanke 47

   1.3 Grundzüge einer intersubjektivitätstheoretischen Transformation des Bildungsbegriffs 54
      1.3.1   Intersubjektivität, Sozialität und objektiver Geist 55
      1.3.2   Rezeptionsfiguren des Intersubjektivitätsgedankens in der Erziehungs- und Bildungstheorie 57
      1.3.3   Sprach- und anerkennungstheoretische Konzeptualisierungsformen von Intersubjektivität 61

1.3.4 Bildung als intersubjektives Geschehen. Universalismus-
Partikularismus-Paradoxie bei dem
intersubjektivitätstheoretischen Zugang zu
Bildungsprozessen 64

1.4 Zusammenfassung... 66

2 Die Universalismus-Partikularismus-Bildungsparadoxie in Bildungspolitik und im Diskurs der interkulturellen Erziehungswissenschaft 69

2.1 Zum Begriff der (pädagogischen) Paradoxie.
Antagonistischer und dialektischer Widerspruch 70

2.2 Zwei Fallbeispiele für den Widerspruch zwischen den
Prinzipien der individuellen Autonomie und der kulturellen
Zugehörigkeit: „Wisconsin vs. Yoder" und
„Mozert vs. Hawkins County Board of Education" 73
    2.2.1   Die faktische Beschaffenheit der Fälle....................... 74
    2.2.2   Theoretische Kontroversen in Bezug auf „Wisconsin vs. Yoder" und „Mozert vs. Hawkins County Board of Education" 76
        2.2.2.1 Individuelle Autonomie und kulturelle „Prägung"............. 81

2.3 Die Universalismus-Partikularismus-Paradoxie im Diskurs
der interkulturellen Erziehungswissenschaft................................... 84
    2.3.1   Kulturdeterministische und kulturrelativistische Konzepte 85
    2.3.2   Kulturtranszendierende Konzepte 89
    2.3.3   Kulturdekonstruierende Konzepte 93
    2.3.4   Dualistische Konzepte.. 96

2.4 „Differenzempfindlicher Universalismus" als Leitbegriff
bei den Bewältigungsversuchen der Universalismus-
Partikularismus-Paradoxie?.. 100

2.5 Zusammenfassung.. 104

3 Struktur und Mechanismen individueller Bildungsprozesse im Lichte des anerkennungstheoretischen Paradigmas 107

3.1 Zum Begriff der Anerkennung 110

3.2 Zum modernitätstheoretischen Hintergrund des anerkennungstheoretischen Paradigmas – Posttraditionale Gemeinschaft und gebrochene Intersubjektivität 111

3.3 Die anerkennungstheoretische Erfassung der Subjektkonstitution als Individualgenese und Identitätsentwicklung 115
    3.3.1   Identität, Selbstbezug und intersubjektive Anerkennung 116
    3.3.1.1   Der Begriff der Identität 117
    3.3.1.2   Intersubjektive Hervorbringung personaler Identität als Summe von Selbst-Eigenschaften und als narrative Kohärenz 121
    3.3.2   Anerkennungsformen und ihre Dynamik 127
    3.3.2.1   Liebe 128
    3.3.2.2   Recht und moralischer Respekt 139
    3.3.2.3   Soziale Wertschätzung 141

3.4 Zwischenergebnis der Argumentation 144

3.5 Die Erfassung der Weltbezüge als Desiderat der Anerkennungstheorie 146
    3.5.1   Weltbezug und Intersubjektivität 147
    3.5.2   Welt, Umwelt, Lebenswelt 152
    3.5.3   Weltbezug, Bildungsfähigkeit und kulturelle Zugehörigkeit(en) 156

3.6 Zusammenfassung 161

4 Kulturell-biographische Anerkennung als bildungsstiftende Intersubjektivitätsform 163

4.1 Der Begriff der „kulturellen Anerkennung" – eine kritische Betrachtung 164
    4.1.1   Ein irreführender Weg in der erziehungswissenschaftlichen Rezeption: „Anerkennung der Differenz" 165
    4.1.2   Kollektive Identitäten und individuelle Selbstverwirklichung als zentrale und entgegengesetzte Bezugspunkte der Diskussion über „kulturelle Anerkennung" 170

4.1.3 „Kulturelle Anerkennung" als Ermöglichung von Bildung 177

4.2 „Kulturelle Anerkennung" als (implizites) Thema der empirischen Erforschung biographischer Bildungsprozesse bei Migranten 184
4.2.1 Migration als Bildungsprozess? 185
4.2.2 Biographische Bildungsprozesse aufgrund von Migrationserfahrung als notwendige Orientierungsannahme empirischer Migrationsforschung 192
4.2.3 Sozial-interaktive Voraussetzungen für biographische Bildungsprozesse auf der Grundlage von Migrationserfahrung und im Allgemeinen 196

4.3 Zusammenfassung 199

5 Individuelle Wissensgenerierung, Anerkennung und pädagogisches Handeln 201

5.1 Wissensgenerierung als propositionale Artikulation 202

5.2 Intersubjektive Voraussetzungen der Wissensgenerierung 206
5.2.1 Individuelle Wissensgenerierung und die didaktische Perspektive 209
5.2.2 Individuelle Wissensgenerierung und die Perspektive der Mäeutik 214

5.3 Qualitätsmerkmale pädagogischer Professionalität aus anerkennungstheoretischer Perspektive 217

6 Fazit 223

7 Literatur 225

Vorwort

Man kann sich kaum einen anderen Begriff vorstellen, der sich durch eine dermaßen doppeldeutige Verwendungsweise auszeichnet, wie derjenige der Bildung. Auf der einen Seite handelt es sich hierbei um eine ureigentlich philosophische, geisteswissenschaftlich verwurzelte Kategorie, die den Vorgang der Entstehung und Entwicklung des Subjekts als ein selbstbezügliches Wesen, die Entfaltung seiner Autonomie und Freiheit, seine Selbstüberhöhung anvisiert. Auf der anderen Seite bezeichnet man mit „Bildung" im Sinne vom „Bildungswesen" die Sphäre der institutionalisierten (schul-) pädagogischen Praktiken, welche die Funktion zu erfüllen haben, diejenige Kenntnisse, Werte, Fähigkeiten und Fertigkeiten vor allem an die heranwachsende Generation zu vermitteln, die für ihre erfolgreiche Eingliederung in die bestehende Gesellschaft notwendig sind. Bildung als Selbstverwirklichung und Selbstüberhöhung des Subjekts einerseits und Bildung als Praxis schulischer Unterweisung andererseits scheinen zwei sehr unterschiedliche Bedeutungsgehalte aufzuweisen, die so weit voneinander entfernt sind, dass die Versuchung groß ist, „Bildung" im ersteren Sinne des Wortes für eine individuelle, ja sogar „private" Angelegenheit des Einzelnen zu erklären, die mit institutionalisierten pädagogischen Praktiken und Interaktionen wenig zu tun hat, deren Zielsetzung demnach in der Semantik etwa der Kompetenzvermittlung besser als in derjenigen der Bildung aufgehoben zu sein scheint.

Die vorliegende Studie versucht, die Kluft zwischen diesen zwei Bedeutungen von „Bildung" zu überbrücken, indem sie diesen Begriff sozialtheoretisch rekonstruiert. Ihre übergreifende These ist, dass Bildung qua individuelle Selbst-Entwicklung und Welt-Erschließung ein intersubjektiv vermittelter Vorgang ist, der dann initiiert wird, wenn die Interaktionen, in denen er eingebettet ist, bestimmte Qualitätsmerkmale aufweisen, die sich in normative Anforderungen an institutionalisierte (schul-)pädagogische Praktiken übersetzen lassen. Diese Qualitätsmerkmale und die Wege ihrer Ausbildung können wiederum – so die Annahme – auf der Grundlage einer bildungstheoretischen Umsetzung und Erweiterung des anerkennungstheoretischen Ansatzes konzeptualisiert werden, der nicht nur als die neueste Ausprägungsform des intersubjektivitätstheoretischen Paradigmas anzusehen ist, sondern darüber hinaus an sich eine sehr hohe bildungstheoretische „Anschlussfähigkeit" aufweist.

Den Weg von der sozialtheoretischen Rekonstruktion des Bildungsbegriffs bis zum angedeuteten Umriss einer normativ gehaltvollen Theorie des pädagogischen Handelns kann ich an dieser Stelle nicht vorweg nehmen. Ich kann nur hoffen, dass nach der Lektüre dieser Studie die Leserin und der Leser diesen Weg vielleicht zwar als lang und manchmal beschwerlich, vielleicht auch als sich durch einige ungewöhnliche Wendungen auszeichnend, aber letztlich als stringent und als ertragreich empfinden wird.

Der vorliegenden Monographie liegt eine Habilitationsschrift zugrunde, die 2005 von der Fakultät für Geistes-, Sozial- und Erziehungswissenschaften der Otto-von-Guericke-Universität Magdeburg angenommen wurde. Sowohl die Abfassung dieser Schrift, wie auch ihre relativ starke Überarbeitung für die Publikation wurde durch die großzügige Finanzierung meiner eigenen Stelle als Leiter eines Forschungsprojekts an der Universität Hannover zum Thema „Konzeptuelle Entwicklung eines anerkennungstheoretischen Bildungsbegriffs vor dem Hintergrund gesellschaftlicher Multikulturalisierungsprozesse" durch die Deutsche Forschungsgemeinschaft ermöglicht.

An dieser Stelle möchte ich Albert Ilien und Winfried Marotzki herzlich für ihre langjährige, intensive und wohlwollend-kritische Begleitung des gesamten Projekts danken. Mein Dank gilt auch Anja-Silvia Göing für die menschliche und fachliche Unterstützung während meines nicht ganz einfachen Lebensabschnitts, in dem dieses Projekt zustande gekommen ist. Alexander Diekmeyer war nicht nur eine fachkundige und zuverlässige „Hilfskraft" beim Korrektur-Lesen und bei der technischen Erstellung des Manuskripts, sondern auch ein kompetenter Diskussionspartner in Bezug auf seine Inhalte. Schließlich bin ich Axel Honneth nicht nur dafür zu Dank verpflichtet, dass er die zentrale Bezugstheorie dieser Monographie konzipiert hat (und nach wie vor weiter entwickelt), sondern auch für seine intellektuelle Offenheit, die eine kaum zu nachahmende und keineswegs selbstverständliche Diskursatmosphäre schafft, in der Positionen und Argumente kontrovers diskutiert werden können, ohne mit Status- und Machtfragen vermischt zu werden.

Einleitung

[handschriftliche Notiz: zentrale Qualitätsmerk-male bildungsstiftenden päd. Handelns]

Das übergreifende Anliegen dieses Buches ist die Konzeptualisierung einer Theorieperspektive auf die sozial-intersubjektiven Voraussetzungen und Verlaufsmuster von Bildungsprozessen. Auf dieser Grundlage können in einem nächsten, in dieser Arbeit allerdings nur ansatzweise vollzogenen Schritt, zentrale Qualitätsmerkmale bildungsstiftenden pädagogischen Handelns rekonstruiert werden.

Mit ihrer so formulierten Zielsetzung versucht diese Arbeit zur Behebung eines Theoriedefizits beizutragen, das seit einigen Jahren von vielen Seiten zum Ausdruck gebracht wird. Ich meine die Feststellung, dass wir heute immer noch sehr wenig über die konkreten sozialen Bedingungen, die sozialen Triebkräfte und Verlaufspfade von Bildungsprozessen wissen.

Dieses Defizit erhält unter den Bedingungen der heutigen posttraditionellen Gesellschaften eine besondere Brisanz. Der Grund dafür ist, dass unter diesen Bedingungen ein einheitlicher, alle Einzelperspektiven übergreifender Kanon kultureller Objektivationen nicht mehr widerspruchsfrei begründet werden kann: die nicht-aufhebbare Pluralität dieser Perspektiven ist eine Tatsache, die die posttraditionellen Gesellschaften entscheidend prägt. Daher wird die für die Tradition der geisteswissenschaftlichen Pädagogik weitgehend charakteristische Vorstellung obsolet, wonach Bildung als Initiation in einen kulturellen Kanon erscheint, der wiederum durch die selben kulturellen Überlieferungen übermittelt wird, in welche die Einzelnen schon hineingeboren und familiär einsozialisiert wurden, und wonach sich Bildung als eine Art Selbstläufer, als ein quasi-automatischer Akt der Aufschließung von Kultur für den Einzelnen und des Einzelnen für die Kultur vollzieht, sobald der fragliche Kanon authentisch und didaktisch geschickt durch die Lehrpersonen repräsentiert wird. Wenn diese Vorstellung wegen der Tatsache der nicht-hintergehbaren soziokulturellen Pluralität ihre Selbstverständlichkeit verliert, rücken die folgenden Fragen ins Zentrum der Reflexion über pädagogisches Handeln: Wie können Lehrpersonen Bildungsprozesse bei Heranwachsenden anstoßen, ohne sich dabei auf einen gemeinsamen und übergreifenden Überlieferungskomplex stützen zu können, der die gegenseitige Andersheit der Perspektiven der Akteure bildungsbezogener Interaktionen sollte transzendieren können? Was ist das übergeordnete Ziel von schulischen Bildungsprozessen, wenn nicht die Weitergabe dieses Überlieferungskomplexes von der erwachsenen an die heranwachsende Generation? Und: was ist überhaupt heute unter „Bildung" zu verstehen, wenn sie nicht mehr ohne weiteres als „Kulturaneignung" oder als „Kultur nach der Seite ihrer subjektiven Zueignung" (Adorno) bestimmt werden kann?

Die Beantwortung dieser Fragen erfordert als *erstes* die Entwicklung eines Theorieansatzes zu den Prozessen der Subjektivitätskonstitution, d. h. der Selbst-Entwicklung und der Welt-Erschließung, in dessen Rahmen diese Prozesse nicht mehr als Hinführung zu einem meta-sozialen objektiven Geist ausbuchstabiert, sondern als immanente Dimensionen von pluralisierten sozialen Verhältnissen rekonstruiert werden. Solche Verhältnisse zeichnen sich durch die Nicht-Aufhebbarkeit der Differenz und der Spannung zwischen den Momenten des Sich-selbst-durch-den-Anderen-Seins und des Von-dem-Anderen-getrennt-Seins aus.

Als Grundlage für die Entwicklung dieser Theorieperspektive bietet sich das intersubjektivitätstheoretische Paradigma an, das unübersehbar und rapide an Einfluss im gesamten Bereich der Humanwissenschaften gewinnt – von Sprachtheorie über Psychoanalyse und Entwicklungspsychologie bis hin zur Praktischen Philosophie. In allen diesen Disziplinen scheint die Grundannahme dieses Paradigmas, dass das Selbstsein immer ein Sein in den Anderen und durch die Anderen ist, unter anderem deshalb so attraktiv, weil sie einen Zugang zu den Triebkräften der Entwicklung des Subjekts eröffnet, die in seinen alltäglichen Sozialbeziehungen lokalisiert sind. Dadurch entsteht die Hoffnung, dass sich die „Geheimnisse" dieser Entwicklung (und ihrer Pathologien) durch die Rekonstruktion des konkreten Charakters dieser Beziehungen lüften lassen könnten. Anders ausgedrückt: Entwicklung individueller Autonomie erscheint durch eine bestimmte Qualität von Sozialbeziehungen bedingt, und sie lässt sich deshalb durch Arbeit an dieser Qualität fördern.

Daraus folgt unmittelbar, dass die hier anvisierte Transformation des Bildungsbegriffs auf der Grundlage des intersubjektivitätstheoretischen Paradigmas sich zum einen jenen meistens systemtheoretisch und/oder radikalkonstruktivistisch inspirierten pädagogischen Vorstellungen entgegensetzt, welche die Tatsache der post-traditionellen oder „post-modernen" Pluralisierung und Individualisierung der Selbst- und Weltbezüge der Einzelnen und ihrer Entwicklungswege als Postulat der Nicht-Beeinflussbarkeit von individuellen Lern- und Bildungsprozessen auslegen. Zum anderen wendet sich diese Transformation des Bildungsbegriffs auch gegen die – nicht nur in der pädagogischen Populärliteratur! – wieder erstarkten naturalistisch-biologizistischen Erklärungsmuster, die eine genetische oder physiologische Vorbestimmtheit dieser Prozesse verheißen, die sich sozial nur geringfügig irritieren ließen. Gegen diese beiden Tendenzen vertritt die vorliegende Arbeit die Position, dass Bildungsprozesse sich weder in vereinzelten autopoietischen „Black Boxes" vollziehen, noch als Ausführung von genetischen Programmen und Realisierung von natürlichen Gaben verstehen lassen, sondern sich zwischen Ego und Alter-Ego und als immanente Dimension sozialer Interaktionen und ihrer Dynamik ereignen. Genau diese Position bedingt die Anstrengung, die konkreten Qualitätsmerkmale von *bildungsstiftenden* Interaktionen auszuloten, um dadurch normative Orientierungen für den institutionalisierten Interaktionsbereich des (schul-)pädagogischen Handelns zu formulieren, dessen übergreifende Aufgabe trivialerweise darin besteht, Bildung zu ermöglichen, zu initiieren und zu unterstützen.

Die vorliegende Arbeit orientiert sich bei dem so angedeuteten Transformationsversuch des Bildungsbegriffs konkret an dem anerkennungstheoretischen Ansatz innerhalb des intersubjektivitätstheoretischen Paradigmas, und sie strebt eine bildungstheoretische Umsetzung und Erweiterung dieses Ansatzes an. Der Grund dafür ist nicht nur, dass er als die neueste Ausprägung intersubjektivitätstheoretischen Denkens gelten kann, sondern vor allem, dass er eine viel höhere Kongruenz zum Bildungsbegriff aufweist als frühere Ansätze innerhalb dieses Paradigmas. So arbeitet insbesondere das Anerkennungskonzept Axel Honneths, das im Fokus der Studie steht, einen unmittelbaren und zugleich theoriebildenden Zusammenhang zwischen Selbst-Entwicklung und intersubjektiven Verhältnissen heraus, wobei die erstere Entwicklung zur zentralen Domäne der letzteren Verhältnisse wird. Hingegen bezieht die inzwischen „klassisch" gewordene sprachpragmatische Intersubjektivitätstheorie Jürgen Habermas' und Karl-Otto Apels Intersubjektivität in erster Linie nicht auf die Entwicklung des Selbst, sondern auf die Beherrschung von Regeln verständigungsorientierter Kommunikation. Daraus entsteht ein generelles Problem der erziehungswissenschaftlichen Übertragbarkeit dieses Ansatzes. Denn nach ihm entfaltet sich Intersubjektivität vollständig erst auf der Grundlage von Kommunikationsprinzipien wie Reziprozität und Anerkennung der Macht des besseren Arguments. Daher setzt hier Intersubjektivität *schon ausgebildete* und relativ anspruchsvolle kommunikative Kompetenzen – wie etwa die Fähigkeit, kritisierbare Geltungsansprüche zu erheben und zu begründen – *voraus*. Nach diesen Prämissen fällt demnach der Großteil der erzieherischen

Interaktionen mit Kindern und Jugendlichen letztlich nicht unter die Kategorie der Intersubjektivität.

Der anerkennungstheoretische Ansatz überwindet diese kognitivistische Verengung. Inspiriert nicht zuletzt durch neuere psychoanalytische Theorien und offen auch für die Ergebnisse der modernen Säuglingsforschung buchstabiert dieser Ansatz die Intersubjektivitätskategorie auch auf der Ebene von basalen und präreflexiven interpersonalen Verflechtungen des Individuums aus und verschafft sich einen viel direkteren und zugleich viel tiefer greifenden Zugang zu den Prozessen der Formung und Entwicklung von Subjektivität, da diese Prozesse nicht mehr auf die Internalisierung von Regeln sprachlicher Verständigung reduziert werden. In diesem Zugang gründet letztlich, generell gesprochen, die hohe bildungs- und erziehungstheoretische Relevanz des anerkennungstheoretischen Ansatzes.

Der bildungstheoretischen Umsetzung dieses Ansatzes steht allerdings ein wichtiges Defizit auf seinem aktuellen Entwicklungsstand im Wege. Ich habe oben schon angedeutet, dass Bildung als ein paralleler Vorgang der Entwicklung von Selbstbeziehungen *und* der Erschließung von Welt zu verstehen ist. Das Moment der Welterschließung enthält die pädagogisch immens wichtige Dimension der Generierung und Konstitution von Wissen für und durch den Einzelnen. Gerade dieses Moment der Herstellung von Weltbezügen in ihrer Bedeutung für Entstehung und Entwicklung von Subjektivität, diese sozusagen „zweite Hälfte des Bildungsbegriffs", wird bislang von anerkennungstheoretischen Erkundungen kaum aufgegriffen. Das zeigt sich unter anderem darin, dass bei diesen Erkundungen „Subjektivitätsentwicklung" oft auf „Identitätsentwicklung" reduziert wird, wobei die Rolle des Bezugs zur Welt als ein universalistischer und depersonalisierter Bedeutungshorizont im Prozess der Entstehung und Entwicklung von Subjektivität außer Acht gelassen wird. Das Anliegen der vorliegenden Arbeit ist es, den anerkennungstheoretischen Ansatz *auch* auf die Prozesse der Welt-Erschließung und letztlich der Wissensgenerierung des Einzelnen zu beziehen. Letztere wird auszuweisen sein als Medium der Erweiterung und der Anreicherung der Verhältnisse intersubjektiver Anerkennung, an denen das Individuum partizipiert, wobei es zugleich durch die Dynamik seiner Anerkennungsansprüche motiviert ist. Mein Anliegen lässt sich insofern als Versuch der bildungstheoretischen *Erweiterung* des anerkennungstheoretischen Ansatzes interpretieren, die über die bloße bildungstheoretische Anwendung desselben hinausgeht.

Die Realisierung des so skizzierten Unterfangens der vorliegenden Arbeit stützt sich im Wesentlichen auf die Logik der begriffsanalytischen Methodologie, die von den Vorgehensweisen sowohl der historisch-hermeneutischen als auch der sozialwissenschaftlich-empirischen Forschung abzugrenzen ist. Dieser Logik entsprechend eröffnet die Studie ihre eigentliche Argumentationslinie mit der Explikation der zentralen semantischen Komponenten des Bildungsbegriffs, so wie wir ihn heute sowohl als Bündel bestimmter alltagssprachlicher Intuitionen als auch als Kategorie wissenschaftlicher Diskurse vorfinden. Danach werden zum einen interne Spannungen zwischen diesen Bedeutungskomponenten verfolgt, und zum anderen wird die Frage nach ihrer Kompatibilität mit als gesichert anzunehmenden Grundmerkmalen von individuellem Leben und individueller Entwicklung in den heutigen (spät-)modernen Gesellschaften aufgeworfen. Insbesondere werden die internen Widersprüchlichkeiten zwischen den Verständnissen von Bildung als Vorgang autonomer Selbstentwicklung einerseits und als Vermittlung von Wissen, Fähigkeiten und Fertigkeiten in vorstrukturierten pädagogischen Interaktionen andererseits analysiert, sowie die Inkongruenzen der weit verbreiteten Vorstellung von Bildung als Initiation in einen (hoch-)kulturellen Kanon mit der Tatsache der nicht hintergehbaren soziokulturellen Pluralität (spät-)moderner Gesellschaften verdeutlicht. Die Suche nach Lösungswegen für die Problematiken der internen Widersprüchlichkeiten und der externen Inkongruenzen führt zum eben angesprochenen Rekonstruktionsversuch des Bildungsbegriffs unter intersubjektivitätstheoretischen bzw. anerkennungstheoretischen Prämissen. Schließlich werden einige der zentralen normativen Implikationen des semantischen Gehalts eines so erarbeiteten anerkennungstheoretischen Bildungsbegriffs für institutionalisiertes (schul-)pädagogisches Handeln herausgestellt.

Die begriffsanalytische Vorgehensweise wird im *ersten Kapitel* kurz vorgestellt und dann in der Herausarbeitung der zentralen Bedeutungskomponenten der Bildungskategorie angewandt. Dabei werden die schon erwähnten Problematiken der internen Spannungen zwischen diesen Komponenten sowie der Kompatibilität der gesamten semantischen Struktur dieser Kategorie mit der „posttraditionellen Kondition" aufgegriffen und neuere sozialwissenschaftliche Versionen des Bildungsbegriffs in Betracht gezogen. Diese befassen sich direkt oder indirekt mit den angesprochenen Problematiken, indem sie sich explizit oder implizit von der geisteswissenschaftlichen Tradition in der Bildungstheorie absetzen. Die kritische Betrachtung dieser sozialwissenschaftlichen Ansätze zeigt allerdings, dass sie das Moment des normativen Universalismus negieren, das nicht nur als ein schützenswertes Erbe des neuhumanistischen Bildungsgedankens, sondern generell als ein strukturbildendes Moment des Bildungsbegriffs insgesamt zu betrachten ist.

Das Ergebnis der so skizzierten Begriffsarbeit ist die Herausstellung der Notwendigkeit einer intersubjektivitätstheoretischen Rekonstruktion des Bildungsbegriffs, die gewissermaßen als ein „dritter Weg" zwischen den geistes- und den sozialwissenschaftlichen Interpretationslinien gegen Ende des Kapitels umrissen wird. Schon bei diesem Umriss stellt sich heraus, dass in der intersubjektivistischen Version dieses Begriffs eine Paradoxie zwischen seinem universalistischen normativen Gehalt in der Gestalt der Leitvorstellung von individueller Autonomie einerseits und der Einbettung der Subjektentwicklung in partikulare Sozialbeziehungen andererseits angelegt ist.

Im darauf folgenden *zweiten Kapitel* werden dann einige konkrete Erscheinungsformen dieser Universalismus-Partikularismus-Paradoxie speziell bei institutionalisierten Bildungsprozessen in multikulturellen Kontexten anhand von ausgewählten Fallbeispielen erörtert, um dann unterschiedliche Strategien ihrer Entparadoxierung im Diskurs der interkulturellen Erziehungswissenschaft kritisch darzustellen. Dieses Kapitel ist für jene Leser gedacht, die sich für spezifische Problematiken von institutionalisierten Bildungsprozessen in multikulturellen Kontexten interessieren und/oder eine Anreicherung von begriffsanalytischen Erkundungen durch Kasuistik bevorzugen. Ansonsten bildet dieser Teil der Arbeit eine Art Exkurs neben ihrer eigentlichen Argumentationsführung, die wieder mit der These fortgesetzt wird, dass eine produktive Bearbeitung der Universalismus-Partikularismus-Paradoxie von Bildungsprozessen die Zuwendung zum anerkennungstheoretischen Ansatz erfordert.

Diese These wird zu Beginn des *dritten* Kapitels erörtert, das als das Kernstück der gesamten Studie zu betrachten ist. Hier wird die eigentliche bildungstheoretische Umsetzung und Erweiterung des anerkennungstheoretischen Ansatzes unternommen. Zunächst wird Honneths Konzeptualisierungsweg der Entwicklung individueller Autonomie bzw. der Selbstverwirklichung innerhalb alltagsweltlicher Sozialbeziehungen nachgezeichnet, bei dem die Anerkennungsformen der Liebe (bzw. der Empathie), des moralischen Respekts und der sozialen Wertschätzung in ihrer Dynamik als Grundlage der Genese und Entwicklung von Selbstbeziehungen und Selbst-Eigenschaften ausgewiesen werden. Dann versuche ich, in einem über das Konzept Honneths hinausgehenden Schritt die Erkenntnis der Vermittlung und der Ermöglichung der Subjektkonstitution durch die erwähnten Anerkennungsformen auf die Genese und die Entwicklung nicht nur von Selbst-, sondern auch von Weltreferenzen des Einzelnen auszudehnen. Dieser Versuch ist inspiriert durch die Annahme eines notwendigen Zusammenhangs zwischen den Dynamiken der Selbstbeziehungsformen einerseits und der Eröffnung und Erweiterung eines Welt-Horizonts für den Einzelnen andererseits, die sich wechselseitig durchdringen. Diese Annahme ist im Bildungsbegriff als seine tragende Komponente angelegt. Daher gilt es, die erwähnten Anerkennungsformen nicht nur auf Selbst-Eigenschaften der Subjekte zu beziehen, sondern auch auf ihre symbolisch hergestellten Bezüge zu einem als „objektiv" konstituierten Universum, das als Feld ihrer kontextaufschiebenden Selbst-Artikulation bzw. Selbst-Projektion fungiert.

Der angesprochene Zusammenhang zwischen Selbst- und Welterschließung innerhalb von Anerkennungsverhältnissen wird unmittelbar ersichtlich bei der im *vierten Kapitel* vorgenommenen Konzeptualisierung eines Begriffs von kulturell-biographischer Anerkennung als eine Art „Unterform" sozialer Wertschätzung. Die Gegenstände dieser „Unterform" sind zugleich die primär sozialisatorisch erworbenen, partikularen Selbst- und Wirklichkeitsvorstellungen des Einzelnen *und* seine Fähigkeit, diese Vorstellungen in einer propositionalen Sprache transformierend zu artikulieren, die Allgemeingültigkeit beanspruchen kann. Die Konzeptualisierung dieser Form der kulturell-biographischen Anerkennung in ihrer bildungsstiftenden Funktion stützt sich unter anderem auch auf Ergebnisse der empirischen Forschung über biographische Bildungsprozesse bei Migranten, die im zweiten Teil des Kapitels vorgestellt und interpretiert werden.

Es ist genau diese propositionale Selbst-Artikulation im Rahmen der Erschließung von Welt-Horizonten, die als Grundlage des Vorgangs der Wissensgenerierung des Einzelnen erscheint. Die anerkennungstheoretische Aufarbeitung dieses Vorgangs wird im *fünften Kapitel* vorgenommen. Der Grundgedanke hier ist, dass der Prozess der individuellen Wissenskonstitution dann – und nur dann – gelingt, wenn der/die Einzelne die Erfahrung machen konnte, dass die Aneignung einer propositional ausdifferenzierten und kontexttranszendierenden wissenschaftsförmigen Sprache ein Vehikel der Erweiterung und der Anreicherung der Verhältnisse intersubjektiver Anerkennung ist, an denen er oder sie partizipiert. Dieser Grundgedanke knüpft zum einen an Robert Brandoms Theorie der expressiven Vernunft an, bei der die Konstitution von propositionalen Gehalten qua Basiseinheiten des Wissens als eine inhärente Dimension von intersubjektiven sozialen Praktiken erscheint, in denen subjektive Einstellungen zu kritisierbaren Festlegungen artikuliert werden. Zum anderen wird die in Brandoms Ansatz fehlende genetische Perspektive auf die Entstehungsbedingungen der Fähigkeit zur propositionalen Artikulation wiederum mit Hilfe des Konzepts Honneths nachgeholt. Danach erscheint die Entstehung und Entwicklung dieser Fähigkeit als entscheidend abhängig von gelungenen Erfahrungen mit den oben erwähnten Anerkennungsformen – und unmittelbar von Erfahrungen mit der Form der sozialen Wertschätzung, so wie sie in der vorliegenden Studie konzeptuell rekonstruiert wird.

Die Überlegungen in diesem Kapitel schließen sich paradoxerweise an die triviale und konservativ anklingende Formel an, dass die zentrale Aufgabe von Schulbildung Wissensvermittlung ist, statten aber diese Formel mit einem neuen Sinn aus. Denn eine erfolgreiche Wissens-*Vermittlung* meint gerade *nicht* die Abstrahierung von den Persönlichkeiten der sich Bildenden, und sie ist *nicht* als ein Gegenpol zum „sozialen Lernen" zu verstehen. Sie ist vielmehr als die Vermittlung zwischen alltagsweltlichen, biographisch verankerten Idealen, Anliegen, Mustern der Wirklichkeitswahrnehmung einerseits und Ressourcen der propositionalen (Selbst-)Artikulation andererseits aufzufassen. Diese Vermittlung kann nur dann gelingen, wenn solche schulische Interaktionsstrukturen erfahrbar gemacht werden, die den beteiligten Kindern und Jugendlichen eine kontinuierliche Erfahrung mit den Anerkennungsformen der Empathie, des moralischen Respekts und der sozialen Wertschätzung ermöglichen. Daraus ergibt sich die Notwendigkeit einer Neujustierung des Kompetenzprofils des Lehrerberufs, in dessen Mittelpunkt nicht technokratisch verkürzt verstandene didaktisch-methodische Fertigkeiten stehen, sondern die Fähigkeit zur „Wissens-Geburtshilfe" durch Aufgreifen von Anerkennungsansprüchen und -bestrebungen seiner Schüler. Die Ausbildung dieser Fähigkeit setzt ihrerseits eine systematische Befassung mit der eigenen Erziehungs- und Bildungsbiographie voraus, die demzufolge als ein Kernelement der Lehrerbildung fungieren soll.

Die Beantwortung der Frage, welche zentralen Qualitätsmerkmale pädagogisches Handeln aus der Sicht des elaborierten Bildungskonzepts aufweisen muss, *wenn* es dem Auftrag an die Institutionen öffentlicher Erziehung, Bildung zu ermöglichen, zu initiieren und zu unterstützen, entsprechen soll, bildet eine Grundlage für *immanente* Kritik an dem faktisch gegebenen öffentlichen Schulbildungswesen. Die konkrete Entfaltung dieser Kritik bleibt Nachfolgestudien vorbehalten.

1 Intersubjektivitätstheoretische Transformation des Bildungsbegriffs

„Bildung" ist eine im wissenschaftlichen Diskurs umstrittene Kategorie, die in den letzten Jahrzehnten eine sehr kurven- und amplitudenreiche Karriere aufweist. Auf der einen Seite gibt es seit den 60er Jahren und bis heute kontinuierliche Versuche, sie durch alternative Begrifflichkeiten zu substituieren (vgl. exemplarisch Lenzen 1997, Lenzen 2000). Die Motive dafür gründen sich im Wesentlichen auf die Auffassung, dass „Bildung" ein Begriff nicht der wissenschaftlichen, sondern der alltäglichen Sprache sei, der so unterschiedliche und widersprüchliche Signifikanzen enthielte, dass es unmöglich sei, diesen Begriff wissenschaftlich zu definieren bzw. einen eindeutigen propositionalen Gehalt festzulegen (vgl. Lenzen 2000, S. 78ff.).

Auf der anderen Seite scheint aber der Bildungsbegriff eine Renaissance in den letzten Jahren zu erleben. Dabei fällt auf, dass dieser Begriff zunehmend in vorwiegend sozialwissenschaftlich orientierten Ansätzen Verwendung findet, wie etwa in der Biographieforschung (vgl. Marotzki 1990, Koller 1999). Für sie stellt die semantische Polyvalenz von „Bildung" und ihre alltagssprachliche Verwurzelung ganz offenkundig kein Defizit dar.

Dies ist m. E. unter anderem dadurch zu erklären, dass der Bildungsbegriff bei den besagten sozialwissenschaftlich orientierten Ansätzen auf einen Objektbereich ausgedehnt wird, der mit der Polyvalenz und der umgangssprachlichen Verwurzelung dieses Begriffs epistemologisch kongruent ist: nämlich auf den Bereich alltagsweltlicher Vorgänge der Hervorbringung und Entwicklung von Subjektivität. Das sind Vorgänge, deren Rekonstruktion die Übernahme der Perspektive der sich entwickelnden Subjekte zur Wirklichkeit und zu sich selbst erfordert. Dazu gehören auch die umgangssprachlichen Vokabulare, mit denen die Akteure ihre Lebenswelt beschreiben. Demzufolge ist die zentrale Stellung, die der Bildungsbegriff in solchen lebensweltlichen Vokabularen inne hält, keineswegs ein Nachteil, sondern sie qualifiziert ihn geradezu als ein wichtiges konzeptuelles Mittel für die sozialwissenschaftliche Erfassung von Prozessen der Subjektivitätsentwicklung. Dabei begründet der Bildungsbegriff – wie noch zu zeigen sein wird – eine originelle, durch andere Begrifflichkeiten, wie etwa „Lernen" oder „Identitätsformung", nicht substituierbare Sichtweise auf diese Prozesse, die übrigens einen kaum zu überschätzenden Orientierungszugewinn für das pädagogische Handeln erbringen kann.

Freilich macht die sozialwissenschaftlich-alltagsweltliche Wende, die an dieser Stelle angesprochen wird, die Struktur des Bildungsbegriffs als eine Synopsis unterschiedlicher, oft auf den ersten Blick widersprüchlicher semantischer Konnotationen, noch komplizierter – und die analytische Rekonstruktion dieser Struktur nötiger denn je.

Genau diese Rekonstruktion und ihre Konsequenzen stehen im Mittelpunkt des ersten Kapitels. Dabei wird in einem ersten Schritt die methodologische Logik der begriffsanalytischen Vorgehensweise in ihrer Differenz sowohl zu einem historisch-hermeneutischen als auch zum sozialwissenschaftlich-empirischen Ansatz kurz vorgestellt. Das Besondere der Begriffsanalytik im hier dargestellten Sinne ist, dass ihre primären „Daten" alltagssprachliche Bedeutungen sind, und dass sie darauf ausgerichtet ist, die apodiktischen Propositionen und Inferenzen von Propositionen festzulegen, die in diesen Bedeutungen impliziert sind (1.1.1). Aus dieser Perspektive heraus betrachtet, erscheint der heutige Bildungsbegriff als im wesentlichen durch zwei semantische, sich zum Teil kreuzende Spannungsfelder strukturiert, nämlich erstens durch das Verständnis von Bildung zugleich als Eigenentwicklung und als institutionalisierte Vermittlung von Wissen und Fähigkeiten durch Andere, und zweitens durch ihr Verständnis als ein paralleler Vorgang der Entstehung sowohl von Selbst- als auch von Weltreferenzen (1.1.2). Es wird dann aufgezeigt, dass diese zwei semantischen Paare den Bildungsbegriff noch keineswegs als eine „deutschsprachige Besonderheit" ausweisen (1.1.3). Was diesen Begriff zu einer solchen Besonderheit macht, ist eine weitere hinzukommende Bedeutungskomponente, die den Prozess der Selbst- und insbesondere den der Welterschließung als einen Vorgang der Aneignung der Objektivationen einer vorgegebenen, meta-sozialen (Hoch-)Kultur ausbuchstabiert (1.1.4). Genau diese Bedeutungskomponente ist aber mit der Beschaffenheit der „posttraditionellen Kondition" nicht kompatibel (1.2.1), und sie wird bei den neueren sozialwissenschaftlichen Ansätzen zum Bildungsbegriff aus demselben gewissermaßen „exkommuniziert" (1.2.2). Die primäre Situierung von Bildungsprozessen in pluralen alltagsweltlichen Kontexten, welche diese Ansätze nahe legen, stellt eine echte „kopernikanische Wende" in der Bildungstheorie dar, die allerdings durch einen Verlust der normativen Kraft des Bildungsbegriffs erkauft wird. Der normative Universalismus aber, der insbesondere den klassisch-neuhumanistischen Bildungsbegriff Humboldtscher Provenienz wesentlich charakterisiert, wird im Zeitalter der globalen posttraditionellen Gesellschaft (wieder) hochrelevant (1.2.3). Es stellt sich die Frage, wie dieser Universalismus mit der erwähnten alltagsweltlichen Situierung von Bildungsprozessen, die von den neueren sozialwissenschaftlichen bildungstheoretischen Ansätzen vollzogen wird, in Verbindung gebracht werden bzw. wie er sozialtheoretisch ausbuchstabiert werden kann (1.3.1). Diesbezüglich formuliere ich die These, dass sich diese Verbindung durch eine intersubjektivitätstheoretische Rekonstruktion des Bildungsbegriffs herstellen lässt, die in diesem Kapitel in einer ersten Annäherung umrissen wird, und zwar gewissermaßen als ein „dritter Weg" zwischen der geistes- und der sozialwissenschaftlichen Perspektive auf diesen Begriff (9). Die angesprochene Verbindung hat allerdings eine unausweichlich paradoxe Struktur: Die Situierung von Bildung in den sozialen intersubjektiven Verhältnissen bei der gleichzeitigen Aufbewahrung des oben erwähnten normativen Universalismus als einer Art „neuhumanistisches Erbe" führt zu einer Universalismus-Partikularismus-Paradoxie, die jedem Bildungsprozess innewohnt (1.3.4).

1.1 Semantische Grundstruktur des gegenwärtigen Bildungsbegriffs

Wie schon in der Einleitung erwähnt, bilden die Bedeutungskomponenten des Bildungsbegriffs, so wie sie sich zuerst in der Alltagssprache und dann im Wissenschaftsdiskurs artikulieren und zusammensetzen, den Ausgangspunkt dieser Studie. Bevor ich jedoch die Darlegung dieser Komponenten in Angriff nehme, möchte ich die methodologische Logik der anvisierten Rekonstruktion des propositionalen Gehalts der aktuellen Bildungskategorie kurz explizieren. Diese Logik wird im Allgemeinen jener Vorgehensweise entliehen, welche die gegenwärtige sprachanalytische, sich früheren szientistischen Verkürzungen entziehende Philosophie charakterisiert.

1.1.1 Zur Logik der begriffsanalytischen Methode

Generell gesprochen können wir bei den Bemühungen um Konzeptualisierung von Kategorien zwischen historisch-hermeneutischen und begriffsanalytischen

Verfahrensweisen unterscheiden. Während die Ersteren den geschichtlichen Prozess der Entstehung und Entwicklung von semantischen Komposita der untersuchten Kategorie nachzuzeichnen versuchen[1], nehmen die Letzteren als Ausgangspunkt ihrer Analysen die aktuelle semantische Beschaffenheit der Kategorie, so wie wir sie in entsprechenden alltagssprachlichen Vorstellungen und in einschlägigen Theoriediskursen vorfinden. Dabei besteht die Relevanz einer möglichen Thematisierung von historischen Quellen dieser semantischen Beschaffenheit ausschließlich in der Eröffnung von Verständnishorizonten, die die Rekonstruktion der Bedeutungskomponenten der untersuchten Kategorie erleichtern. Diese bezieht sich immer *auch* auf historische Vor-Bilder, wenn auch in einer selektiv-konstruierenden Form, welche der Logik einer kontinuierlichen „Fermentation von Ideen" nicht folgt: Es sei in diesem Zusammenhang an die wohlbekannte Unterscheidung zwischen Genese und Geltung erinnert. Mit anderen Worten: die primären „Daten", mit denen Begriffsanalytik operiert, sind nicht die verschriftlichten, geschichtlich zum Status von „Lehren" kanonisierten Ansichten über den Sinngehalt des untersuchten Begriffs, sondern seine aktuell und sozial *praktizierten* Bedeutungen. Mit Stanley Cavell lässt sich behauten, dass die so ansetzende Begriffsanalytik versucht zu explizieren, was diese Bedeutungen wirklich *meinen* (vgl. Cavell 2002, S. 238-241). Dies erfordert wiederum, in einem nächsten Schritt den propositionalen Gehalt dieser Bedeutungen zu rekonstruieren, genauer: sie zu Propositionen rational nachzukonstruieren.[2] Propositionen sind solche kritisierbare Zuschreibungen von Prädikaten an Subjekte, die eine transkontextuelle Gültigkeit beanspruchen (vgl. Tugendhat 2003, S. 15-17; 19-21).

Eine begriffsanalytische Rekonstruktion von „Bildung" erfordert demnach zunächst die Beantwortung der Frage, welche Propositionen, also welche Aussagen von dem Typus „Bildung ist p" in diesem Begriff enthalten sind, wie er heute verwendet wird. Danach ist zu untersuchen, wie diese Propositionen miteinander interferieren, und ob nicht Spannungen und Widersprüchlichkei-

---

[1] Speziell im Bereich der Bildungstheorie besitzt die historisch und philologisch sehr solide fundierte Studie von Günther Dohmen über die Entstehung und die Entwicklung des Bildungsbegriffs bis zu seiner klassisch-humanistischen Auffassung immer noch Modellcharakter für den historisch-hermeneutischen Ansatz (vgl. Dohmen 1964 und Dohmen 1965).

[2] Zum Verständnis der rationalen Nachkonstruktion als eine grundlegende humanwissenschaftliche Methode der Sozial- und insgesamt der Humanwissenschaften der Darlegung von Tiefenstrukturen von Sinngenerierung siehe Habermas 1971, S. 171ff.).

ten zwischen ihnen festzustellen sind. Diese Untersuchung wird für die Frage sensibilisieren, inwieweit die besagten Propositionen noch als apodiktisch anzusehen sind, d. h. inwieweit sie den Test der Allgemeingültigkeit bestehen können. Daraus folgt, dass die so anvisierte begriffsanalytische Rekonstruktion die alltagssprachlichen Bedeutungen von „Bildung" im Lichte von einschlägigen *theoretischen* Diskursen reflexiv erläutern muss, die sich zwar auf dieselben Signifikaten wie diese Bedeutungen beziehen, aber zugleich versuchen, sie in wahrheitsbezogenen, d. h. kontexttranszendierenden Aussagen zu erfassen. Die Theoriearbeit folgt in diesem Fall nicht einer Deduktionslogik der Ableitung der Kategorienbestimmungen aus übergeordneten Prämissen eines übergreifenden Theoriesystems, sondern sie hat vielmehr die Aufgabe, alltagssprachlich gelagerte Bedeutungssetzungen bei der untersuchten Kategorie zu explizieren und nach ihrer Apodiktizität hin zu überprüfen.

Im Lichte der so skizzierten begriffsanalytischen Methodologie erscheint der doppelte Status von „Bildung" als alltagssprachliches Wort und als wissenschaftliche Kategorie keineswegs als ein epistemologischer Defekt – ganz im Gegenteil. Denn nach den Prämissen, die dieser Methodologie zugrunde liegen, besteht die Aufgabe der humanwissenschaftlichen Reflexion nicht darin, neue Bedeutungen und Begrifflichkeiten zu kreieren, sondern darin, die Sinngehalte, die schon in sozialen Sprechpraktiken eingelagert sind, im Rahmen von propositional ausdifferenzierten Aussagen explizit zu machen, um ihnen dadurch die Eigenschaften kritisierbarer Geltungsansprüche und der Fallibilität zu übertragen.

Vor dem Hintergrund dieser Prämissen sind die Versuche, „Bildung" durch andere Begrifflichkeiten im Wissenschaftsdiskurs zu substituieren, eindeutig und ohne weiteres abzuweisen. Denn der Hauptgrund für diese Versuche ist die Verwobenheit des Bildungsbegriffs mit der Alltagssprache, die als Anzeichen seiner Unwissenschaftlichkeit ausgedeutet wird. So ist das zentrale Argument für den in jüngster Zeit prominent gewordenen Vorschlag Dieter Lenzens, den Bildungsbegriff durch die Begriffe Selbstorganisation, Autopoiesis und Emergenz (SAE) zu ersetzen (vgl. Lenzen 1997, S. 957ff.; Lenzen 2000, S. 73ff.), dass Bildung kein „wissenschaftlicher Terminus, sondern ein Begriff der natürlichen Sprache" sei (Lenzen 2000, S. 79). Der Bildungsbegriff habe keine eindeutigen Referenzen und könne deshalb keine wissenschaftliche Apodiktizität beanspruchen, die kontextunabhängig sein müsse (vgl. ebd., S. 78ff.). Demgegenüber seien die Termini Selbstorganisation, Autopoiesis und Emergenz im Rahmen des systemtheoretischen Paradigmas eindeutig definiert und – etwa durch die neueren Ergebnisse der Hirnforschung – empirisch untermauert. Daher schienen diese Termini wissenschaftlich besser geeignet zu sein, den geschichtlich mit dem Bildungsbegriff assoziierten selbstreflexiven Kern der „Humanontogenese" zu erfassen (vgl. Lenzen 1997, S. 965).

Bemerkenswert bei diesem Substitutionsversuch ist, dass die hier vollzogene binäre Entgegensetzung zwischen Wissenschaftssprache und Alltagssprache um den Preis der Hypostasierung und in gewissem Sinne sogar Kanonisierung *eines* Diskursstrangs in den gegenwärtigen Humanwissenschaften geschieht – nämlich desjenigen des systemtheoretisch-konstruktivistischen Ansatzes. Zugespitzt ausgedrückt handelt es sich hierbei also um eine *dogmatische Setzung* der Allgemeingültigkeit der Termini, mit denen dieser Ansatz operiert, und vor allem der Allgemeingültigkeit seiner epistemologischen Grundannahmen, die um eine deduktionslogisch untermauerte Favorisierung einer reinen Beobachterperspektive bzw. um die Verneinung der Übernahme der Teilnehmerperspektive als ein adäquater Zugang zum Verstehen von sozialen Entitäten kreisen.[3] Genau durch diese Setzung wird wissenschaftliche Praxis von den alltäglichen Praktiken sowie von den Vokabularen ihrer Interpretationsleistungen

---

3 Zur epistemologischen Bedeutung der Unterscheidung zwischen Teilnehmer- und Beobachterperspektive bzw. der Einnahme der Teilnehmerperspektive bei der sozialwissenschaftlichen Theoriebildung vgl. Habermas 1971, S. 171ff. Nach Habermas nimmt das „objektivistische Programm" der „analytischen Wissenschaftstheorie" die Eigenlogik dieser Theoriebildung nicht wahr, da es „zwischen dem sinnverstehend zugänglichen Bereich von Zuständen und Äußerungen sprach- und handlungsfähiger Personen einerseits und dem allein der Beobachtung zugänglichen Bereich physikalisch messbarer Dinge, Ereignisse und Zustände andererseits" methodologisch nicht unterscheiden kann (ebd., S. 171). Die Erfassung von Sinn als *dem* Grundbegriff der Sozialwissenschaften (an dieser konkreten Textstelle geht es speziell um die Soziologie) ziele nicht auf „Hypothesen über *Naturgesetze*" (ebd., S. 173, hervorgehoben im Original), sondern auf „die rationale *Nachkonstruktion von Tiefenstrukturen*, die die innere Logik einer regelrechten Generierung verständlicher Phänomene erschließt" (ebd., S. 173, hervorgehoben im Original). Diese Generierung geschieht nach Habermas gemäß intuitiv beherrschten Regeln im Rahmen der intersubjektiven umgangssprachlichen Kommunikation. Zu diesen Regeln hat man als Forscher nur in der performativen Einstellung eines an dieser Kommunikation virtuell Beteiligten Zugang (vgl. ebd., S. 179f.). Auch die Systemtheorie vermag nach Habermas eine „unverkürzte Kategorie des Sinnes" (ebd., S. 186) nicht zu entwickeln (und daher kann sie ihre eigene Unterscheidung zwischen Sinn und Information nicht konsequent aufrechterhalten, vgl. ebd., S. 185), da sie einen monologischen Ansatz habe und deswegen die Ebene der sinngenerierenden umgangssprachlichen Kommunikation bzw. die Ebene der Intersubjektivität gar nicht erreichen könne. Diese Kommunikation sei hingegen geprägt durch die Unterscheidung zwischen Ich und Gegenüber (Alter Ego) einerseits und Ich und Gegenstand (Objekt) andererseits, eine Unterscheidung, die von der binären System-Umwelt-Logik nicht erfasst werde (vgl. ebd., S. 186).

abgeschnitten, in deren Rahmen soziale Akteure die Wirklichkeit und sich selbst interpretieren.

Vor dem Hintergrund der so skizzierten Problematiken des Substitutionsvorschlags Lenzens ist Heinz-Elmar Tenorth Recht zu geben, dass gerade in der „Polyreferenz" (Tenorth 2000, S. 97) des Bildungsbegriffs seine Stärke liege. Weil „Bildung" ein zentrales semantisches Mittel ist, in dem die Akteure die Entwicklung ihres Verhältnisses zu sich selbst und zur Welt (und der ihrer Mitmenschen) reflektieren, und *weil* in ihm bestimmte normative Erwartungen und Forderungen dieser Akteure impliziert sind, kommt diesem Begriff die Bedeutung eines zentralen *sozial*wissenschaftlichen Terminus zu.

1.1.2 Zwei widersprüchliche Verwendungsweisen von „Bildung"

Wenn wir den Blick auf das Bündel von alltagssprachlichen Bedeutungen richten, die wir gewöhnlich mit „Bildung" verbinden und die nach den bisherigen Überlegungen den Ausgangspunkt für die Konzeptualisierung dieses Terminus markieren, so fällt zunächst ein – scheinbarer oder wirklicher – Widerspruch auf: Erstens meint „Bildung" sicherlich den Vorgang der Formung des einzelnen Individuums als ein autonomes Wesen. Diesen Sinngehalt von „Bildung" kann man etwa als „Humanentwicklung" wiedergeben. Er enthält unter anderem die Vorstellung, dass es sich hierbei nicht nur um einen Vorgang der Entwicklung individueller *Autonomie*, sondern auch um einen *autonomen* Vorgang handelt, der sich durch seine Eigen-Logik auszeichnet und sich von außen nicht vorbestimmen sowie nur begrenzt steuern lässt. Zweitens aber meint „Bildung" im Sinne etwa von „Bildungswesen" gerade nicht das autonome Einzelindividuum, sondern einen Bereich von institutionalisierten Interaktionen, in deren Rahmen vor allem Wissen von der älteren an die jüngere Generation weiter gegeben wird, wodurch die Angehörigen der jüngeren Generation zu einem bestimmten Reifungsstand geführt und in die bestehende Gesellschaft eingegliedert werden sollen.

Dieser Widerspruch zieht sich wie ein roter Faden unter anderem durch sämtliche Artikel über Bildung in pädagogischen Wörterbüchern und Nachschlagewerken, die den aktuellen diskursiven Bedeutungsgehalt des Begriffs in einer konzentrierten Form zum Ausdruck bringen. Vielleicht ist der erwähnte Widerspruch am schärfsten im „Wörterbuch der Pädagogik" von Winfried Böhm formuliert. Nach ihm steht die Verwendung von „Bildung" in Komposita wie „Bildungspolitik", „Bildungsplanung" etc. im Gegensatz zur Kern-

Signifikanz des Bildungsbegriffs, die in der sich aller Planung und Machbarkeit entziehenden Selbstbestimmung der Person bestehe (vgl. Böhm 2005, S. 91). In einem entsprechenden Artikel in „Pädagogische Grundbegriffe" lokalisiert Bernhard Schwenk die Entstehung dieses Gegensatzes in der – bereits seit der Mitte des 18. Jahrhunderts ansetzenden – Inanspruchnahme des Bildungsbegriffs als Zielformel pädagogischer Programmatik. Dadurch würde das, was als „ureigenstes Geschehen jeder einzelnen Menschenseele" galt, zum Gegenstand pädagogischer Anstrengung bzw. Fremdeinwirkung gemacht (vgl. Schwenk 1989, S. 216f.). Ähnlich argumentiert Lutz Koch im „Pädagogik-Lexikon", der den Gedanken eines Sich-Bildens, welcher für den klassischen Bildungsbegriff charakteristisch ist, einer „transitiven" Vorstellung von Bildung entgegengesetzt, wonach diese mit Unterricht und Unterweisung gleichgesetzt wird (vgl. Koch 1999, S. 79f.). Dabei lässt Koch keinen Zweifel daran, dass er die seit dem 19. Jahrhundert einsetzende Wiedererstarkung der ursprünglich der Pädagogik der Aufklärung entstammenden transitiven Auffassung von Bildung für eine Verdinglichung und Entwertung des Bildungsbegriffs hält (vgl. ebd., S. 82f.).

Die zwei Bedeutungen von „Bildung", einerseits als Selbstbestimmung und andererseits als pädagogische Unterweisung, für deren Entgegensetzung die erwähnten Lexikon-Artikel exemplarische Belege darstellen, sind dann miteinander offenkundig nicht kompatibel, wenn auf der einen Seite Formung und Entfaltung individueller Autonomie als Auszeichnung eines autarken, atomistisch verstandenen Subjekts, und auf der anderen Seite pädagogische Interaktion als ein Vorgang der Übertragung von (kulturellen) Inhalten in die Köpfe der sich Bildenden durch die Lehrer verstanden wird. Die einzige Möglichkeit, diese starre Entgegensetzung zu vermeiden und dadurch eine hochproblematische Verdoppelung des Bildungsbegriffs zu verhindern, ist das Festhalten an der Annahme, dass die Formung und Entfaltung eines autonomen Individuums interaktiv *vermittelt* wird. Dabei soll diese interaktive Vermittlung als Initiierung und Ermöglichung der individuellen Entwicklung (zu der auch der Vorgang der Wissensgenerierung durch den Einzelnen gehört) aufgefasst werden und nicht als ein Modellieren des Individuums oder als Einprägen von festgelegten Kenntnissen in sein Bewusstsein durch die Lehrenden.

Wie lässt sich aber der Charakter dieser interaktiven Vermittlung genauer beschreiben? Wie, unter welchen Bedingungen und anhand welcher Mechanismen kann sie potentiell autonome Subjekte einbeziehen, ohne dabei ihre Autonomie außer Kraft zu setzen, sondern sie im Gegenteil zu ermöglichen? Um diese Fragen beantworten zu können, müssen wir den besagten Vorgang der Formung und Entwicklung eines autonomen Individuums näher und auch zunächst an sich und für sich betrachten. Wir müssen zuerst imstande sein zu bestimmen, was Bildung ist, um dann ausloten zu können, wie sie im Rahmen von (institutionalisierten) Interaktionen initiiert, ermöglicht und unterstützt werden kann. Dabei kommt der Frage eine besondere Bedeutung zu, welchen Platz der besagte Prozess der Wissensgenerierung des Einzelnen *im Zuge* seiner Formung und Entwicklung zu einem autonomen Individuum einnimmt.

Ist aber „Bildung" überhaupt dazu geeignet, als wissenschaftlicher Terminus für die *systematische* Beschreibung des Vorgangs der Entwicklung individueller Autonomie und ihrer interaktiven Vermittlung zu fungieren? Epistemologisch gesehen wäre dies nur dann der Fall, wenn sich der Bildungsbegriff selbst propositional rekonstruieren ließe, d. h. wenn er eine transkontextuelle Gültigkeit aufwiese. Dagegen spricht die weit verbreitete Annahme, dass dieser Begriff außerhalb eines partikular-nationalen kulturhistorischen Kontextes gar nicht verständlich sei.

1.1.3 Ist der Bildungsbegriff eine „deutschsprachige Besonderheit"?

Es ist eine gängige Meinung, der Bildungsbegriff lasse sich kaum in andere Sprachen übersetzen und markiere somit eine Art „Rarität" der deutschen Sprache, oder eine „deutsche Sonderentwicklung" (vgl. Schwenk 1989, S. 209; auch Böhm 2005, S. 90). Wenn aber dieser Begriff derart in einem partikularen sprachkulturellen Kontext verwurzelt ist, dass der Bedeutungszusammenhang, den er bezeichnet, außerhalb dieses Kontextes überhaupt nicht existent ist, dann ist dem Bildungsbegriff schon deswegen der Status eines wissenschaftlichen Terminus in der Tat kaum zuzusprechen. Denn Wissenschaftssprache zeichnet sich gerade dadurch aus, dass sie eine universale, transkontextuelle Gültigkeit beanspruchen kann. Falls der Bildungsbegriff eine solche Gültigkeit nicht für sich in Anspruch nehmen kann, darf er schlichtweg nicht als eine wissenschaftliche Kategorie betrachtet werden.

Ein gewichtiger Grund für die Annahme des partikularen Charakters des Bildungsbegriffs besteht darin, dass seine semantische Differenz zum Begriff der Erziehung als nicht übertragbar in andere Sprachen angesehen wird. Diese Differenz gründet sich in dem Akzent des Bildungsbegriffs auf der „*Selbst*verwirklichung des Menschlichen im Menschen" (Schwenk 1989, S. 209; Hervorgehoben von mir – K. S.), der sich durch „die erarbeitende und aneignende Auseinandersetzung mit der Welt schlechthin" (ebd., S. 208) ergibt. Hingegen fokussiert „Erziehung" nicht auf den erwähnten Vorgang der Selbstverwirklichung hin zu einem universellen Ideal von Humanität, sondern auf die Vorbereitung für das tagtägliche Miteinanderleben durch Fremdeinwirkung auf das heranwachsende Individuum (vgl. ebd., S. 208).

Ist jedoch diese semantische Differenz wirklich eine einmalige Besonderheit der deutschen Sprache? So eindeutig gestellt, lässt sich diese Frage mit einem ebenso eindeutigen „Nein" beantworten, denn es lässt sich eine Reihe von anderen Sprachen benennen, in denen die begriffliche Unterscheidung zwischen „Bildung" und „Erziehung" sehr wohl präsent ist. So ist das russische Wort „Obrasovanie" ein ziemlich genaues Äquivalent der deutschen „Bildung", wobei „Obrasovanie" („Bildung") sich klar von „Vospitanie" (das russische Äquivalent für „Erziehung") abgrenzt. Ähnlich wie im Deutschen wird hier „Obrasovanie" qua „Bildung" vor allem als (Selbst-) Entwicklung der Person im Rahmen von Welterschließungsprozessen verstanden, wohingegen „Vospitanie" qua „Erziehung" eher die Fremdeinwirkung auf diese Person zwecks ihrer Vorbereitung für die Erfordernisse des tagtäglichen Miteinanderlebens meint.

Komplizierter ist die Frage nach dem semantischen Status des englischen Worts „Education", da sich diesbezüglich die besagte Differenz zwischen „Bildung" und „Erziehung" zumindest nicht explizit festmachen lässt. Dies führt oft zur Annahme, dass man sich festlegen müsse, ob man „Education" als „Bildung", oder als „Erziehung" übersetzt. Dabei entscheiden sich die meisten Übersetzer für die zweite Version, so dass „Education" gewöhnlich als „Erziehung" wiedergegeben wird. Die Fragwürdigkeit dieser durchgängigen Übersetzungsweise lässt sich allerdings schon durch den bloßen Hinweis auf eine Schlüsselstelle von „Democracy and Education" John Deweys demonstrieren: *„Since in reality there is nothing to which growth is relative save more growth, there is nothing to which education is subordinate save more education.* It is a commonplace to say that education should not cease when one leaves school. The point of this commonplace is that the purpose of school education is to ensure the continuance of education by organizing the powers that insure growth." (Dewey 1916, S. 51, Hervorgehoben von mir – K.S.)

Zu sagen, dass Erziehung nichts anderem untergeordnet wäre als weiterer Erziehung, wäre offenkundiger Nonsens;[4] die einzige sinnvolle Übersetzung von „Education" an dieser Stelle ist daher „Bildung". Dabei markiert die zitierte Formulierung keinen isolierten Gedanken, sondern sie ist charakteristisch insgesamt für das Konzept Deweys, der „Education" als ein Synonym für selbstbezweckte und nicht abschließbare Entwicklung der Person verwendet, für Entwicklung, die sich im Rahmen ihrer kommunikativ vermittelten Erfahrungserweiterung vollzieht, bei der eine dynamische Umwelt konstituiert wird (vgl. ebd., S.1-18; S. 49ff).

Dennoch enthält Deweys pragmatischer Begriff der „Education" eine wichtige Bedeutungsnuance im Vergleich zum geisteswissenschaftlich geprägten Bildungsbegriff. Zwar steht im Mittelpunkt auch des ersteren Begriffs der „Education" der Vorgang der Selbstentwicklung des Einzelnen, aber diese Entwicklung wird hier als unabtrennbar verwoben mit seinen Interaktionszusammenhängen angesehen, die sich zudem durch die nicht aufhebbare und zu bejahende Pluralität ihrer Struktur auszeichnen (vgl. Dewey 1916, S. 100ff.). Hingegen ist dieser Zusammenhang zwischen Selbstentwicklung und Interaktion zumindest nicht als ein *notwendiges* Merkmal des semantischen Gehalts des „klassischen" Bildungsbegriffs anzusehen, wenn wir unter „Interaktion" eine gebrochene und pluralisierte Form von sozialen Beziehungen verstehen, die sich in die homogene Struktur eines objektiven Geistes, einer Kultur oder einer Gemeinschaft nicht aufheben lässt.[5] Insbesondere nach der Tradition der deutschen geisteswissenschaftlichen Pädagogik im engeren Sinne des Wortes geschieht Bildung im Medium von Kultur – verstanden als Ausdruck einer über-

---

4 Die deutsche Übersetzung von Erich Hylla vermag diesen Nonsens an dieser Stelle nicht zu vermeiden, und zwar genau wegen der durchweg vollzogenen Übersetzung von „Education" als „Erziehung" (vgl. Dewey 1964, S. 77).

5 Genau durch die Annahme eines unhintergehbar pluralen Charakters der Interaktionen der Erfahrungserweiterung unterscheidet sich Deweys Bildungskonzept grundlegend etwa von Hermann Nohls Begriff des pädagogischen Bezugs. Denn „pädagogischer Bezug" setzt nach Nohl einen den Interaktionspartnern (Erzieher und Zögling) gemeinsamen und sie *übergreifenden* kulturellen Zusammenhang voraus, wobei der Erzieher als Repräsentant des „höheren Lebens" erscheint, das sich in diesem Zusammenhang verkörpert, und die erzieherische Kommunikation als Einführung des Zöglings in dieses verstanden wird (vgl. Nohl 1970, S. 130ff.). Ohne speziell Nohl zu meinen, kritisiert Dewey die seiner Meinung nach für den „German thought" typische Subordinierung des Individuums unter organischen Gemeinschaften (vgl. Dewey 1916, S. 108ff.), die wir bei dem so skizzierten Begriff des pädagogischen Bezugs wiederfinden.

individuellen *Totalität des Geistes* (vgl. Nohl 1970, S. 150) – und nicht im Medium von pluralen sozialen Interaktionen. In dieser Auffassung findet sich – allerdings in einer oft kulturalistisch, zuweilen auch völkisch überformten Version – eine strukturbildende Vorstellung auch des „klassischen" neuhumanistischen Bildungsbegriffs wieder, nämlich dass Bildung immer auch Transzendierung der faktisch gegebenen (sozialen) Umwelt im Zuge einer Begegnung mit der Welt ist. So besteht nach Humboldt bekanntermaßen die Bestimmung der Bildung in der Herstellung einer „allgemeinsten, regesten und freiesten" Wechselwirkung zwischen Ich und Welt (vgl. Humboldt 1980, S. 235f.). Dabei ist Welt nach Humboldt als Allgemeinheit schlechthin oder als die unbestimmbare Mitte zu verstehen, auf die sich alle Einzelsprachen als „convergierende Strahlen" (Humboldt 1905, S. 33) richten, aber jeweils nur kleine Teile von ihr beleuchten können (Humboldt 1905, S. 27ff.). Deshalb ist für Humboldt die bildungsstiftende Begegnung mit der Welt in ihrer Universalität gleichbedeutend mit der Transzendierung der partikularen Grenzen der eigenen sprachlich-kulturellen Sicht im Zuge der Beschäftigung mit ursprünglich fremden Sprachen und Kulturen, insbesondere mit solchen, die nicht mehr aktuell präsent sind. Es handelt sich also hier auch um eine Transzendierung des aktuell Gegebenen als Bedingung der Möglichkeit der Begegnung mit der Welt.

Das Konzept Deweys kennt diese Unterscheidung zwischen „Welt" und „Umwelt" nicht. Die Schlüsselfrage, die sich vor einem Versuch stellt, den Bildungsbegriff als einen wissenschaftlichen Terminus mit transkontextueller und daher transnationaler Gültigkeit auszuweisen, ohne ihn dadurch semantisch verarmen zu lassen, ist demnach, ob sich diese Unterscheidung zwischen Welt und Umwelt mit dem gängigen Verständnis von „Education" als gebrochene, erfahrungsimmanente soziale Interaktion vereinigen lässt. Und das ist eine Frage, die explizit oder implizit im gesamten Verlauf der vorliegenden Studie präsent bleiben wird.

1.1.3.1 John McDowells Begriff der Bildung

John McDowell, einer der heute prominentesten Autoren im Bereich der Sozialphilosophie, verwendet das deutsche Wort „Bildung" als einen zentralen, nicht-substituierbaren Begriff in seinen englischsprachigen Texten, die auf die Frage fokussiert sind, wie sich Welt für den Einzelnen erschließt, und wie er sich im Zuge dieser Aufschließung zu einem Subjekt entwickelt. Es bietet sich an, seine systematischen Gründe hierfür im eben angedeuteten Kontext nachzuvollziehen. Bei McDowell kommt dem Begriff der Bildung die Funktion zu, die Verbindung zwischen dem faktisch-partikularen Dasein menschlicher Individuen einerseits und ihrer Rezeptivität für universalistische Weltgehalte andererseits konzeptuell zum Ausdruck zu bringen.

Das Konzept McDowells entsteht im Kontext der neueren sozialpragmatischen Linie in der nordamerikanischen „Philosophy of Mind", die ihren Ausgang in Wilfrid Sellars' Kritik an dem empirizistischen „Mythos des Gegebenen" nimmt (vgl. Sellars 1997). Dieser Mythos gründe sich in der Annahme, dass der Ausgangspunkt der Welterschließung „pure", vor jeder Synthesetätigkeit des Bewusstseins und der Sprache existierende Elementardaten seien, die in ihrer Gesamtheit die „objektive" Natur ausbilden. Aus diesen Daten werden nach diesem Mythos dann Begriffe abgeleitet, die vor allem kausale Zusammenhänge zwischen den „objektiv gegebenen" empirischen Sachverhalten abbilden (vgl. ebd., S. 13-25).

Nach Sellars und McDowell können jedoch Begriffe nicht in „natürlichen Tatsachen" enthalten sein und sie können nicht aus diesen abgeleitet werden, da sie Erzeugnisse mentaler Tätigkeiten sind, die vom freien Willen und der Spontaneität ihrer Subjekte durchgedrungen sind und nicht der Logik der Kausalität entstammen, die für den Bereich der Natur charakteristisch ist. Vielmehr entstehen Begriffe durch die Anwendung von Normen, die auf Gründe verweisen und somit Argumentationszusammenhänge generieren. Demzufolge gehören Begriffe dem Raum der Gründe („space of reasons") und nicht dem Raum der Naturkausalität an (vgl. McDowell 1996, S. 5-7).

Diese zwei Wirklichkeitsbereiche unterscheiden sich in mehreren Hinsichten voneinander. Die erste von ihnen wurde schon erwähnt: Seit Kant wissen wir, dass Begriffsbildung eine Verkörperung subjektiver Freiheit und Spontaneität ist. Die Normen der Begriffsbildung sind keine fixierten, bewusstseinsunabhängigen Naturgesetze, vielmehr erfordern sie die Zustimmung und die Interpretation der sie anwendenden Subjekte. Diese Normen sind nicht einfach gegeben, sondern sie *gelten*: und sie gelten nur, insofern sie begründet sind. Dabei ist die Begründungspraxis, die hier gemeint ist, transkontextuell ausgerichtet. Begriffliche Normen haben nur dann eine Existenzberechtigung, wenn sie *Wahrheit* – d. h. universelle Gültigkeit – beanspruchen. Sind also Tatsachen natürliche Gegebenheiten einer partikularen *Umwelt*, zeichnen sich Normen und Begriffe hingegen dadurch aus, dass sie intelligible Realien sind, die universelle *Welt* (und nicht partikulare Umwelt) als ihren Referenzrahmen haben.

Wie ist dann aber die Kluft zwischen Fakten und Normen, zwischen Natur und Vernunft, zwischen Umwelt und Welt zu überbrücken? Nach McDowell verliert diese, spätestens seit Kant zentrale philosophische Frage dann ihre Schärfe und den Anschein ihrer Unlösbarkeit, wenn man sich vor Augen führt, dass die vermeintlichen Gegensätze im deutschen Begriff der Bildung vereinigt sind.

McDowell zufolge bringt „Bildung" die Formung einer „zweiten Natur" des Individuums zum Ausdruck. Diese verkörpert sich zum einen in ansozialisierten und habituell-überlieferten Selbst- und Wirklichkeitswahrnehmungsmustern des Einzelnen und entzieht sich demnach weitgehend seiner Reflexion und seiner willentlichen Entscheidungsmacht. Zum anderen aber öffnet die zweite Natur seine Augen für die intelligiblen, „welthaften" Realien wie eben Normen und Gründe (vgl. McDowell 1996, S. 84; 87f.).[6] Bildung als „having one's eyes opened to reasons" (ebd., S. 84), als Sich-Öffnen für die Welt,[7] findet zugleich in den faktisch-sozialen Verflechtungen des Einzelnen, in den konkreten, ihm vorgegebenen Umwelten seines Aufwachsens statt.

Wie sollen jedoch diese Umwelten und sozialen Verflechtungen beschaffen sein, damit die „Augeneröffnung" und damit die Empfängnisbereitschaft für den Raum der faktizitätstranszendierenden Gründe ermöglicht wird?

McDowell beantwortet diese Frage nicht. Gemäß seinem Selbstverständnis hat seine Philosophie nicht primär eine konstruktive, sondern vielmehr eine therapeutische Aufgabe zu erfüllen (vgl. ebd., S. 85f; S. 95). Dieses Ziel ist dann erreicht, wenn nachgewiesen wird, dass das verzweifelte, jahrhundert-, wenn nicht sogar jahrtausend alte philosophische Geschäft des Brückenbaus zwischen dem „space of nature" und dem „space of reasons" gar nicht notwendig ist, wenn man sich einen Vorgang vor Augen führt, in dem partikular-vorreflexive Faktizität und konzeptuelle Inhalte mit Anspruch auf Universalgültigkeit im Vorhinein miteinander vereinigt sind: nämlich den Vorgang der Formung von „zweiter Natur", der als „Bildung" bezeichnet wird.

---

6 Die Stelle in McDowell's Hauptwerk „Mind and World", an der „Bildung" am prägnantesten bestimmt wird, lautet folgendermaßen: „If we generalize the way Aristotle conceives the moulding of ethical character, we arrive at the notion of having one's eyes opened to reasons at large by acquiring a second nature. I cannot think of a good short English expression for this, but it is what figures in German philosophy as *Bildung*" (McDowell 1996, S. 84).

7 Das spezifische menschliche Zuhause-Sein in den „space of reasons" ist McDowell zufolge identisch mit dem In-der-Welt-Sein des Menschen: „Human beings mature into being at home in the space of reasons or, what comes to the same thing, living their lives in the world..." (vgl. ebd., S. 125).

Eine über die „therapeutische" Aufgabe hinausgehende systematisch-rekonstruktive Arbeit hat allerdings die erwähnte Frage nach der Beschaffenheit jener faktischen Bedingungen menschlicher Reifung hin zur Eröffnung von Welt als Rahmen begrifflicher Gehalte aufzugreifen. Es befriedigt in konzeptueller Hinsicht nicht, wenn man diese Reifung einfach als eine innovative Aneignung von Tradition und Sprache bezeichnet, wie dies McDowell tut (vgl. ebd., S. 125f.). Denn es gibt sicherlich soziale Zusammenhänge, in denen Tradition so angeeignet und Sprache so konstruiert wird, dass sie geradezu als Mittel der Verhinderung der Erschließung von kontexttranszendierenden Welthorizonten dienen. Deshalb ist eine analytische Befassung mit den Infrastrukturtypen sozialer Praktiken vonnöten, welche hinter den unterschiedlichen Mustern von Traditions- und Sprachaneignung stehen, und Bildung (oder deren Unmöglichkeit) letztlich begründen.

1.1.4 Semantische Dimensionen des Bildungsbegriffs und die Struktur ihres Zusammenhangs

Die vorausgegangenen Überlegungen lassen sich in der Feststellung zusammenfassen, dass „Bildung" sowohl als umgangssprachlicher Begriff als auch als wissenschaftlicher Terminus im Wesentlichen aus drei zentralen und ineinander verschränkten Bedeutungskomponenten besteht, die sich je unterschiedlich konkretisieren lassen.

Die *erste Bedeutungskomponente* von „Bildung" umfasst fraglos den Vorgang der Selbst-Entwicklung, und zwar in der Doppelbedeutung dieses Begriffs als Entwicklung eines eigenständigen *Selbst* und als ein eigenlogischer Prozess der *Selbstentwicklung*, der sich von außen nicht bestimmen und nur begrenzt steuern lässt. Bildung ist in diesem Sinne die Eigentätigkeit der Subjektwerdung, verstanden zunächst als die Formung der Fähigkeit des Sich-zu-sich-selbst-Verhaltens (vgl. auch Nieke 2000, S. 32). Diese semantische Dimension bringt das Moment der Nicht-Verfügbarkeit des menschlichen Individuums und seiner Entwicklung zum Ausdruck, das insbesondere die Anhänger der neuhumanistischen bildungstheoretischen Tradition betonen.

Das Spezifikum des Begriffs der Bildung – etwa im Unterschied zu dem der Identitätsentwicklung – besteht allerdings darin, dass er diesen Vorgang der Selbst-Entwicklung als notwendig verschränkt mit dem Prozess der Welterschließung für den Einzelnen ausbuchstabiert. Dieser Prozess markiert die *zweite* zentrale *Bedeutungskomponente* des Bildungsbegriffs. Dabei fungieren als Bestandteile von „Welt" nicht primär Tatsachen im Sinne von quasi „natürlich" gegebenen Elementardaten, sondern konzeptuelle Inhalte, die auf Gründe und Normen verweisen und eine universelle bzw. transkontextuelle Gültigkeit beanspruchen. In dieser Hinsicht sei an die (spätestens seit der Entstehung der phänomenologischen Philosophie bekannte) Differenzierung zwischen „Welt" und „Umwelt" erinnert, wonach Begegnung mit der Welt Überschreitung der jeweils gegebenen Umweltgrenzen beinhaltet (vgl. Stojanov 1999, S. 132-37). In dieser Unterscheidung, die in der neuhumanistischen Bildungstheorie zumindest implizit enthalten ist, gründet sich zu einem großen Teil die universalistische Ausrichtung des Bildungsbegriffs, die sich etwa in der Abgrenzung von „Bildung" gegenüber „Sozialisation" (verstanden als Anpassung an die Erfordernisse der Umwelt) zeigt. Sie findet sich heute etwa in Jörg Ruhloffs These wieder, dass sich bildende Menschen als denkende Individuen zu betrachten sind, die sich über kulturelle Differenzen moralisch-argumentativ hinwegsetzten können (vgl. Ruhloff 1982, S. 191).

Die *dritte* zentrale *Bedeutungskomponente* des Bildungsbegriffs visiert das Medium an, in dem sich dieser parallele Vorgang der Selbst-Entwicklung und Welterschließung vollzieht. Bei diesem Vorgang bezieht sich das Individuum auf sich selbst als etwas sich seiner Umwelt Entgegensetzendes dadurch, dass sich seine Augen für den Raum der Gründe, für den Raum der konzeptuellen Inhalte nach und nach öffnen. Im Rahmen der Tradition der geisteswissenschaftlichen Pädagogik vollzieht sich dieser Prozess im Medium eines Kontinuums von (hoch-)kulturellen Objektivationen, das als eine Verkörperung der oben angesprochenen Totalität des Geistes verstanden werden kann. Selbst nach Autoren wie Wolfgang Klafki, die diese Tradition nicht ohne Kritik und Modifikationen fortsetzen, vollzieht sich Subjektentwicklung als *Aneignung* einer „objektiv-allgemeinen Inhaltlichkeit" (vgl. Klafki 1994, S. 20), welche als „Objektivation bisheriger menschlicher Kulturtätigkeit im weitesten Sinne des Wortes" (ebd., S. 21) bezeichnet wird. Die Rede von „objektiv-allgemeiner Inhaltlichkeit" bzw. „Objektivation" (im Singular!) suggeriert, dass es sich hierbei um einen einheitlich-übergreifenden Sinnzusammenhang handelt, der sich im Rahmen eines Subjekt-Objekt-Dualismus konzeptualisieren lässt (vgl. kritisch dazu Rauschenberger 1985, S. 181f.). Es ist genau diese Vorstellung von Bildung als Aneignung eines (hoch-)kulturellen Kontinuums, die in der Tat so etwas wie eine „deutsche Besonderheit", genauer: als Besonderheit der deutschsprachigen geisteswissenschaftlich-pädagogischen Tradition, gelten kann.

Wie aber im letzten Abschnitt angedeutet wurde, lässt sich in Anschluss an Dewey als Medium des genannten parallelen Vorgangs der Selbst-Entwicklung und Welt-Erschließung *alternativ* die Sphäre der alltäglichen pluralen und interaktiv strukturierten sozialen Erfahrungen des Einzelnen anvisieren. Die Welt als der „objektive Pol" der Bildung käme demnach nicht in der Form eines überindividuellen Kontinuums geistig-kultureller Objektivationen vor, sondern als eine dynamische Umwelt, die im Rahmen von Kommunikationen sozial hergestellt und durch die ständige Erweiterung dieser pluralistisch verfassten Kommunikationen permanent erneuert wird (vgl. Dewey 1916, S. 12ff.).

Allerdings findet sich in der Architektonik des Konzepts Deweys kein selbständiger Ort für den „space of reasons" als ein vom Bereich der Faktizität zu differenzierender ontologischer Bereich. Damit hängt zusammen, dass ungeachtet der dynamisch-kommunikativen Auffassung der Umweltkonstitution die Vorstellung von Welt als eine selbständige, von der Umwelt zu differenzierende Entität, oder als ein eigenständiger universeller Horizont von Bedeutungen nicht im Konzept Deweys enthalten ist. Zwar spricht Dewey von universalen, die unmittelbare Umgebung des Einzelkindes transzendierenden Erfahrungszusammenhängen, die der gesamten Tätigkeit der menschlichen Gattung entsprechen und sich etwa in den Erkenntnissen der Wissenschaft herauskristallisieren (vgl. Dewey 2002, S. 88f.). Aber dieser Gedankengang enthält noch keine konsequente Herausarbeitung des Status der Welt in seiner Unterscheidung zu dem der Umwelt. Eine solche Herausarbeitung würde Welt nicht als eine Struktur von Erfahrungszusammenhängen, sondern als eine transzendentale Bedingung der Erfahrung überhaupt ausweisen, die es erst möglich macht, Erfahrungen Sinn zu verleihen und sie zu Bedeutungen zu artikulieren. Es lässt sich mit anderen Worten mit McDowell gegen Dewey argumentieren, dass die Welt nicht direkt erfahrbar, sondern als Horizont der Erfahrungen „gegeben" ist.

Der universalistische Gehalt des Weltbegriffs wird allerdings auch bei der geisteswissenschaftlichen Tradition nicht nachvollzogen, da hier Welt auf die konkret-partikularen historischen Ausformungen eines objektiven Geistes reduziert wird, selbst wenn diese Ausformungen nicht in der Terminologie der Totalität einer Volksgemeinschaft gefasst werden, wie dies bei einigen Klassikern der Tradition der geisteswissenschaftlichen Pädagogik der Fall ist (vgl. Nohl 1970, S. 149f.).

Aus diesen Überlegungen folgt, dass die semantische Komponente „Bildung als Welt-Erschließung" in einem Widerspruch zu den beiden in der bildungstheoretischen Tradition prominent gewordenen Ausdeutungsformen der dritten

Bedeutungsdimension des Bildungsbegriffs steht, die sich auf das Medium von Bildungsprozessen beziehen: sowohl zum Verständnis dieses Mediums als (hoch-)kulturelle Initiation als auch zu dem einer erfahrungserweiternden faktisch-pluralen sozialen Kommunikation. Lohnt es sich aber dann überhaupt, an dieser Bedeutungskomponente mit ihrem universalistischen Gehalt, generell an der bildungstheoretischen Unterscheidung zwischen „Welt" und „Umwelt" festzuhalten, die auf der einen Seite mit der Verwurzelung von Bildungsprozessen in partikularen Kulturgemeinschaften nicht kompatibel zu sein scheint, auf denen die geisteswissenschaftliche Tradition insistiert, und die auf der anderen Seite in einer offenkundigen Spannung mit dem Prinzip der faktischen soziokulturellen Pluralität steht, das Dewey zum zentralen Merkmal bildungsstiftender Interaktionen macht? Und wenn ja, wie ist es möglich, jenen universalistischen Gehalt mit dem letztgenannten Pluralitätsprinzip im Einklang zu bringen? Diese Fragen werden nicht nur im Mittelpunkt der Überlegungen im nächsten Abschnitt stehen, sondern sie werden uns im gesamten Verlauf der Studie direkt oder indirekt stets beschäftigen.

1.2 Bildung und posttraditionelle Gesellschaft

Im vorigen Abschnitt habe ich gemäß der begriffsanalytischen Vorgehensweise versucht, zunächst die zentralen Bedeutungsdimensionen des Bildungsbegriffs auszudifferenzieren, so wie sie in den diskursiven Gebrauchsweisen dieses Begriffs enthalten sind, um dann die immanenten Zusammenhänge und Spannungen zwischen diesen Dimensionen zu skizzieren. Dabei hat sich herausgestellt, dass der universalistische Gehalt des neuhumanistischen Bildungsbegriffs Humboldtscher Provenienz, der insbesondere in der Vorstellung von Bildung als Erschließung von Welt zum Ausdruck kommt, nicht ohne weiteres mit den im 20. Jahrhundert dominanten Vorstellungen über das Medium von Bildungsprozessen kompatibel ist, wonach dieses Medium entweder als Initiation in eine Kulturgemeinschaft, oder als erfahrungsimmanente und erfahrungserweiternde soziale Interaktion erschien.

In diesem Abschnitt möchte ich den Fokus der Analyse von den internen Spannungen innerhalb der semantischen Struktur des Bildungsbegriffs hin auf die Frage nach der externen Verträglichkeit der Einzelkomponenten dieser Struktur und ihrer Beschaffenheit mit den veränderten Bedingungen individuellen Lebens und individueller Entwicklung verlagern, die für die heutigen spätmodernen Gesellschaften charakteristisch sind, und die sich vielleicht am besten unter dem Label „Posttraditionalität" zusammenfassen lassen.

Im Allgemeinen zeichnen sich posttraditionelle Gesellschaften durch zwei auf den ersten Blick entgegengesetzte zentrale Merkmale aus, nämlich durch ihre nicht-hintergehbare soziokulturelle Pluralität und durch ihre Globalität bzw. durch universalistische, kontexttranszendierende Muster ihrer Integration. Nach Antony Giddens schwindet mit der Durchsetzung der posttraditionellen Gesellschaftsformen die lokale Anbindung und die wechselseitige Abgrenzung von traditional überlieferten Komplexen der Wirklichkeitsdeutung und der Handlungsmuster, die nach außen und nach innen eine klare Unterscheidung zwischen dem „Eigenen" und dem „Fremden" implizierten. Dadurch wird eine Homogenität erzeugt, die sich um „formelhafte Wahrheiten" organisiert, die ihrerseits präreflexiv und nicht-kritisierbar, sondern ausschließlich bestimmten Hütern der Tradition zugänglich sind und von ihnen in entsprechende Rituale übersetzt werden (vgl. Giddens, S. 84ff.). Demgegenüber sind alltägliche soziale Handlungen und Interpretationsleistungen der Akteure unter posttraditionellen Bedingungen in ihrer *inneren Struktur* heterogen, fallibel und einem permanenten Reflexionsdruck unterzogen. Dies hängt damit zusammen, dass diese Handlungen und Interpretationsleistungen in einem globalen Kontext stattfinden und auf einen „indefinite space" verweisen, wobei sich ständige Übergänge vom ursprünglich „Eigenen" zum ursprünglich „Fremden" ereignen (vgl. ebd., S. 58f.; S. 106f.).

Für die Argumentationslinie der vorliegenden Arbeit ist wichtig zu betonen, dass die so skizzierte „posttraditionelle Kondition" ein relativ neues Phänomen ist, das in den Gesellschaften der „klassischen" oder „einfachen" Moderne nicht anzutreffen ist. Die Reproduktion der Letzteren stützt sich nämlich auf „Traditionen ohne Traditionalismus" (ebd., S. 70): also auf relativ beständige Rollenzuweisungen und singuläre Gruppenzugehörigkeiten der sozialen Akteure, Rollenzuweisungen und Gruppenzugehörigkeiten, die allerdings die metaphysische Fundierung und den sakralen Status der „echten" Traditionen verloren haben und auf eine zweckrational bedingte, zwanghafte Wiederholung und Habitualisierung von Handlungsabläufen zurückverweisen (vgl. ebd., S. 70ff.), die mit dem Prinzip der Arbeitsteilung in der klassischen Moderne kongruent sind. Hingegen zeichnen sich posttraditionelle Gesellschaften dadurch aus, dass dieser Habitualisierungsmechanismus weitgehend außer Kraft gesetzt worden ist. Es entsteht eine Handlungs- und Interaktionsstruktur, bei der die Subjekte sich gleichzeitig in unterschiedlichen Rollen- und Zugehörigkeitskontexten bewegen und sich permanent zwischen alternativen Handlungs- und

Interaktionsoptionen entscheiden müssen, ohne auf überlieferte Gewissheiten zurückgreifen zu können, die den Status nicht-problematisierbarer Gegebenheiten hätten. Dadurch werden auch alltägliche Handlungsabläufe reflexions- und begründungsabhängig. Demzufolge dringt der „Raum der Gründe" in Sphären ein, die noch in den Zeiten der klassischen Moderne Domänen von Alltagsroutinen waren. Bildung als Zugangsermöglichung zu diesem Raum wird zu einer notwendigen Voraussetzung des sozialen Handelns schlechthin.

Zugleich aber untergräbt die posttraditionelle Kondition vorreflexiv aneignungsfähige Traditionen und kulturelle Überlieferungen, die etwa nach McDowell Voraussetzungen für die Formung einer „zweiten Natur" des Einzelnen sind, auf deren Grundlage er oder sie in diesem Raum der Gründe zu Hause sein kann. Die unter posttraditionellen Bedingungen so unentbehrlich gewordene Bildung muss demnach auf andere Grundlagen umgestellt werden, die mit der heterogen-pluralen und ent-lokalisierten Struktur der sozialen Bedingungen menschlicher Reifung kompatibel sind.

1.2.1 Bildung, Tradition und post-konventionelle Inklusions- und Integrationsmuster

Bildung bzw. „Allgemeinbildung" wird oft als Vorgang der Reproduktion und Fortsetzung von kulturellen Überlieferungen einer Gesellschaft durch Weitergabe von Orientierungsmustern, zentralen Wissensbeständen und Wertvorstellungen von der älteren an die jüngere Generation aufgefasst (vgl. exemplarisch Tenorth 1994, S. 13). Entsprechend dieser Auffassung erscheint Bildung – um mit Manfred Fuhrmann zu sprechen – als eine Form des Bewahrens, der Sicherung von Tradition (vgl. Fuhrmann 2002, S. 6). Für Fuhrmann geschieht dies in der Ausrichtung von Bildung auf einen Kulturkanon (vgl. ebd., S. 36ff.) Somit steht er in einer Interpretationslinie mit zahlreichen Autoren, die „Bildung" und „Kultur" als eng verwandte, ja als synonyme Begriffe ausdeuten. Man denke etwa an die berühmte Formulierung Adornos, wonach „Bildung als Kultur nach der Seite ihrer subjektiven Zueignung" (Adorno 1979, S. 34) sei. Dabei hat Adorno ein Bild von (Hoch-)Kultur vor Augen, dem zufolge diese als ein mit dem Einzelnen versöhntes Ganzes erscheint (vgl. ebd., S. 104).

Genau diese ganzheitliche Auffassung von der „objektiven Seite" der Bildung, von Kultur als ein einheitlicher geistiger Kosmos begründet und ermöglicht die Vorstellung eines Kultur*kanons*, dessen Aneignung Bildung stiftet. Dieser Kanon wird von Fuhrmann nach dem Muster der *Einheit* der platonischen Ideen beschrieben, die in den Bildungsanstrengungen der vereinzelten Individuen widergespiegelt wird, wodurch diese Anstrengungen Richtung und Sinn erhalten (vgl. ebd., S. 38f.). Folgerichtig deutet Fuhrmann die nur partielle und fragmentierte Präsenz des bürgerlich-humanistischen Kulturkanons in den heutigen (gymnasialen) Schulplänen letztlich als eine beklagenswerte Verfallsgeschichte von Bildung aus (vgl. ebd., S. 52f.; S. 65-73).

Selbst wenn man die Vorstellung eines Bildungs- bzw. Kulturkanons nicht auf seine konkrete neuhumanistische Ausprägung zurückführt, wie dies Fuhrmann tut, sondern etwa mit Tenorth ausschließlich die Bedeutung eines allgemeinen Kanonisierungsstils als tragendes Element von Bildung betont (vgl. Tenorth 1994, S. 13; S. 129ff.), so ist auch diese Vorstellung mit der oben skizzierten „posttraditionellen Kondition" kaum vereinbar. Wie schon ausgeführt, zeichnet sich diese Kondition gerade dadurch aus, dass ein überindividuelles kulturelles Ganzes nicht mehr widerspruchsfrei postuliert werden kann, da die Muster der Selbst- und Wirklichkeitswahrnehmung zum einen individualisiert und zum anderen pluralisiert werden, wobei sie tendenziell nicht abschließbare und heterogene Verweisungszusammenhänge auf ursprünglich „fremde" und voneinander differierende Horizonte der Weltwahrnehmung enthalten.

Dieser Zustand enthält über die Tatsache der kulturellen Heterogenität und Pluralität hinaus zwei weitere – bildungstheoretisch immens wichtige – Züge: Erstens, wenn wir unter „Kultur" generell symbolische Formen der Selbst- und der Wirklichkeitswahrnehmung verstehen, so können unter posttraditionellen Bedingungen diese Formen nicht mehr als eine ontologische Realität, als situiert in einem platonisch verstandenen meta-sozialen Raum aufgefasst werden. Vielmehr ist kulturelle Pluralität hier immer zugleich eine *sozio*kulturelle Pluralität: Das Feld, in dem sich „Kultur" konstituiert und reproduziert, bilden die alltäglichen sozialen Handlungen der Akteure aus, welche die erwähnten symbolischen Formen als ihre immanente Dimension enthalten, die ihnen Sinn verleiht und sie dadurch überhaupt erst zu *sozialen* Handlungen macht. Demnach erscheint Kultur hier nicht im Modus einer „höheren", den Alltag transzendierenden Welt, nicht im Modus eines organischen Kosmos, sondern als eng verzahnt mit „materiellen" sozialen Strukturen. Ihr „Ort" ist das sich alltäglich reproduzierende gesellschaftliche Gefüge selbst, das in den spätmodernen Gesellschaften gebrochen und polyzentrisch strukturiert ist (vgl. Kaschuba 1995, S. 13f., S. 21).

Bildungstheoretisch gewendet bedeuten diese Erkenntnisse, dass die Domäne von Bildungsprozessen sich von der Aneignung eines tradierten Kulturkanons hin auf die Artikulation der alltäglichen symbolischen Deutungsmuster der Einzelnen, auf ihre interaktive Erweiterung und Übersetzung in ursprünglich „fremde" Horizonte der Weltwahrnehmung verschiebt. Mit Thomas Ziehe lässt sich behaupten, dass es heute nicht mehr möglich ist, schulpädagogische Interaktionen um einen allgemeinen Kanon zu organisieren, zu dem Schüler einen unbefragten Bezug hätten und dessen Aneignung für die Einführung in eine klar umgrenzte Erwachsenenwelt stehen würde. Stattdessen muss der Lehrer stets zugleich als Beziehungs- und Kulturarbeiter fungieren, insofern er einen für ihn und seine Schüler gemeinsamen kulturellen Sinn- und Bedeutungszusammenhang immer erst interaktiv herstellen muss (vgl. Ziehe 1996, S. 82ff.). Diese interaktive Herstellung erfordert zunächst die Anbahnung einer Artikulation der schon vorhandenen, sich in alltäglichen Erfahrungen reproduzierenden symbolischen Deutungsmuster der Schüler. Verallgemeinernd lässt sich sagen, dass unter den so beschriebenen veränderten Bedingungen das unmittelbare Ziel von Schulbildung nicht die Aneignung von bestimmten kulturellen Inhalten ist, sondern die Herausbildung von Grundfähigkeiten zum interaktiven und auf alltägliche Erfahrungshorizonte und ihre Erweiterung bezogenen Vorgang von „meaning-making", so wie er in dem seit kurzem prominent gewordenen Begriff der Literacy zum Ausdruck kommt.[8]

Die zweite zentrale Konsequenz der posttraditionellen kulturellen Pluralität und gleichzeitigen Globalität ist, dass ihre Verarbeitung auf der Seite des Subjekts die Herausbildung eines Musters des Selbst- und des Weltverständnisses voraussetzt, das sich am ehesten mit dem von Lawrence Kohlberg bekannt gemachten Begriffs eines post-konventionellen Moralbewusstseins beschreiben lässt. Mit diesem Begriff bezeichnet Kohlberg jenes Entwicklungsstadium, bei dem das Individuum sein Handeln nicht mehr an partikular-überlieferten Konventionen orientiert, sondern an universellen Prinzipien, in deren Lichte es über die letzteren Konventionen reflektiert und nach ihrer Begründbarkeit fragt (vgl. Kohlberg 1984, S. 174ff.). Allerdings fällt die beschriebene „posttraditionelle Kondition" nicht in erster Linie mit einer formell-abstrakten Autonomie

---

8 „Meaning Making" spielt im Kontext der Konzeptualisierungsansätze zum Literacy-Begriff die Rolle eines Schlüsselwortes, das sich bei sämtlichen Autoren findet, die sich mit dem Charakter und der Entstehung von Literacy beschäftigen (vgl. exemplarisch Kress 1997, S. 8ff.; May 1994, S. 58ff.) Dabei wird „meaning making" verstanden „... as work, as *action*, which is itself best explained in terms of the social structures and cultural systems in which children and adults act in communication" (Kress, 1997, S. 8).

im Sinne der Fähigkeit eines kontext-freien Selbst- und Weltbezugs zusammen, wie dies das Kohlbergsche Konzept nahe legt, sondern vielmehr mit der Fähigkeit zur Synthese bzw. zur Übersetzung zwischen unterschiedlichen und heterogenen symbolischen Deutungsmustern.[9] Das Prinzip dieser Synthese und Übersetzung scheint übrigens sehr nahe an der Humboldtschen Auffassung von Welterschließung zu sein, so wie sie im vorigen Abschnitt skizziert wurde.

Die so markierten zentralen zwei bildungstheoretischen Konsequenzen des Phänomens der kulturellen Pluralität lassen sich folgendermaßen zusammenfassen: Unter posttraditionellen Bedingungen setzten Bildungsprozesse bei einer Artikulation von alltäglichen symbolischen Deutungsmustern der Einzelnen an (1), wobei die Richtung dieser Prozesse durch die Entfaltung individueller Autonomie ihrer Subjekte bestimmt ist (2). Diese Autonomie kommt zunächst in der Vorstellung einer inter- und transkontextuellen Mobilität und einer fundamentalen Offenheit des Selbst- und des Wirklichkeitsbezugs hin zu einem *universalistischen Welthorizont* des Einzelnen zum Ausdruck, die mit der Entgrenzung der partikularen Kontexte seiner Handlungs- und Interaktionszusammenhänge und dem Reflexivwerden von „ansozialisierten" kulturellen Konventionen zusammenfällt.

1.2.2 Sozialwissenschaftliche Ansätze zum Bildungsbegriff

Die Überlegungen im vorigen Abschnitt legen nahe, dass die bildungstheoretische Berücksichtigung der Posttraditionalität eine Verabschiedung der Vorstellung von Bildung als Wiedergabe und Aneignung eines in sich homogenen hochkulturellen Kanons sowie eine primäre Lokalisierung von Bildungsprozessen in den alltäglichen Erfahrungszusammenhängen der Akteure erfordert. Diese Lokalisierung, die einer echten „kopernikanischen Wende" in der Bildungstheorie gleichkommt, ist ein kaum zu überschätzendes Verdienst derjenigen Ansätze, die sich im Rahmen der so genannten „erziehungswissenschaftlichen Biographieforschung" in den letzten Jahren etabliert haben. Diese Ansätze sind in einem doppelten Sinne als „sozialwissenschaftlich" zu bezeichnen: Zum einen dienen sie als Konzeptualisierungsgrundlage für die empirisch-

---

9 Die hier angedeutete Auffassung einer „dezentrierten" Autonomie wird in den nächsten beiden Kapiteln herausgearbeitet.

qualitative Erforschung von Bildungsprozessen und zum anderen besteht ihre zentrale Domäne in den sozial situierten und sozial vermittelten Vorgängen der Sinnverleihung in Bezug auf die Ereignisse im Lebenslauf des Einzelnen. Nach Winfried Marotzki lassen sich diese Sinnverleihungsvorgänge, deren Rekonstruktion im Fokus des „interpretativen Paradigmas" in den Sozialwissenschaften stehen (vgl. Marotzki 1991, S. 126), als Prozesse der Biographisierung der eigenen Erfahrungen bezeichnen (vgl. ebd., S. 127).

Es handelt sich hierbei um einen Prozess, der zugleich alltagsweltlich situiert ist (und daher einer ihm vorgegebenen Regelhaftigkeit untergeordnet ist) und sich durch Emergenz von Sinnsetzungen auszeichnet (vgl. ebd., S. 127). Demnach bringt die biographische Arbeit das Spezifikum des *sozialen Handelns* insgesamt zum Ausdruck, wonach dieses Handeln immer auch ein Akt des Hervorbringens ist (vgl. Marotzki 1996, S. 57).

Es ist dieses Grundmerkmal des Hervorbringens, in dem am klarsten die semantische Überschneidung zwischen den Kategorien der Biographie und der Bildung stattfindet. Nach Hans-Christoph Koller eignet sich die biographische Forschung deshalb für die Untersuchung von Bildungsprozessen, weil die Letzteren nicht auf Verhaltenstraining und Wissensaneignung reduzierbar (vgl. Koller 2002, S. 93), also nicht als passive Anpassung zu verstehen sind, sondern als aktiv-gestaltendes Verhältnis zur Welt und zum Selbst. In diesem Zusammenhang wird der qualitativen Bildungsforschung zugetraut, die Kluft in der Bildungsforschung zwischen philosophischen Reflexionen einerseits, welche die sozial-alltagsweltliche Einbettung von Bildungsprozessen vernachlässigen, und quantitativ-empirisch verfahrenden Untersuchungen andererseits zu überwinden, welche diese Prozesse rein objektivistisch ausdeuten und somit das Moment der Sinnkonstitution nicht fassen können, das Bildungsvorgänge entscheidend auszeichnet (vgl. Marotzki 1991, S. 128).

Bei den beiden heute wohl bekanntesten Vertretern der biographischen Bildungsforschung Hans-Christoph Koller und Winfried Marotzki dringt die Berücksichtigung der soziokulturellen Pluralität durch die Fokussierung auf sich alltagsweltlich vollziehende und zugleich Differenzerfahrungen hervorbringende Suchbewegungen und Wandlungen des Einzelnen in den semantischen Kern des Bildungsbegriffs ein. Inwieweit ist aber diese alltagsweltlich-pluralistische Ausrichtung der benannten Konzepte mit dem universalistischen Prinzip der Subjektautonomie vereinbar, das sich im vorigen Abschnitt als eine der wichtigsten bildungstheoretischen Konsequenzen der „posttraditionellen Kondition" herausgestellt hat? Wie nehmen diese Konzepte das semantische Moment der Welt-Erschließung auf, in dem die so markierte Vorstellung von

Subjektautonomie qua inter- und transkontextuelle Mobilität zum Ausdruck kommt? Mit anderen Worten: Wie gehen die leitenden Konzepte der biographischen Bildungsforschung mit dem universalistischen Kern des Bildungsbegriffs um, der sich unter posttraditionellen Bedingungen als schützenswert erwies, wenn auch womöglich in einer „dezentrierten" Form?

Betrachten wir zunächst Kollers Bildungsbegriff, da er das Differenzprinzip besonders konsequent und radikal durchzusetzen versucht. Koller distanziert sich explizit vom – wie er ihn nennt – „emphatischen Subjektbegriff" Marotzkis, der in der Semantik von Freiheit, Mündigkeit, Verantwortung, Selbsttransparenz gefasst sei (vgl. Koller 1999, S. 153). Die Pointe dieser Kritik ist, dass der erwähnte Subjektbegriff dem Primat der sozialen Diskurse und insbesondere der Sprache in Bezug auf Subjektivität nicht gerecht werde (vgl. ebd. S. 153). Diesen Primat leitet Koller im Wesentlichen von der sprachphilosophischen Konzeption Lyotards ab und betrachtet ihn als Grundmotiv der gesellschaftstheoretischen Wende in der Bildungstheorie, die in den Bemühungen bestehe, „Bildung" von den diskursiven Verflechtungen des Einzelnen her zu entschlüsseln (vgl. Koller 2000, S. 302ff.; 311). Diese Verflechtungen seien wiederum als kontingente Verkettungen von Sätzen zu verstehen, die sich widerstreitende, unhintergehbar-plurale Diskursarten bildeten, *die erst Subjektivität hervorbrächten* (vgl. ebd., S. 311f.). Dementsprechend sollen nach Koller im Zentrum des Bildungsgedankens nicht das Subjekt als „Träger" des Bildungsprozesses stehen, sondern die sprachlichen Prozesse der Hervorbringung von neuen Sätzen und Satzverkettungen (vgl. ebd., S. 311f.). Dementsprechend definiert Koller „Bildung" folgendermaßen: „Unter „Bildung" in diesem Sinn wären die Prozesse zu verstehen, in denen neue Sätze, Satzfamilien und Diskursarten hervorgebracht werden, die den Widerstreit offen halten, indem sie einem bislang unartikulierbaren „Etwas" zum Ausdruck verhelfen." (ebd., S. 311). Und weiter: „Bildung als (Er-)Findung neuer Diskursarten meint noch nicht einmal den pädagogisch naheliegenderen Gedanken (schließt ihn aber nicht aus), dass die zu bildenden Subjekte dazu befähigt werden sollen, selbst Worte oder Sätze zu (er)finden, die ihren Anliegen im unvermeidlichen Konflikt mit anderen Ausdruck verschaffen könnten. „Bildung" im hier vorgeschlagenen Sinn meint vielmehr zunächst einmal nichts anderes als einen sprachlichen Vorgang, bei dem neue Sätze und Satzverkettungen hervorgebracht werden – und zwar ganz unabhängig davon, wer in diesen Sätzen als Sender in Erscheinung tritt." (ebd., S. 312).

Das so skizzierte Bildungsverständnis konkretisiert sich unter anderem in Kollers empirischer Rekonstruktion von Bildungsprozessen im Kontext von

Migration. In einem neueren Aufsatz von ihm wird etwa das Beispiel einer deutsch-persischen Studentin aufgeführt, die ihre jeweils „fremdkulturelle" Identifikation bewusst stark macht. Sie betont also ihre „iranische Seite" in Deutschland und ihre „deutsche Seite" im Iran, damit sie – wie sie sagt – nicht Anteile ihrer Persönlichkeit verliert. Dadurch artikuliere sie einen Diskursstrang der polyzentrischen, hybriden Identität, der einen Gesichtspunkt des Widerstreits zu weit verbreiteten Vorstellungen von Identität als monokulturelle Zugehörigkeit bilde und deshalb für eine – zum Teil auch intendierte – Irritation bei ihren Kommunikationspartnern sorge (vgl. Koller 2002a, S. 104ff.). Wichtig hierbei ist, dass diese Artikulation ein interaktiver und dezentrierter Vorgang ist, insofern er in der Kommunikation mit Anderen stattfindet und zwar in der Form der Hervorbringung von Differenz, bzw. von Widerstreit zu herkömmlichen Wahrnehmungs- und Deutungsmustern.

Dieses Beispiel zeigt sehr deutlich, dass Koller „Bildung" zum einen konsequent als eingebettet in alltägliche Erfahrungen mit biographischer Relevanz und zum anderen als einen emergenten Prozess des (Er-)Findens von pluralen, sich widerstreitenden Artikulations- und Diskursformen begreift. Damit scheint dieser Ansatz zunächst einmal sehr geeignet dafür zu sein, die Spezifika der posttraditionellen Kondition zu erfassen.

Andererseits lassen sich aber auch eine Reihe von kritischen Rückfragen an Kollers Konzept formulieren, die Zweifel an der von ihm propagierten Verabschiedung des Subjektbegriffs aufkommen lassen. Betrachten wir noch einmal genauer das Beispiel mit der deutsch-persischen Studentin. Offenbar besitzt sie eine bemerkenswerte, keineswegs selbstverständliche Fähigkeit zum spielerischen Umgang mit unterschiedlichen kulturellen Zugehörigkeiten und Identifikationen, die auf eine mentale Formation zurückverweist, die sich kaum anders denn als „Ich-Autonomie" bezeichnen lässt. Es dürfte kaum bestritten werden, dass nicht alle Personen mit Migrationshintergrund, oder im Kontext von Migration zu einem solchen spielerischen Umgang fähig sind. Und zwar deshalb nicht, weil sie die Souveränität der erwähnten Studentin nicht besitzen, oder vielleicht genauer: weil sie im Unterschied zu ihr nicht eine sich hinter allen partikularen Identifikationen und Rollen befindende Instanz des Selbst ausbilden konnten. Eine solche Instanz erst würde es dem Einzelnen ermöglichen, sich auf sich selbst als er selbst im Wandel der äußeren Identifikationen und externen Rollenzuweisungen zu beziehen. Wäre es aber nicht eine reizvolle Aufgabe, gerade für qualitativ-empirische Untersuchungen, jene biographischen Erfahrungen nachzuzeichnen, welche die Herausbildung dieser Instanz ermöglichen bzw. verhindern? Diese Aufgabe erscheint vor dem Hintergrund der den gesamten Ansatz der bildungsbezogenen Biographieforschung prägenden Erkenntnis unentbehrlich, dass biographische Bildungsprozesse nicht einfach als eine Widerspiegelung von lebensgeschichtlichen Umständen und die unmittelbare Antwort darauf zu verstehen sind, sondern als subjektive Verarbeitung dieser Umstände. Diese Verarbeitung kann unterschiedliche Formen annehmen und unterschiedliche Erfolgsaussichten haben, je nachdem wie sich eine Selbst-Stärke des Einzelnen entwickelt hat. Dabei ist diese Entwicklung selbst eingebettet in bestimmte, noch zu spezifizierende soziale Erfahrungen, die gewissermaßen eine tiefer liegende Schicht der Erlebnisse des Einzelnen darstellen würden als die manifesten Praktiken des Umgangs mit Identifikationen und Rollenzuweisungen.

Diese letzten Überlegungen legen die Annahme nahe, dass die biographische Bildungsforschung ohne den Begriff eines alltagsweltlich-sozial situierten Subjekts als Träger der besagten Selbst-Stärke letztlich nicht auskommen kann. In der Tat hält Marotzkis Alternativkonzept von biographischen Bildungsprozessen an einem solchen Subjektbegriff fest. Ohne diesen wäre der Biographisierungsprozess selbst nicht widerspruchsfrei zu erfassen, da es sich hierbei um einen von außen nicht determinierten und daher autonomen subjektiven Vorgang der Sinnverleihung an Ereignisse des Lebenslaufs handelt, bei dem ein *kohärenter* Zusammenhang zwischen Vergangenheit, Gegenwart und Zukunft hergestellt wird (vgl. Marotzki 1990, S. 135), der gleichwohl durch seine Offenheit gekennzeichnet ist. In dieser Hinsicht beruft sich Marortzki auf Jean-Paul Sartres Konzept des existenzialen Entwurfes als Grundmerkmal menschlichen Lebens. Demnach beinhaltet der Entwurf die Momente der Faktizität und der Transzendenz der menschlichen Existenz zugleich, wobei die Annahme der Fähigkeit zum Überschreiten der eigenen Faktizität bei jedem Mensch gemacht werden müsse, und diese Annahme sich pädagogisch im Begriff der Bildsamkeit reformulieren lasse (vgl. Marotzki 1990, S. 135). Daher sei der Mensch ein Wesen der Möglichkeiten, und das Subjekt wird von der Richtung seines Werdens, von seiner Zukunft her definiert (vgl. ebd., S. 138).

Dieses Verständnis vom Entwurf-Charakter und von der fundamentalen Offenheit der Biographisierung überträgt sich auf Marotzkis generelles Verständnis von Bildung, wonach diese im Unterschied zum Lernen nicht einfach die Anreicherung der Selbst- und der Weltreferenzen des Einzelnen bedeute, sondern darüber hinaus die Transformationen des jeweiligen Rahmens, der jeweiligen Interpunktion dieser Referenzen meine (vgl. ebd., S. 41ff.).

Die Ausführungen in den vorausgegangenen Abschnitten geben allerdings Anlass, dieses Bildungsverständnis kritisch immanent zu modifizieren. Wenn wir nämlich von „Welt" in einem präzisen Sinne des Wortes sprechen und dabei deren – oben schon skizzierte – Differenz zur „Umwelt" mitbedenken, dann müssen wir annehmen, dass die Herstellung eines Welt-Bezugs *immer* die Überschreitung des Rahmens und der Interpunktion der jeweils gegebenen Wirklichkeitsperspektive des Einzelnen impliziert. Demzufolge ist die Unterscheidung zwischen „Lernen" und „Bildung" auf der „objektiven" Seite dieser Vorgänge letztlich nicht als eine Differenzierung zwischen der Entstehung neuer Weltbezüge und der Veränderung ihres Rahmens aufzufassen, sondern als eine Unterscheidung zwischen Anreicherung von Umweltreferenzen einerseits und Eröffnung von Welthorizonten andererseits. Während also „Lernen" Synthetisierung von Erfahrungsdaten zu Informationsmassen anhand von vorgegebenen Deutungsmuster der Umwelt und anhand eines vorgegebenen Wahrnehmungsschemas meint, das die Umwelt des Einzelnen eben als seine Umwelt, als seine vertraute Umgebung konstituiert, ereignet sich Bildung im Zuge der Überschreitung dieser Deutungsmuster und dieses Schemas durch die Eröffnung eines Welt-Horizonts der erworbenen Informationsmassen und der ihnen zugrunde liegenden Erfahrungszusammenhänge.

Auf der „subjektiven" Seite der Lern- und Bildungsvorgänge scheint es so, dass die Entstehung von neuen Selbstbeziehungsformen streng genommen erst bei der Eröffnung des besagten Welthorizonts des Einzelnen ansetzen. Auf der Ebene der Expansion und Extension von Umweltreferenzen ist dieser Entstehungsvorgang höchstens latent. Denn erst die Eröffnung eines Welthorizonts ermöglicht die oben skizzierte fundamentale Offenheit der menschlichen Existenz, die eine Grundvoraussetzung der Möglichkeit biographischer Arbeit ist und die überhaupt erst ein Verhältnis des Einzelnen zu sich als zu (s)einem Selbst ermöglicht (also einen *Selbst*-Bezug im präzisen Sinne des Wortes), das sich dadurch auszeichnet, dass es sich seiner partikular-ansozialisierten Umwelt entgegensetzen und über sie „hinauswachsen" kann.

Aus diesen Überlegungen folgt, dass die Entstehung von Selbst-Bezügen immer zugleich ein Vorgang von Selbst-Universalisierung ist, der im Zuge der Eröffnung eines nicht abschließbaren Welt-Horizonts der äußeren Erlebnisse und Erfahrungen des Einzelnen stattfindet. Diese Erlebnisse und Erfahrungen werden in die Welt als „unbestimmbare Mitte" aller Einzelperspektiven (Humboldt) projiziert. Dies erfordert die Übernahme eines hypothetischen Standpunktes der Allgemeinheit bzw. des Standpunktes einer universalistisch entgrenzten Kommunikationsgemeinschaft.

Damit ist zugleich ein normatives Kriterium benannt, dem zufolge nur diejenigen subjektiven Such- und Wandlungsbewegungen als Bildungsprozesse auszuzeichnen sind, die in den Vorgang der Selbst-Universalisierung durch Welt-Erschließung münden, der zugleich als Herausbildung von Selbst-Autonomie bezeichnet werden kann. Die biographische Bildungsforschung mit ihrem qualitativ-empirischen Zuschnitt, der auf die Einnahme der Teilnehmerperspektive der Akteure setzt, hat das Potential, nicht nur solche Bildungsvorgänge der Selbst-Universalisierung durch Welt-Erschließung zu identifizieren, sondern darüber hinaus auch die alltäglich-sozialen Typen von Erfahrung zu rekonstruieren, welche die so spezifizierten Bildungsprozesse ermöglichen bzw. verhindern. Dafür braucht die biographische Bildungsforschung allerdings die Inkorporierung der Perspektive eines normativen Universalismus innerhalb ihres eigenen konzeptuellen Rahmens und ihrer eigenen Forschungsmethodologie. Es handelt sich hierbei um eine Perspektive, aus der heraus Bildungsprozesse als alltagsweltlich verankerte Vorgänge von Selbst-Überholung im Zuge von Welt-Erschließung erscheinen.

Die Entwicklung einer solchen normativ-universalistischen Perspektive stellt ein wichtiges Desiderat für die biographische Bildungsforschung dar. Dabei weist diese Perspektive auf zentrale Gedankenfiguren der „klassischen" Bildungstheorie zurück. Es scheint deshalb geboten, zunächst einige von diesen Gedankenfiguren, die sich durch eine besonders prägende Wirkungsgeschichte auszeichnen, ein Stück weit zu erläutern, um dann der Frage nachzugehen, ob und wie die besagte Perspektive unter Bedingungen soziokultureller Pluralität beibehalten bzw. ob und wie sie mit dem Prinzip der pluralisierten alltäglichen sozialen Erfahrungen als Quelle und Bühne von Bildungsprozessen, das aus der „posttraditionellen Kondition" folgt, vereinbart werden kann.

1.2.3 Zentrale Desiderata der sozialwissenschaftlichen Ansätze zum Bildungsbegriff und der „klassisch-neuhumanistische" Bildungsgedanke

Der im letzten Abschnitt angesprochene Begriff eines normativen Universalismus als notwendiges Merkmal der Bildungskategorie beinhaltet zusammenfassend folgende semantische Dimensionen: Erstens eine Vorstellung von Subjektautonomie als Fähigkeit zur Selbst-Überholung, zur Transzendierung der Faktizität der aktuell gegebenen Umwelt des Einzelnen und der partikularen Kontexte seiner ansozialisierten Wirklichkeitsdeutungsmuster. Zweitens die Vorstellung, wonach sich diese Transzendierungspraxis in der Eröffnung eines Welthorizonts des Einzelnen ereignet, in deren Zuge seine Erfahrungen zu konzeptuellen Inhalten artikuliert werden, welche universelle Gültigkeit argumentativ beanspruchen. Diese Eröffnung erfordert, drittens, eine Dezentrierung der ursprünglich eigenen Perspektive des Einzelnen zur Wirklichkeit im Zuge seiner Übernahme von „fremdkulturellen Perspektiven". Diese dezentrierende Perspektivenübernahme-Praxis hängt wiederum mit der Entwicklung eines Selbstverständnisses des Einzelnen als Teilnehmer an der universalistisch entgrenzten menschlichen Gemeinschaft zusammen. Dieses *kosmopolitische* Selbstverständnis beinhaltet seinerseits, viertens, die Ausrichtung des Bildungsprozesses der Selbst-Entwicklung und Welt-Erschließung hin auf eine universale Idee der Humanität.

Mit einiger Vereinfachung lassen sich diese vier Merkmale auf die Prinzipien der Subjektautonomie und der Verwirklichung einer universalen, kontexttranszendierenden Idee der Humanität zusammenfassen. Denn Subjektautonomie im bisher dargelegten Sinn beinhaltet in sich die Eröffnung eines Welthorizonts der eigenen Erfahrungen. Auf der anderen Seite impliziert die Ausrichtung des Bildungsprozesses des Einzelnen auf eine universale Idee der Humanität sein Selbstverständnis als Teilnehmer an einer universalistisch entgrenzten (Diskurs-)Gemeinschaft der Menschheit.

Die bisherigen Ausführungen über den Bildungsbegriff Humboldts zeigen unzweifelhaft, dass in seinem Bildungsverständnis zumindest die Vorboten des so skizzierten normativen Universalismus identifiziert werden können. Für Humboldt bedeutet nämlich „Bildung" eine Entfaltung der individuellen Kräfte des Einzelnen, die dadurch geschieht, dass er so viel Welt wie möglich begegnet, was gleichbedeutend mit einer möglichst vollständigen Verwirklichung des Begriffs der Humanität in der eigenen Person ist, wobei das Individuum sich als Mitglied der universalen Gemeinschaft der Menschheit versteht (vgl. Humboldt 1980, S. 235f., Humboldt 1905a, S. 33). Es handelt sich hierbei deshalb um einen *normativen* Universalismus, weil er Auskunft darüber gibt, mit welchen Merkmalen Handlungs- und Entwicklungsabläufe des Menschen ausgezeichnet werden *sollen*, damit sie als „Bildung" gelten können. Bildung als eine spezifisch menschliche Praxis enthält also in ihrer *inneren Struktur* bestimmte normativ-universalistische, gewissermaßen kontrafaktische Vorstellungen, die dann in normative Forderungen an die Beziehungsgeflechte und Institutionen übersetzt werden können, in die diese Praxis eingebettet ist.[10]

Die Vorläufer dieses normativen Universalismus, der in Humboldts neuhumanistischem Bildungsbegriff aufblüht, finden sich schon bei den Protoformen dieses Begriffs im Kontext der christlichen Mystik – etwa bei Meister Eckhart. Bereits hier findet sich jene zentrale Denkfigur, die den Bildungsbegriff in seiner gesamten Entwicklung prägen wird, nämlich dass das Individuum zu seinem eigentlichen Menschsein durch den dialektischen Prozess der Transzendierung seiner materiellen Umgebung hin zu einer universellen geistigen Wirklichkeit einerseits und der Rückkehr von dieser Wirklichkeit zu sich andererseits kommt, wobei es bei dieser Rückkehr zum ersten Mal einen Selbst-Bezug als Bezug zu seinem Menschsein gewinnt. In der Sprache von Meister Eckhart wird dieser Prozess durch die Begriffe „Entbilden" von der Welt der Kreaturen und „Überbilden" in Gott artikuliert (vgl. Meister Eckhart 1979, S. 143; auch Meister Eckhart 1963, S. 11). Dabei findet beim „Entbilden" ein vollkommenes „Vergessen vergänglichen und zeitlichen Lebens" (Meister Eckhart 1979, S. 143) statt, wodurch sich der Mensch in ein göttliches Bild „hinüberwandelt" (ebd., S. 143), und das bedeutet, dass er zu einem Kind Gottes wird (vgl. ebd., S. 143). Die Anschauung vom Bild Gottes, das Gott selbst in die Menschen „eingesät" (ebd., S. 142) habe, bedeutet zugleich das „Hinaufkehren" (vgl. ebd., S. 144) der menschlichen Seele in die Ewigkeit, in das Reich des unvermittelten „Eins" (ebd., S. 145).

Im Unterschied zu Gott befindet sich der Mensch jedoch in keiner unmittelbaren Identität mit dem Einen des Seins, „Gottes Schauen und unser Schauen sind einander völlig fern und ungleich" (ebd., S. 148). Das heißt, dass der

---

10 Der so angedeutete Begriff einer *praxisimmanenten Normativität* ist von demjenigen einer externen Präskriptivität zu unterscheiden, welche in der *Pädagogik* einen zentralen Stellenwert hatte und in der *Erziehungswissenschaft* oft heftig bekämpft wird (vgl. exemplarisch Brezinka 1981, S. 13ff.). Diese Unterscheidung lässt sich so skizzieren: Während es sich im Falle der Präskriptivität um eine externe Aufstellung von Regeln für „richtiges" pädagogisches Handeln anhand von partikularen ethischen, weltanschaulichen oder politischen Vorstellungen des jeweiligen Autors handelt, geht es bei einer immanent-normativen Perspektive um die Rekonstruktion jener normativen Setzungen und Erwartungen der Akteure, die jede soziale Praxis eben als *soziale*, die jeweilige Faktizität transzendierende und daher sinnkonstituierende Praxis ausweisen. Dies bedeutet, dass auch „Bildung" als eine solche soziale Praxis in ihrer inneren, sich alltäglich reproduzierenden Struktur eben durch ein solches Set von normativen Setzungen und Erwartungen gekennzeichnet ist – etwa durch eine Vorstellung von Subjektautonomie oder von Humanität.

Mensch nach dem Eins erst suchen muss, und er entdeckt es, indem er erkennt, dass er das Bild Gottes sieht, das auch in seiner Seele enthalten ist: „Wenn aber die Seele erkennt, *daß* sie Gott erkennt, so gewinnt sie zugleich Erkenntnis von Gott und von sich selbst." (ebd., S. 148).

Diese reflexive Wendung des „Überbildens" in Gott, in das ewige und eine Sein, bedeutet, dass der Mensch durch das Schauen Gottes zu sich selbst zurückkommt und dabei seine eigene Einheit schafft (vgl. ebd., S.148f.). In diesem durch *Bild*ung hergestellten Selbst-Bezug gründet sich das Erhabensein des Menschen „über die Natur, über die Zeit und über alles, was der Zeit zugekehrt ist", sowie über „Raum und Körperlichkeit" (ebd., S. 146).

In einer modernen Terminologie ausgedrückt: Das Selbst des Einzelnen konstituiert sich durch seine reflexiv strukturierte Anschauung des einen und allumfassenden Seins. Diese Anschauung ist Hinausführung aus der Wirklichkeit des zeitlichen, fragmentierten und partikularen Seienden, ohne dass diese Hinausführung zu einer Aufhebung des menschlichen Individuums in das absolute Sein führt. Dieses wird stattdessen zu einem Selbstbild subjektiviert, das die Einheit der Seele in Abgrenzung zu der fragmentierten Wirklichkeit der Faktizität stiftet, wobei im Zuge dieser Abgrenzung das Individuum zu seiner Autonomie gelangt. Diese Autonomie kann nun als universelles Merkmal des Menschseins angesehen werden, die sich durch seine Ausrichtung auf eine allumfassende Wirklichkeit und durch die Selbst-Überholung des Einzelnen im Zuge der Bewegung hin zu dieser Wirklichkeit konstituiert.

Die so skizzierte grundlegende dialektische Figur prägt den Bildungsgedanken insgesamt von Anfang an entscheidend. Sie lässt sich in der Auffassung von einem subjektivitätskonstituierenden Selbstbezug durch – um mit Dietrich Benner zu sprechen – „Entfremdung und Rückkehr aus der Entfremdung" (Benner 1990, S. 107) auf den Punkt bringen, wenn „Entfremdung" als Entäußerung oder als Selbstprojektion in eine allumfassende Totalität verstanden wird. Sie kommt besonders klar in Hegels Bildungsbegriff zum Ausdruck, so wie er vor allem in der „Phänomenologie des Geistes" entwickelt wird. Bildung ist für Hegel ein Moment des dialektischen Prozesses der Entäußerung des Selbstbewusstseins in einem Anderen, letztlich in einem objektiven Geist, des darauf folgenden Sich-Erkennens in diesem objektiven Geist und Sich-Identifizierens mit ihm und durch ihn mit sich selbst. Es handelt sich hierbei um einen Vorgang, der als ein Teil des übergreifenden Vorganges der Herstellung der Totalität des absoluten Geistes zu verstehen ist. Innerhalb dieses Vorganges bezeichnet „Bildung" im engeren Sinne nach Hegel das Stadium des „sich entfremdeten Geistes" (Hegel 1980, S. 264), der sich zwischen den Stadien der Sittlichkeit und der Moralität befindet. Bildung ist demnach als die Bewegung der Subjektkonstitution von (unmittelbarer) Sittlichkeit hin zur Moralität, zur Hervorbringung von moralischem Bewusstsein zu bezeichnen. Die Sittlichkeit ist zunächst bei Hegel dadurch gekennzeichnet, dass bei ihr das Anerkennungsverhältnis zwischen den unterschiedlichen Selbstbewusstseinen, das in der Dialektik zwischen Herr und Knecht zum Ausdruck kommt (vgl. Hegel 1980, S. 109ff.), in der sich diese Selbstbewusstseine überhaupt erst gegenseitig hervorbringen, in die Überwindung der Abgetrenntheit zwischen ihnen überführt wird, wobei ein kollektives Ganzes entsteht (vgl. ebd., S. 194). Dieses verkörpert sich in einem sittlichen Gemeinwesen, im sittlichen Leben eines Volkes. Hier entsteht zuerst ein objektiver Geist und zwar als das sittliche Leben eines Volks, das den Status einer unmittelbaren Wahrheit besitzt (vgl. ebd., S. 240). [11]

Der Geist muss sich jedoch in diesem Ganzen der sittlich hervorgebrachten Welt selbst erkennen, was voraussetzt, dass er es als seine Wirklichkeit, als sein Andres setzt. Diese Selbsterkenntnis ist aber dadurch gehindert, dass die sittliche Substanz ausschließlich eine *unmittelbare* Wahrheit des Geistes darstellt, die daher nicht durch Gedanken, sondern nur durch den Glauben gegeben ist. Gemäß der inneren Logik der Bewegung des Geistes muss seine unmittelbare Identität des Glaubens mit der Sittlichkeit aufgehoben und dann auf einer höheren Ebene *begrifflich* – d. h. vermittelt und selbstreflexiv – wiederhergestellt werden. Dies wird auf der Ebene des moralischen Bewusstseins vollzogen, die durch die so skizzierte Arbeit der nun sich selbst aufhebenden Bildung erreicht wird (ebd., S. 266). Auf dieser Ebene überwindet der vorher entfremdete Geist seine Entzweiung mit dem Sein der Gegenständigkeit, so wie

---

11 Diese unmittelbare Wahrheit rührt an den dinglichen Charakter der Vernunft der Volksgemeinschaft, die bei all ihren Mitgliedern als eine gleiche, unvermittelte Substanz gegeben ist. Das von dieser Vernunft Gesetzte ist daher unmittelbar wahr im Sinne von nicht problematisierbar. „In dem Leben eines Volks hat in der That der Begriff der Verwirklichung der selbstbewußten Vernunft, in der Selbständigkeit des *Andern* die vollständige *Einheit* mit ihm anzuschauen, oder diese von mir vorgefundene freye *Dingheit* eines andern, welche das negative Meinerselbst ist, als *mein* für *mich* seyn zum Gegenstande zu haben, - seine vollendete Realität. Die Vernunft ist als die flüssige allgemeine *Substanz*, als die unwandelbare einfache *Dingheit* vorhanden, welche ebenso in viele vollkommen selbständige Wesen wie das Licht in Sterne als unzählige für sich leuchtende Punkte zerspringt, die in ihrem absoluten Fürsichseyn nicht nur *an sich* in der einfachen selbständigen Substanz aufgelöst sind, sondern *für sich selbst*; sie sind sich bewußt dieses einzelne selbstständige Wesen dadurch zu seyn, daß sie ihre Einzelheit aufopfern und diese allgemeine Substanz ihre Seele und Wesen ist; so wie diß Allgemeine wieder das *Thun* ihrer als einzelner oder das von ihnen hervorgebrachte Werk ist." (Hegel 1980, S. 194).

es in einem konkreten sittlichen Ganzen gegeben ist, um vollkommen in sich zurückzugehen und seine absolute Freiheit hervorzubringen (vgl. Hegel 1980, S.266.), welche ihrerseits später im absoluten Wissen der Religion, gewissermaßen in einer durch Moralität durchgedrungenen, „höheren" Sittlichkeit aufgehoben wird (vgl. ebd., S. 422ff.; auch Hegel 1978, S. 286f.; S. 292).

Bildung ist also nach Hegel als Abarbeitung des Subjekts an der sittlichen Totalität einer Gemeinschaft zu verstehen, welche im Zuge dieser Abarbeitung durch dasselbe Subjekt transzendiert wird. Auf diese Art und Weise bringt es sich als ein moralisches Wesen hervor, dessen Objektivation nicht mehr aus glaubensförmigen unmittelbaren Wahrheiten, sondern aus Begriffen besteht. Die Herstellung der Identität zwischen dem Subjekt und dem nun begrifflich vermittelten objektiven Geist führt letztlich zur Hervorbringung des absoluten Geistes. Bildung ist demnach als Selbst-Universalisierung durch Selbst-Aufhebung in diesen absoluten Geist zu verstehen, der bei Hegel die universelle Idee der Humanität verkörpert.

Dadurch besitzt Hegels Bildungsbegriff unzweifelhaft einen universalistischen Bedeutungsgehalt, und zwar sowohl auf seiner „subjektiven" wie auch auf seiner „objektiven" Seite. Im ersteren Fall äußert sich dieser universalistische Bedeutungsgehalt in der Gestalt der Vorstellung von Subjektautonomie und im Zweiteren in derjenigen der Idee der Humanität qua objektiven Geistes.

Auf den ersten Blick scheint es, dass dieser Begriff zudem alltägliche soziale Verhältnisse in seiner semantischen Struktur mit einbezieht, und zwar über Hegels Auffassung von der kollektiv gelebten Sittlichkeit als dem primären objektiven Pol von Bildung. In der Tat zeigt Axel Honneth, dass in den früheren Schriften Hegels, bevor seine Philosophie die Form einer Logik der Entstehung und der Entwicklung des Geistes angenommen hat, durchaus die Betrachtung von faktisch gegebenen, polyzentrisch strukturierten Anerkennungsverhältnissen als „Medium der Individualisierung, der Steigerung von Ichfähigkeiten" entwickelt wird (Honneth 1994, S. 51). Im Rahmen des bewusstseinsontologischen Paradigmas jedoch, das Hegels Philosophie nach der „Phänomenologie des Geistes" bestimmt, wird die plurale Struktur der sozialintersubjektiven Verhältnisse im Zuge der Vergemeinschaftung des Individuums negiert, wobei Bildung im eigentlichen Sinne für Hegel erst bei dieser Vergemeinschaftung ansetzt. Die sittliche Totalität, die hierbei hervorgebracht wird und die als Ausgangspunkt von Bildung fungiert, ist aber genauso wenig eine soziale – d. h. eine pluralisiert-polyzentrische – Realität, wie auch die Totalität des Geistes, in die Bildung aufgehoben wird. Demnach gibt uns Hegels Bildungstheorie letztlich keine Antwort auf unsere Fragestellung, wie der universalistische Gehalt von Bildung mit einer Auffassung von ihr zu vereinigen wäre, wonach sie als eingebettet in pluralen sozialen Beziehungsgeflechten zum Tragen kommt.

Der Bildungsbegriff Humboldts erscheint als tendenziell offener für das Prinzip der soziokulturellen Pluralität als derjenige Hegels. Wie oben schon ausgeführt, ist nach Humboldt die Pluralität von Nationalsprachen eine Grundvoraussetzung der Möglichkeit der Entstehung von Weltsinn. Zugleich wird Welt nicht als eine in sich geschlossene Totalität aufgefasst, sondern sie ist gerade durch ihre Unbestimmtheit charakterisiert, welche durch ihre strukturelle Zwischenstellung zwischen allen Einzelsprachen bedingt ist. Demnach ist die Vielfalt der Einzelsprachen gerade deshalb nicht durch ihre Zurückführung auf eine einheitliche Metasprache aufzuheben, weil sie *weltbezogen* sind. Dies bedeutet für Humboldt, dass sie jeweils partikulare Weltansichten darstellen, wobei es keine singuläre Sprache geben kann, die die gesamte Welt erfassen könnte (vgl. Humboldt 1905a, S. 33).

Diese externe Pluralität *zwischen* den Einzelsprachen setzt sich bei Humboldt allerdings nicht in einer Binnenpluralität dieser Sprachen fort, welche aber unentbehrlich ist, wenn die Einzelsprachen *in sich* als sozialintersubjektive Praktiken aufgefasst werden sollen. Stattdessen erscheinen die Nationalsprachen bei Humboldt als organische Ganzheiten, als in sich homogene Weltansichten. Aus diesem Grund übernehmen übrigens klassische Sprachen wie Altgriechisch und Latein eine Vorbildfunktion. Die organische Einheit ihrer Sprachform, ja ihre Eigenschaft als hochgebildete Weltansichten, die diese Einheit ermöglichen, kommt gerade deshalb besonders klar zum Ausdruck, weil diese Sprachen nicht mehr in alltäglichen Kommunikationen verwendet werden (vgl. Humboldt 1905a, S. 27ff.; Humboldt 1905b, S. 300ff.; auch Benner 1990, S. 120ff., insb. S. 132).

Die Welterschließung geschieht demnach nicht in den dezentrierten alltäglichen Verständigungspraktiken der sozialen Akteure, sondern gerade in der Abstraktion von diesen Praktiken. Genau durch diese Abstraktion wird eine Wahrnehmung der eigenen und der fremden Sprachen als harmonische, organische Formen erst ermöglicht, bei denen die Differenz zwischen den sozialen Positionen der Akteure innerhalb einer sprachkulturellen Gemeinschaft sowie zwischen ihren Welt- und Selbstperspektiven negiert wird: Es gibt letztlich bei Humboldt zwar eine Pluralität von Einzelsprachen, nicht jedoch eine Pluralität der sprachlichen Struktur als solcher, was eine Voraussetzung dafür wäre, diese Struktur zugleich als eine soziale Entität aufzufassen – wie dies heute etwa bei den sprachpragmatischen Konzepten der Fall ist. Daraus können wir schlussfolgern, dass auch bei Humboldt der normative Universalismus des Bildungsbegriffs, der bei ihm in der Form einer möglichst vollständigen Welterschließung als Fundament von individueller Autonomie und als Verkörperung der Humanitätsidee fungiert, nicht mit sozialen, d. h. in ihrer inneren Struktur pluralen und dezentrierten Praktiken vermittelt wird; dass auch der Humboldtsche Bildungsbegriff für das Prinzip der soziokulturellen Pluralität letztlich strukturell verschlossen bleibt.

1.3 Grundzüge einer intersubjektivitätstheoretischen Transformation des Bildungsbegriffs

Der normative Universalismus des Bildungsbegriffs mit seinen beiden Grundsäulen – die Idee der individuellen Autonomie, die von jedem menschlichen Wesen entwickelt werden kann und soll, und diejenige der Humanität als universelles Ideal menschlichen Zusammenlebens, bei dem sich der entgrenzten menschlichen Gattung immer mehr die „Allheit" der Welt erschließt – gilt gerade unter posttraditionellen Bedingungen des Reflexivwerdens und der Globalität sozialer Strukturen als in einem hohen Maße bewahrenswert. Die bildungstheoretische Berücksichtigung dieser Bedingungen erfordert allerdings zugleich, Bildungsprozesse als eingebettet in alltägliche, sozial-plurale Verhältnisse aufzufassen – und nicht etwa in der Bewegung des Zu-sich-Kommens eines absoluten Geistes.

Die so angesprochenen zwei Momente der bildungstheoretischen Aufnahme der „posttraditionellen Kondition" scheinen sich auf den ersten Blick jedoch wechselseitig auszuschließen. Der normative Universalismus des Bildungsbegriffs erscheint in seinen beiden Hauptdimensionen nämlich als nicht vereinbar mit dem Prinzip der sozialen Situierung von Bildungsprozessen. Zum einen besagt dieses Prinzip, dass weder die Formung des Individuums als ein autarker Prozess zu verstehen sei noch eine Autonomie im Sinne von Handlungsmacht über seine Umgebung als Ergebnis dieser Formung gelten könne. Diese Formung und generell das Handeln des Einzelnen spielen sich auf der Grundlage seiner Beziehungen zu irreduziblen Anderen ab, welche sich durch ihre Eigenexistenzen auszeichnen, die ihm nicht zur Verfügung stehen. Daher entziehen sich auch seine Beziehungen zu diesen Anderen seiner Macht und erscheinen vielmehr als Einschränkungen seiner Autonomie.

Zum anderen impliziert das Prinzip der Einbettung von Bildungsprozessen in soziale Verhältnisse zugleich ihre Situierung in partikularen kulturellen

Kontexten alltagsweltlicher Sinnkonstitution. Dies erscheint wiederum auf den ersten Blick kaum kompatibel mit der Postulierung einer universalen, transkontextuellen Idee von Humanität, die sich nicht zuletzt durch die Annahme der Weltbezogenheit menschlicher Existenz auszeichnet.

Ein Weg zur Lösung dieses Widerspruchs zeichnet sich nur dann ab, wenn die sozialen Verhältnisse, in denen Bildung eingebettet ist, konzeptuell als intersubjektiv erfasst werden. Denn schon die Rede selbst von Inter-*Subjektivität* suggeriert, dass hierbei eine Art von interaktiv fundierter, dezentrierter Autonomie und zugleich ein Muster menschlichen Zusammenlebens, das diese Autonomie ermöglicht, anvisiert werden.

1.3.1 Intersubjektivität, Sozialität und objektiver Geist

An dieser Stelle ist es angebracht, eine vorläufige und einführende Beschreibung des Intersubjektivitätsbegriffs vorzulegen, die dem besseren Nachvollziehen der Argumentationslinie dieser Studie dienen soll. In dieser Beschreibung werden die Ergebnisse einer Fülle von Einzelinterpretationen vorausgreifend zusammengefasst, die in den späteren Kapiteln der Arbeit entfaltet werden und sich auf Autoren wie Edmund Husserl, George Herbert Mead, Jürgen Habermas, Axel Honneth u. a. beziehen, mit denen sich die Entwicklung des modernen Intersubjektivitätsgedankens verbindet.

Generell ausgedrückt lässt sich Intersubjektivität als eine spezifische Form von Sozialität auffassen. Die erste Besonderheit dieser Sozialitätsform ist, dass sie sich im Sinne einer prägnant formulierten Unterscheidung Tzvetan Todorovs nicht primär auf „die Stellung des Menschen in der Gesellschaft", sondern auf „den Platz der Gesellschaft im Menschen" bezieht (Todorov 1996, S. 8). „Der Platz der Gesellschaft im Menschen" konkretisiert sich wiederum intersubjektivitätstheoretisch gesehen in der Präsenz des konkreten und des generalisierten Anderen im eigenen Selbst und seinen Ausbildungsvorgängen.

Dies bedeutet freilich nicht, dass die Intersubjektivitätskategorie jene Fragen nach der Subjektivierung des Einzelnen durch anonyme und depersonalisierte Machtstrukturen ausklammern würde, die etwa im Mittelpunkt der Foucaultschen Perspektive auf Sozialität stehen (vgl. Foucault 1999, S. 306ff.; Butler 2001, S. 81ff.). Allerdings zeichnet sich der Intersubjektivitätsgedanke durch die Prämisse aus, dass diese Machtstrukturen weniger direkt als eher indirekt auf die Subjektivitätsbildungsprozesse des Einzelnen wirken – nämlich durch ihr Eingreifen nicht unmittelbar in die individuelle Psyche, sondern in die Interaktionsformen des Selbst mit seinen signifikanten Anderen, die die eigentliche Stätte des Subjektwerdens darstellen. Gesamtgesellschaftliche Strukturen beeinflussen nach dieser Vorstellung den Prozess der Individualgenese und der Selbst-Entwicklung je nachdem positiv oder negativ, ob sie etwa empathische oder verdinglichte zwischenmenschliche Beziehungen begründen.

Ein weiteres Spezifikum der Sozialitätsform der Intersubjektivität lässt sich anhand ihrer Abgrenzung von der Interaktionsstruktur der Gemeinschaft darlegen. Bei der ersteren Form ist die Differenz zwischen dem Selbst und den Anderen unhintergehbar, die demnach nicht als Angehörige eines Gemeinschaftsethos adäquat aufgefasst werden können. Dementsprechend ist diese Differenz auch nicht in einen übergreifenden Wir-Horizont der Welt- und der Selbstwahrnehmung aufhebbar (vgl. Habermas 1986, S. 329ff.). Vielmehr sind die interagierenden Subjekte als divergente Ausgangspunkte von Weltkonstitution zu verstehen, bei der sie ihre jeweils gegebenen partikularen Umweltgrenzen überschreiten. Intersubjektivität zeichnet sich mit anderen Worten durch eine Dialektik von „Selbstsein in der Welt durch den Anderen" und „Selbstsein in der Welt in Abgrenzung von den Anderen", oder durch eine Dialektik des „Auf-die-Anderen-angewiesen-Seins" und „Von-den-Anderen-getrennt-Seins" aus, wobei die sich einander widerstreitenden und ineinander greifenden Momente dieser Dialektik nicht in einem sie übergreifenden Ganzen versöhnt werden können.

Dieses Merkmal der Intersubjektivität hat zwei weitere wichtige Implikationen: Erstens beinhaltet der Intersubjektivitätsbegriff die Vorstellung, dass die Interaktionspartner autonom handeln, bzw. ihre Autonomie im Rahmen der Interaktion entfalten. Die Form der sozialen Bindung, die im Begriff der Intersubjektivität zum Ausdruck kommt, ist keineswegs als Einschränkung der individuellen Autonomie, sondern vielmehr als Bedingung der Möglichkeit ihrer Entstehung und als Nährboden für ihre Entfaltung zu verstehen. Zweitens impliziert der Intersubjektivitätsbegriff eine Alternativvorstellung von Sozialität und sozialen Bedingungen individueller Bildung im Vergleich zur Kategorie des objektiven Geistes. Wie oben ausgeführt, entsteht objektiver Geist nach Hegel in der Bewegung der Aufhebung der Differenz zwischen den unterschiedlichen Selbstbewusstseinen hin zur Herausbildung einer gemeinschaftlichen Sittlichkeit. In diesem Zusammenhang erscheint der individuelle Bildungsprozess letztlich als Abarbeitung an dieser Sittlichkeit, als innovative Aneignung einer überlieferten Wir-Perspektive und nicht als eine inhärente Dimension polyzentrischer Verhältnisse zwischen Ego und Alter Ego.

Daraus folgt unmittelbar, dass ein intersubjektivistisches Verständnis von Bildungsprozessen demjenigen entgegengesetzt ist, wonach sich Bildung als Begegnung mit dem objektiven Geist bzw. mit Objektivationen menschlicher Kultur ereignet (vgl. zu diesem Verständnis Klafki 1994, S. 20f.). Intersubjektivitätstheoretisch gesehen hat die Ebene der Subjekt-Subjekt-Verhältnisse eine vorrangige bildungsstiftende Bedeutung im Vergleich zur Dimension der Subjekt-Objekt-Beziehungen. Mehr noch, nach diesem Ansatz erscheinen Objektivität und objektive Bedeutungen selbst nicht einfach als gegeben, sondern als intersubjektiv konstituiert, wobei dieser Konstitutionsvorgang als ein Moment des Bildungsprozesses der Interaktionsakteure aufzufassen ist. Aus intersubjektivitätstheoretischer Perspektive ist dieser Prozess weder eine Leistung eines atomisierten Einzelindividuums, das an sich vor seinen sozialen Bindungen existiert, noch ist er eine Aneignung einer diesem Individuum vorgegebenen objektiv-kulturellen Welt, noch stellt er eine wie auch immer geartete „Balance" zwischen individueller Eigentätigkeit und kultureller Aneignung dar. Vielmehr ist er ein Vorgang der Entstehung und Entwicklung von Selbst- und Weltreferenzen, der sich primär *zwischen* den einzelnen Subjekten ereignet, und zwar durch ihre gegenseitige Präsenz in den jeweils Anderen bei der gleichzeitigen Beibehaltung ihrer gegenseitigen Andersheit.

Diese Ausführungen müssen abstrakt und spekulativ bleiben, bevor wir uns nicht einige Versuche einschlägiger Ansätze vor Augen geführt haben, die so skizzierten Strukturmerkmale des Intersubjektivitätsgedankens mit konkretem Inhalt zu füllen und somit die in diesem Gedanken enthaltene Humanitätsidee zu explizieren. Bevor ich jedoch diese Ansätze thematisiere, möchte ich aufzeigen, dass die Art und Weise, wie in einigen zentralen erziehungs- und bildungstheoretischen Rezeptionsfiguren des Intersubjektivitätsbegriffs „Intersubjektivität" gegen „Bildung" ausgespielt wird, nicht stichhaltig ist.

1.3.2 Rezeptionsfiguren des Intersubjektivitätsgedankens in der Erziehungs- und Bildungstheorie

Als den bisher systematischsten und tiefstgreifenden erziehungswissenschaftlichen Rezeptionsversuch des modernen intersubjektivitätstheoretischen Paradigmas, so wie es vor allem vom „späten" Habermas entwickelt wurde, kann die Studie Jan Masscheleins „Kommunikatives Handeln und pädagogisches Handeln" (vgl. Masschelein 1991) bezeichnet werden. Dabei rekapituliert Masschelein in einer detaillierten und überzeugenden Weise auch die Aneignungsmuster dieses Paradigmas in der deutschsprachigen Erziehungswissenschaft in der zweiten Hälfte des 20. Jahrhunderts.

Er weist nach, dass ungeachtet der Tatsache der starken Verbreitung des Ansatzes der „Kritischen Erziehungswissenschaft" in den 60er und den 70er Jahren des letzten Jahrhunderts, der sich explizit auf Habermas bezog, die kommunikationstheoretische Wende des Frankfurter Sozialphilosophen in der Pädagogik nicht nachvollzogen wurde (vgl. ebd., S. 92f.). Auf mehreren Seiten entwickelt Masschelein eine akribische Interpretation der Art und Weise, wie prominente Vertreter des erwähnten Ansatzes, wie etwa Klaus Mollenhauer, Begrifflichkeiten wie „Kommunikation" und „Interaktion" einführen und anwenden. Das außerordentlich solide fundierte Ergebnis dieser Interpretation ist, dass die genannten Autoren zu einer wirklichen (Neu-)Konzipierung von Erziehung und pädagogischem Handeln auf kommunikations- bzw. intersubjektivitätstheoretischen Prämissen nicht gelangen, weil sie den intentionalen Handlungen der Akteure einen Primat vor ihrer Verstrickung in die intersubjektive Kommunikation einräumen. Eine wirkliche erziehungswissenschaftliche Umsetzung der kommunikationstheoretischen Wende müsste sich aber zuallererst auf die Frage konzentrieren, wie die intentionale Handlungsfähigkeit der Einzelnen *im Rahmen* von Subjekt-Subjekt-Verhältnissen *entsteht*, welche Handlungsfähigkeit demzufolge nicht als den letzteren Verhältnissen vorausgesetzt postuliert werden kann, wie dies die Vertreter der „Kritischen Erziehungswissenschaft" tun. Letztere lassen sich nämlich primär von der Frage leiten, wie pädagogische Intentionen und Normen kommunikativ validiert und auf ihre Rationalität hin geprüft werden können und sollen, und wie diese kommunikative Validierung als *Mittel* zur gesellschaftlichen Emanzipation dienen kann (vgl. Mollenhauer 1968, S. 10f.; S. 66f.), nicht jedoch wie Subjektivität samt Intentionen und Normsetzungen als ihre konkreten Erscheinungsformen durch intersubjektive Interaktionen erst hervorgebracht wird (vgl. Masschelein 1991, S.112-114; S. 131-149; S. 166f.; S. 169).[12]

Fraglos bringt erst die Herausarbeitung des Primats der Intersubjektivität vor der Subjektivität, die Masschelein in Angriff nimmt, eine wirkliche Umstellung der pädagogischen Theoriebildung auf intersubjektivitätstheoretische Prämissen hervor. Die Ausführungen Masscheleins buchstabieren allerdings

---

[12] Eine partielle Ausnahme diesbezüglich bildet Klaus Schallers „Pädagogik der Kommunikation" (vgl. Schaller 1987), auf die im nächsten Abschnitt eingegangen wird.

diesen Primat so aus, das sie die Konsequenz einer grundsätzlichen Ablehnung der Möglichkeit von Subjektautonomie nahe legen. Dies zeigt sich vor allem in einigen besonders markanten Formulierungen, bei denen die intersubjektiven Strukturen, in die Erziehung eingebettet ist, in den Termini einer „Bundesgenossenschaft und Schicksalsgemeinschaft" (ebd., S. 236) beschrieben werden.

Diese Bundesgenossenschaft und Schicksalsgemeinschaft bezeichnet Masschelein als eine Lebensform, in die man nicht eintreten und aus der man nicht austreten könne, sondern in die man hineingeboren wird und stirbt: „In eine menschliche Lebensform kann man nicht eintreten, man wird in sie hineingeboren. Man kann auch nicht mehr austreten, sondern nur noch sterben. Eintreten oder Austreten zu können (gegebenenfalls Mensch werden zu können) würde eine Subjektivität implizieren, die unabhängig von einer intersubjektiven Beziehung als Identität bestehen würde." (ebd., S. 215).

Masschelein löst das Spannungsfeld zwischen Selbstsein und Mitsein, das jedem inter-*subjektiven* Verhältnis innewohnt, durch eine weitgehende Degradierung des Moments der Abgrenzung des Einzelnen von seinen Interaktionspartnern auf, die sich unter anderem in seiner Distanzierung von den partikularen Mustern seiner Bindungen an diese Partner äußert. Stattdessen erscheint nun das Individuum als ein rezeptives und passives Mitglied von ihm vorgegebenen Gemeinschaftsstrukturen, denen es nicht entrinnen kann. Es muss vielmehr diese Strukturen ver-antworten, indem es auf die an es gerichteten Ansprachen seiner „Bundesgenossen" reagiert: Responsibilität tritt an die Stelle der individuellen Autonomie als fundamentales Merkmal von Humanität (vgl. ebd., S.226ff.).

Vor dem Hintergrund dieser Ausführungen ist die Tatsache, dass Masschelein ausschließlich von „Erziehung" spricht, und dass er seine Konzeptualisierung des pädagogischen Handelns als kommunikatives Handeln nicht auf den Bildungsbegriff bezieht, kaum als eine Frage des Sprachstils von Autor und Übersetzern zu deuten. Vielmehr ist, wie schon ausgeführt, die Vorstellung von Subjektautonomie eine Kernkomponente des Bildungsbegriffs, die mit Masscheleins tendenziell kommunitaristischer Deutungsweise von Intersubjektivität nicht kompatibel ist.

Eine alternative Deutungsperspektive, die die universalistische Ausrichtung der Tradition des Intersubjektivitätsgedankens beibehalten will, ohne dabei in das Postulat eines atomistischen Subjekts zurück zu fallen, das in seiner intentionalen Handlungsfähigkeit unabhängig und vor seinen kommunikativen Bindungen gegeben wäre, würde diese Autonomie primär in der intersubjektiv vermittelten Fähigkeit des Einzelnen lokalisieren, diese kommunikativen Bindungen und seine partikularen Kontexte stets zu transzendieren, um seine Interaktionserfahrungen zu erweitern und zu vertiefen. Pointiert ausgedrückt, würde sich diese Perspektive von der Intuition leiten lassen, dass der Mensch ein intersubjektives Wesen ist, das in seinem Bildungsprozess jede konkrete Intersubjektivitätsform transzendiert, oder – in traditionellerer Terminologie ausgedrückt –, dass er ein gemeinschaftliches Wesen ist, das sich von jeder Gemeinschaft emanzipiert und sich genau dadurch bildet. Es ist genau diese Intuition, die im Rahmen der vorliegenden Studie zu einem Konzept der Bildung von Subjektivität ausgearbeitet werden soll.

Bei diesem Konzeptualisierungsversuch sollte auch der generelle Zweifel daran aufgegriffen werden – der etwa von Dietrich Benner zum Ausdruck gebracht wird –, dass sich Bildung grundsätzlich anhand des Intersubjektivitätsbegriffs rekonstruieren lässt (vgl. Benner 1999, S. 323f.). Vor dem Hintergrund seiner Unterscheidung zwischen einer erziehungstheoretischen Andersheit zwischen Ich und Du und einer bildungstheoretischen Andersheit zwischen Ich und Welt (vgl. ebd., S. 325) moniert Benner vor allem die „Weltvergessenheit" des Habermasschen Intersubjektivitätsbegriffs, d. h. seine Verschlossenheit für Welt als das Andere von Ich und Du, das über das kommunikative Erfassen des von einem Sprecher Gemeinten hinausgeht (vgl. ebd., S. 323f.). Die primäre Ausrichtung von Bildung auf Welt und nicht auf Du übersetzt Benner in die Behauptung, dass der bildungstheoretisch relevante Typus der Andersheit von Welt sich nicht mit der Kategorie der Intersubjektivität erfassen lässt (vgl. ebd., S. 325).

Ich bin der Meinung, dass Benner zwar Recht mit seiner Behauptung hat, dass die gegenwärtigen Intersubjektivitätskonzepte das Moment der Welterschließung im Prozess der Subjektbildung faktisch vernachlässigen, aber ein Weg einer intersubjektivitätstheoretischen Konzeptualisierung der subjektiven Weltbezüge und ihrer Dynamik sehr wohl nachgezeichnet werden kann. Genau diese konzeptuelle Alternative wird in der vorliegenden Studie aus der Überzeugung heraus entwickelt, dass sie große Erklärungs- und Orientierungspotentiale für pädagogisches Handeln in sich birgt, da sie konkrete sozial-interaktive Voraussetzungen des individuellen Welterschließungsvorgangs sichtbar machen kann. Sowohl die Möglichkeit dieser konzeptuellen Alternative als auch das bisherige Ausbleiben ihrer Entfaltung sollen bei der folgenden einführenden Erläuterung der Grundstruktur der beiden heute dominanten Ansätze intersubjektivitätstheoretischen Denkens – dem der Sprachpragmatik und dem der Anerkennungstheorie – zumindest andeutungsweise aufgezeigt werden. Insgesamt soll bei dieser Erläuterung auf solche Argumentationsfiguren dieser Ansätze hingewiesen werden, die sich gegen die These von der Inkompatibilität von „Bildung" und „Intersubjektivität" richten, die in den referierten Konzepten von Masschelein und Benner impliziert zu sein scheint. Sie bieten konkrete Anhaltspunkte für eine intersubjektivitätstheoretische Rekonstruktion des Bildungsbegriffs unter Beibehaltung der in ihm enthaltenen normativ-universalistischen Momente der Subjektautonomie und der Welterschließung.

1.3.3 Sprach- und anerkennungstheoretische Konzeptualisierungsformen von Intersubjektivität

Die heute immer noch prominenteste Konzeptualisierungsform des Intersubjektivitätsbegriffs, die schon im letzen Abschnitt – wenn auch indirekt – angesprochen wurde, ist im Rahmen der Universal- bzw. der Transzendentalpragmatik von Habermas und Karl-Otto Apel entwickelt worden. Dieser Ansatz ist inzwischen so gut bekannt und so ausführlich und grundlegend dargelegt worden – unter anderem in der zitierten Studie Masscheleins –, dass an dieser Stelle nur einige allgemeine Hinweise zu seinen zentralen Merkmalen und Argumentationszügen unter besonderer Berücksichtigung der Frage genügen dürften, wie Bildungsprozesse nach diesem Ansatz intersubjektivistisch hervorgebracht werden (vgl. im Folgenden auch Stojanov 1999, S. 100-130).

Habermas beschreibt Intersubjektivität nach dem Modell des verständigungsorientierten Handelns, das „uno actu" vergesellschaftet und individuiert (vgl. Habermas 1986, S. 332). In diesem Handeln konstituiert sich nämlich dadurch ein Ich, dass es die Rolle eines Sprechers übernimmt, der eine eigene Perspektive zur Welt und zu sich selbst zugleich für sich und für einen Hörer hervorbringt. In der dazu komplementären Sprechpraxis erhebt der Sprecher Geltungsansprüche auf Wahrheit, Richtigkeit und Wahrhaftigkeit, und er bekundet zumindest implizit seine Bereitschaft, diese Ansprüche auch aus der Perspektive des Hörers einzulösen, um Einverständnis mit ihm über den thematisierten Sachverhalt zu erreichen (vgl. Habermas 1984, S. 354f.).

Das Einlösen von Geltungsansprüchen als Kern des kommunikativen Handelns erfordert also zum einen die Übernahme der Perspektive des Hörers seitens des Sprechers in ihrer Differenz zur seiner eigenen. Zum anderen setzt dieses Einlösen die Einlassung in die Praxis der Argumentation voraus, in der ein Vorgriff auf eine universelle und ideale Kommunikationsgemeinschaft eingebaut ist, die alle partikularen Interaktionskontexte transzendiert. Sie zeichnet sich durch formelle, kontextunabhängige und kulturinvariante Eigenschaften wie Reziprozität und gleichen Zugang der Teilnehmer zum Diskurs, wie auch durch die Anerkennung der Macht ausschließlich des besseren Arguments aus. Daraus folgt, dass Geltungsansprüche zwar immer im Rahmen einer konkreten Sprachinteraktion erhoben werden, dass ihr Einlösen aber zugleich die Transzendierung dieses Rahmens und ihres partikularen Kontextes erfordert (vgl. Habermas 1992, S. 15-32). Nach Habermas kann der „unbedingte Anspruch transzendierender Geltungsansprüche" nur dann erfüllt werden, wenn „unsere jeweilige Argumentationspraxis zu einem raumzeitlich lokalisierten Bestandteil des unvermeidlich unterstellten universellen Diskurses einer entgrenzten Interpretationsgemeinschaft" qualifiziert wird (vgl. Habermas 1992, S. 31).

Dies bedeutet, dass die intersubjektive Verständigungspraxis, in der sich das Subjekt bildet (und sich zugleich vergesellschaftet), immer auch eine Antizipation des „Raums der Gründe" sowie eine Antizipation quasi-transzendentaler Normen ist, die in der Sprache als Grundunterscheidungsmerkmal menschlicher Existenz eingebaut sind. Deshalb ist diese intersubjektive Verständigungspraxis nicht auf die Faktizität einer gegeben-partikularen „Bundes- und Schicksalsgemeinschaft" reduzierbar; sie weist vielmehr immer eine universalistische, jede solche Gemeinschaft transzendierende Dimension auf, die sich grob in die Termini der oben anhand des Bildungsbegriffs McDowells eingeführten Unterscheidung zwischen „Welt" und „Umwelt" übersetzen lässt. Damit scheint das Konzept Habermas' jene zu konzeptualisierende Synthese zwischen Selbst-Konstitution, Welt-Erschließung und einer universalistischen Idee der Humanität auf intersubjektivitätstheoretischen Prämissen zu vollziehen, welche die in diesem Kapitel anvisierte intersubjektivitätstheoretische Transformation des Bildungsbegriffs auszeichnen würde.

Allerdings zeigten die bisherigen Ausführungen in diesem Abschnitt auch eine deutliche kognitivistische Verengung des Habermasschen Intersubjektivitätsbegriffs, die seine bildungstheoretische Unzulänglichkeit bedingt. Habermas reduziert nämlich Intersubjektivität auf kommunikative Rationalität, die sich letztlich auf die skizzierte Praxis des Erhebens und Einlösens kritisierbarer Geltungsansprüche beschränkt.[13]

---

13 Diese kognitivistische Verengung findet sich – wiewohl in einer anderen Art und Weise – auch bei Klaus Schaller, der ansonsten wie kaum ein anderer Erziehungswissenschaftler konsequent die intersubjektivitätstheoretischen Grundprämissen und insbesondere den ontogenetischen Primat von Intersubjektivität vor individuellem zweckgerichtetem Handeln in seiner „Pädagogik der Kommunikation" um-

Demzufolge bleiben zum einen die vorsprachlichen Intersubjektivitätsformen, in denen sich ein rudimentäres Selbst zuerst ausbildet, weitgehend außerhalb des analytischen Blicks. Zum anderen wird Intersubjektivität ausschließlich auf die symmetrischen Interaktionen der argumentativen Sprechpraxis zurückgeführt, die schon ausgebildete und relativ anspruchsvolle kommunikative Kompetenzen – wie etwa die Fähigkeit zur Perspektivenübernahme – voraussetzt. In diesem Zusammenhang ist Seyla Benhabibs Feststellung zutreffend, dass die Universalpragmatik vergisst, dass die Kommunikationspartner Kinder gewesen sind, bevor sie als Erwachsene zu den angesprochenen kommunikativen Kompetenzen gelangen konnten (vgl. Benhabib 1995, S. 173).

Diese kognitivistische Verengung versucht der anerkennungstheoretische Ansatz Axel Honneths zu überwinden. Dieser Überwindungsversuch entfaltet sich in zwei unterschiedlichen, wenn auch aufeinander verweisenden Richtungen. Einerseits konzeptualisiert Honneth einen im Vergleich zur Universalpragmatik wesentlich unmittelbareren Zusammenhang zwischen Intersubjektivitätsverhältnissen und Selbst- bzw. Identitätsbildungsprozessen. Die Intersubjektivitätsverhältnisse werden als Verkörperung von Identitätsansprüchen der Einzelnen und nicht primär von Regeln der kommunikativen Rationalität aufgefasst. In diesen Ansprüchen kommt das gesamte Spektrum der Selbstbeziehungsformen des Subjekts zum Tragen (wie z. B. auch der Bezug zu seinen natürlichen, leiblich fundierten Bedürfnissen), von dem sein Selbstverhältnis als ein kompetenter Sprecher nur ein Teil ist. Demzufolge erscheinen soziale

---

setzt, in deren Rahmen Erziehung als *Hervorbringung* humaner Handlungsorientierung in tendenziell symmetrischen Prozessen gesellschaftlicher Interaktion *unter dem Horizont der Rationalität* definiert wird (vgl. Schaller 1987, S. 11). Diese Rationalität sieht Schaller nicht wie Habermas in die Binnenstruktur der Sprechpraxis eingebaut, sondern sie wird nach ihm in einer „primordialen Sozialität" des Zusammenspiels von In-der-Welt-Sein und Mit-Sein fundiert, die von der „gesellschaftlichen" bzw. faktisch gegebenen Sozialität zu unterscheiden und die die letztere erst ermöglicht (vgl. ebd., S. 40-46; S. 94). Abgesehen von der Frage, ob der so eingeführte fundamentalontologische Transzendalismus grundsätzlich mit den intersubjektivitätstheoretischen Prämissen vereinbar ist, besteht m. E. die eigentliche bildungstheoretische Herausforderung einer Umsetzung des intersubjektivitätstheoretischen Ansatzes in der Herausarbeitung einer Typologie von unterschiedlichen bildungsstiftenden und bildungsverhindernden sozialen Bindungen, wofür es notwendig ist, diese Bindungen in ihrer jeweiligen Eigenart an sich und für sich und nicht als Konkretisationen eines postulierten meta-gesellschaftlichen Wesens der menschlichen Existenz zu betrachten.

Pathologien nicht primär als Verletzungen der Prinzipien der idealen Kommunikationssituation, die sich zu einem großen Teil hinter dem Rücken der Akteure ereignen, sondern sie werden unmittelbar von ihnen erfahren, und zwar als Entwicklungsblockaden für ihre Selbstbeziehungsformen bzw. als Bedrohungen für ihre Identität (vgl. Honneth 1994, S. 85ff.).

Auf der anderen Seite fasst Honneth die Intersubjektivitätsverhältnisse selbst wesentlich breiter als Habermas auf. Sie begrenzen sich nicht auf die symmetrische und reziproke Sprechpraxis, sondern umfassen auch vorsprachliche und vorreflexive Formen der emotionalen Zuwendung, deren Erfahrbarkeit zur Grundvoraussetzung der Individualgenese bzw. der Entstehung eines rudimentären Selbst erklärt wird (vgl. Honneth 1992, S.153-173).

Eine detaillierte Darstellung des von Honneth konzeptualisierten genetischen Zusammenhangs zwischen Anerkennungs- und Selbstbeziehungsformen wird im 3. Kapitel der vorliegenden Studie unternommen, ebenso auch ein Versuch, die bisher ausgebliebene anerkennungstheoretische Erfassung der Dynamik der Weltreferenzen des Einzelnen als komplementär zu denjenigen seiner Selbstbeziehungsformen nachzuliefern. Die Erfassung dieser Dynamik ist von der Bestrebung motiviert, einen vollwertigen anerkennungstheoretischen Bildungsbegriff zu konzeptualisieren. Dass diese Konzeptualisierung einen besonders aussichtsreichen Weg einer bildungstheoretischen Umsetzung der intersubjektivitätstheoretischen Prämissen eröffnet, sollten die Überlegungen in diesem Abschnitt zumindest angedeutet haben. Denn der anerkennungstheoretische Ansatz ist darauf ausgerichtet, die Bedingungen der Entstehung von Subjektautonomie in bestimmten, als „human" zu bezeichnenden sozialen Verhältnissen zu lokalisieren, und dabei auch asymmetrische und vorkognitive Interaktionsformen einzubeziehen, die zu einem Großteil die Beziehungsgeflechte zwischen Erwachsenen und Heranwachsenden charakterisieren.

1.3.4 Bildung als intersubjektives Geschehen. Universalismus-Partikularismus-Paradoxie bei dem intersubjektivitätstheoretischen Zugang zu Bildungsprozessen

Kurz und knapp zusammengefasst, zeichnen sich Bildungsprozesse durch den parallelen Vorgang der Selbst-Entwicklung und der Welt-Erschließung der Einzelnen aus, in dem ein Vorgriff auf eine universalistische Idee der Humanität enthalten ist. Bildung als intersubjektives Geschehen zu rekonstruieren, bedeutet diese drei Dimensionen der Entfaltung individueller Autonomie, der

Begegnung mit der Welt im Zuge der Überschreitung von aktuell gegebenen Umweltgrenzen und des darin implizierten Vorgangs der Selbst-Universalisierung des Individuums als eingebettet in faktisch-soziale Interaktionsbeziehungen aufzufassen. Diese Beziehungen sind jedoch zumindest nach den neueren intersubjektivitätstheoretischen Ansätzen zu einem großen Teil in einem doppelten Sinne partikular: Erstens sind sie teilweise vorreflexiv und bleiben somit dem Universalisierungssog der Argumentationspraxis entzogen, in der der „Raum der Gründe" zum Tragen kommt. Zweitens sind Intersubjektivitätsverhältnisse in partikularen soziokulturellen Kontexten situiert, und sie werden durch diese entscheidend geprägt.

Damit werden die drei angesprochenen Bedeutungsdimensionen von „Bildung", die an sich einen universalistischen Charakter aufweisen, unumgänglich paradox: Subjektautonomie soll sich in Abhängigkeitsverhältnissen von den Anderen entfalten, die dem Einzelnen nicht zur Verfügung stehen und von ihm nicht beliebig kontrollierbar sind; Welt-Erschließung soll sich im Rahmen von sozialen Umwelten entwickeln, deren Grenzen gerade im Zuge dieser Entwicklung überschritten werden sollen, und schließlich soll eine universale Humanitätsidee antizipiert werden, die die Partikularität der soziokulturellen Lebensformen transzendiert, in deren Rahmen diese Antizipation vorgenommen werden soll.

Ich möchte die so beschriebene Struktur als Universalismus-Partikularismus-Bildungsparadoxie bezeichnen. In einer zugespitzten und pointierten Form kann man diese Paradoxie dahingehend zusammenfassen, dass Bildung qua Selbst-Universalisierung mittels Welt-Erschließung auf der Grundlage der Mitgliedschaft des Einzelnen in partikularen sozialen Beziehungsgeflechten geschieht, wobei aber diese Mitgliedschaft (und die kulturelle Zugehörigkeit, mit der sie zusammenfällt) zugleich dem Prinzip eines autonom-universalistisch handelnden Subjekts widerspricht.[14]

---

14 Es sei darauf hingewiesen, dass diese Paradoxie dann besonders sichtbar wird, wenn wir es mit Bildungsprozessen in multikulturellen Kontexten zu tun haben. In diesem Falle kommt die besondere Eigenart der Thematisierung interkultureller Prozesse zum Vorschein, „... wie ein Vergrößerungsglas zu wirken, das am Beispiel interkultureller Verhältnisse allgemein bedeutsame Fragen, aber auch Antworten in besonderer Deutlichkeit anzugeben weiß" (Mecheril/Miandaschti/Kötter 1997, S. 573). Die Partikularismus-Universalismus-Paradoxie wohnt sicherlich jeder intersubjektiven Kommunikation inne. Unter multikulturellen Bedingungen kann allerdings die Widersprüchlichkeit zwischen Gebundenheit an Kontexte und Überschreitung von Kontexten, in welche die Kommunikation des Selbst mit Anderen mitsamt den sie begleitenden Weltbildern eingebettet ist, kaum übersehen werden – dafür sind

Nun stellt sich die Frage, inwiefern diese Paradoxie etwa im Sinne einer „dialektischen Spannung" zu verstehen wäre, die zu einem dynamischen Verhältnis zwischen den beiden Polen der Paradoxie sowie zu ihrer Weiterentwicklung und Modifizierung überführt wird, und inwiefern sie zu einem statisch-verharrenden Widerspruch zwischen diesen Polen führt. Dies ist letztlich eine Frage danach, wie partikulare faktisch-soziale Interaktionsformen beschaffen sein sollen, damit sie die Entwicklung von Subjektautonomie und Welterschließung ermöglichen und so gewissermaßen ihre eigene Partikularität aufheben können. Bevor ich allerdings diese Frage im dritten und vierten Kapitel detailliert in Angriff nehme, wende ich mich im nächsten Kapitel einigen konkreten Erscheinungsformen der Universalismus-Partikularismus-Bildungsparadoxie in institutionalisierten pädagogischen Handlungsfeldern unter multikulturellen Bedingungen sowie der Art und Weise zu, wie sie in der interkulturellen Erziehungswissenschaft behandelt wird.

1.4 Zusammenfassung

Der gegenwärtige Bildungsbegriff bezeichnet in seinem Kern den parallelen Vorgang der Selbst-Entwicklung und der Welt-Erschließung des Einzelnen. Unter posttraditionellen Bedingungen lässt sich dieser Vorgang nicht mehr als eine Hinführung in den objektiven Geist, bzw. als eine Aneignung eines Kanons hochkultureller Objektivationen angemessen auffassen. Vielmehr muss der Bildungsprozess als sich in alltäglich-sozialen Interaktionserfahrungen ereignend konzeptualisiert werden. Der universalistische Gehalt des Bildungsbegriffs darf aber dabei nicht verloren gehen. Dieser universalistische Gehalt, in dem ein Vorgang von Selbst-Universalisierung durch Umwelttranszendierung und Begegnung mit dem „Raum der Gründe" anvisiert wird, ist nämlich im Kontext posttraditioneller Gesellschaften in einem besonders hohen Maß bewahrenswert. Die Frage ist nun, wie und unter welchen Bedingungen sich

---

die Konflikte, die aus dieser Widersprüchlichkeit resultieren, zu offensichtlich. In diesem Sinne könnte man die Vermutung aufstellen, dass die Analyse von „manifesten" interkulturellen Kommunikationsformen und Bildungsprozessen zur Erschließung einer immanenten interkulturellen Struktur *jeder* Form bildungsstiftender Intersubjektivität führt.

der so skizzierte Bildungsprozess als Selbst-Universalisierung im Rahmen von faktisch-partikularen Intersubjektivitätsverhältnissen ereignen kann, die zu einem Großteil vorreflexiv und asymmetrisch sind. Diesbezüglich gilt es zunächst einmal festzustellen, dass jedem Bildungsprozess eine Universalismus-Partikularismus-Paradoxie innewohnt.

2 Die Universalismus-Partikularismus-Bildungsparadoxie in Bildungspolitik und im Diskurs der interkulturellen Erziehungswissenschaft

In diesem Kapitel schlage ich eine gewisse Abzweigung von der eigentlichen Argumentationslinie der vorliegenden Arbeit ein, indem ich mich mit konkreten Erscheinungsformen der umrissenen Universalismus-Partikularismus-Paradoxie speziell im Rahmen von institutionalisierten pädagogischen Praktiken in pluralistisch-multikulturellen Kontexten befasse. Dabei konkretisiert sich diese Paradoxie zunächst einmal in vielfältige praktische Dilemmata, mit denen das pädagogische Handeln unter posttraditionellen Bedingungen konfrontiert und oft hoffnungslos überfordert ist. Diese Dilemmata haben die allgemeine Form, dass eine Aufrechterhaltungspolitik von als identitätsstützend angesehenen Interaktionsformen eines partikularen und womöglich kulturspezifischen Gemeinschaftslebens mit der Orientierung des pädagogischen Handelns an individuellen Bildungsprozessen bzw. an dem Prinzip der individuellen Autonomie kollidiert. Diese Aufrechterhaltungspolitik setzt nämlich sehr oft voraus, dass das Prinzip der individuellen Autonomie im Namen der Unterstützung von kollektiven kulturellen Identitäten zurückgestellt wird. Die bisherigen Ausführungen sollten klar gemacht haben, dass auch eine intersubjektivistische Bildungstheorie, die primär auf das Prinzip der Subjektautonomie setzt, diese Aufrechterhaltungspolitik nicht ohne weiteres als grundlos oder kontraproduktiv abtun kann, da partikulare Interaktionsformen paradoxerweise eine zentrale Rolle bei der Konstitution individueller Autonomie selbst spielen: So findet die Formung des rudimentären Selbst als erste Bedingung der Möglichkeit dieser Autonomie im engen Bereich der Interaktionen mit den nächsten Bezugspersonen statt, und diese Interaktionen sind geprägt durch informelle Grammatiken, die stark kontextabhängig und „kulturspezifisch" sind.

Im Folgenden möchte ich zunächst auf den Begriff der Paradoxie als ein dynamisches Phänomen in seiner Abgrenzung von dem des statischen antagonistischen Widerspruchs eingehen (2.1). Dann werde ich zwei Fallbeispiele erörtern, bei denen man sich – zumindest vordergründig gesehen – bildungsrechtlich, bildungspolitisch und pädagogisch zwischen der Anerkennung von kulturellen kollektiven Identitäten einerseits und der Behandlung der zu Bildenden primär als autonome Individuen andererseits mehr oder weniger eindeutig entscheiden muss. Es handelt sich hierbei um die viel diskutierten juristischen Disputationen „Wisconsin vs. Yoder" und „Mozert vs. Hawkins County Board of Education"(2.2). In einem dritten Schritt analysiere ich einige zentrale Diskussionsstränge, die sich direkt auf diese Fallbeispiele beziehen (2.2.1), um dann in einem vierten Schritt danach zu fragen, wie sich die Paradoxie zwischen den Prinzipien der individuellen Autonomie und der kulturellen Zugehörigkeit, die sich wie ein roter Faden durch diese Diskussion zieht, im gegenwärtigen Diskurs der interkulturellen Erziehungswissenschaft widerspiegelt (2.3). Schließlich möchte ich die Lösungsmöglichkeiten überprüfen, welche die heute immer noch „klassische" Form intersubjektivitätstheoretischen Denkens – die der Sprachpragmatik – für die Bewältigung der Universalismus-Partikularismus-Paradoxie und somit für interkulturell-pädagogische Theoriebildung bietet, bzw. die Unzulänglichkeit dieser Möglichkeiten aufzeigen (2.4).

Die bisherige Diskussion über kollektive kulturelle Identitäten und ihr spannungsreiches Verhältnis zur individuellen Autonomie wird vor allem im Diskurs der Politischen Philosophie geführt, deren Blickwinkel sich grundsätzlich von der bildungstheoretischen Perspektive zu dieser Problematik unterscheidet. Diese Perspektive ist nämlich nicht primär auf die Frage nach den normativen Kriterien der sozialen Integration gerichtet, sondern auf die Frage nach dem Verhältnis kollektiver Identitäten zu den Prozessen der Formung und der Entwicklung des Subjekts. Insofern sich jedoch der Bildungsbegriff, über die Problematik der sozialen Voraussetzungen einer geglückten individuellen Entwicklung vermittelt, auch auf die Sphäre der normativen Grundlagen der gesellschaftlichen Integration bezieht, muss ein Weg gefunden werden, zentrale Erkundungen der gegenwärtigen Politischen Philosophie bildungstheoretisch aufzunehmen und ggf. weiterzuentwickeln.

2.1 Zum Begriff der (pädagogischen) Paradoxie. Antagonistischer und dialektischer Widerspruch

Wie schon im ersten Kapitel erwähnt, rückt in den letzten Jahren der paradoxe Charakter des pädagogischen Handelns immer stärker in den Mittelpunkt erziehungswissenschaftlicher Reflexionen. Die Paradoxität bzw. die Widersprüchlichkeit dieses Handelns wird nicht (mehr) als eine vorübergehende Unzulänglichkeit seiner konkreten Ausformungen, als ein zu beseitigendes „Technologiedefizit", sondern als konstitutiv für sein Wesen aufgefasst (vgl. Helsper 1996, S. 521). Demnach gilt es vor allem für ein konsequentes Aushalten dieser Paradoxität zu plädieren und die simplifizierenden und vereinseitigenden Wirkungen von Strategien einer „Pseudo-Entparadoxierung" aufzuzeigen (vgl. Ilien 2002, S. 75ff.). Als zentrale Paradoxien des pädagogischen Handelns werden neben der „klassischen", im letzten Kapitel schon erwähnten Kantischen Paradoxie der Kultivierung der „Freiheit bei dem Zwange", unter anderem auch die Paradoxien zwischen Distanz und Nähe, zwischen (systemischer) Organisation und (interpersonaler) Kommunikation, zwischen (erklärender) Subsumtion und (verstehender) Fallrekonstruktion, sowie zwischen dem gesellschaftlichen Humanisierungs-Auftrag an die Bildungsinstitutionen und den ahumanen Tendenzen in der gesellschaftlichen Wirklichkeit selber aufgezählt (vgl. Helsper 1996, S. 530ff.; Ilien 2002, S. 11ff., S. 82ff.).

Die in der vorlegenden Arbeit behandelte Universalismus-Partikularismus-Paradoxie hat allerdings eine allgemeinere Domäne, da sie sich insgesamt auf Bildungsprozesse bezieht, gleichgültig, ob sie in Kontexten pädagogischen Handelns stattfinden oder nicht. Gleichwohl hat sie unmittelbare Konsequenzen für das pädagogische Handeln, insofern dieses auf Initiierung von Bildungsprozessen ausgerichtet ist, und sie buchstabiert sich auf seiner Ebene als eine Vielfalt von Dilemmata aus, auf die ich unten exemplarisch eingehen werde. Deshalb ist es nützlich, bei der Behandlung dieser Paradoxie bzw. dieser Dilemmata sich den Diskurs über die Paradoxität pädagogischen Handelns zumindest als Hintergrund zu vergegenwärtigen.

Es ist bei diesem Diskurs auffällig, dass der Paradoxie-Begriff als solcher kaum analysiert wird, und dass er nicht von semantisch verwanden Begriffen wie etwa „Antinomie" oder „Ambivalenz" konzeptuell abgegrenzt wird (vgl. exemplarisch dazu Helsper 1996, S. 537ff.; S. 546ff.). Mit diesem konzeptuellen Defizit hängt auch das Fehlen einer normativen Differenzierung zwischen unterschiedlichen Typen von Paradoxien bzw. Widersprüchen zusammen: also etwa zwischen solchen, die als Blockaden für pädagogisches Handeln und Bildungsprozesse insgesamt zu betrachten wären und deshalb womöglich aufgehoben werden müssen, und solchen, die möglicherweise dialektische Entwicklungspotentiale enthalten und daher eher positiv bewertet und „ausgehalten" werden sollen.

In einem sozialphilosophischen Aufsatz über „Widersprüche, Ambivalenzen, Paradoxien" der sich abseits des oben angesprochenen pädagogischen

Diskurses befindet, grenzt Martin Hartmann den Paradoxie-Begriff zunächst von der marxistischen Kategorie des Widerspruchs ab (vgl. Hartmann 2002, S. 223ff.; S. 235ff.). Bei der letzteren Kategorie wird die inhärente Widersprüchlichkeit der gesellschaftlichen (kapitalistischen) Wirklichkeit so betrachtet, dass sich die entgegengesetzten Pole in unterschiedliche, klar identifizierbare antagonistische Instanzen (Klassen) aufspalten, wodurch erst überhaupt diese Widersprüchlichkeit gesellschaftlich relevant wird (vgl. ebd., S. 223f.). Hingegen zeichnet sich eine Paradoxie dadurch aus, dass bei ihr ein Ineinander von gegenläufigen Momenten gegeben ist (vgl. ebd., S. 234), wobei diese Momente durch ein und denselben Prozess zustande gekommen sind, und sich nicht als zwei voneinander getrennte Instanzen, als „A und non A" aufspalten lassen (vgl. ebd., S. 237). So sind sowohl die universalistische Subjektautonomie, als auch die partikularistische Situierung der Subjektkonstitution in konkreten soziokulturellen Kontexten beide gleichermaßen Dimensionen der Intersubjektivität, und so gesehen haben sie einen und denselben Ursprung sowie identische Existenzvoraussetzungen.

Vor dem Hintergrund dieser begrifflichen Klärung sind im Allgemeinen vier Möglichkeiten denkbar, mit einer Paradoxie umzugehen, bzw. sie zu entparadoxieren.[15] Erstens, man kann den einen Pol der Paradoxie schlichtweg ignorieren oder als unwahr darstellen. Bezogen auf die Universalismus-Partikularismus-Paradoxie würde dies etwa bedeuten, das universalistische Prinzip der Subjektautonomie einfach für ein ideologisches Konstrukt zu erklären; oder, bezogen auf die Paradoxie zwischen Nähe und Distanz, etwa jede Form von interpersonalen, „diffusen" Beziehungen als überflüssig, wenn nicht sogar schädlich für schulpädagogisches Handeln zu betrachten. Zweitens, man kann die beiden Pole als zwei antagonistische Instanzen postulieren, die sich gegenseitig „bekämpfen", wobei daraus etwas drittes, eine versöhnende Synthese entsteht. In unserem Beispiel wäre etwa die Vorstellung eines „differenzempfindlichen Universalismus" ein Kandidat für die Verwirklichung dieser Option, eine Vorstellung, auf die ich gegen Ende dieses Kapitels noch zu sprechen kommen werde. Eine dritte Möglichkeit würde darin bestehen, die beiden Pole als binär kodiert zu betrachten, was ein beliebiges situatives Umschalten zwischen ihnen ermöglichen soll. Und es besteht schließlich die Möglichkeit,

---

15 Die folgenden Überlegungen nehmen mündliche Anregungen und Hinweise Albert Iliens auf, und sie sind insgesamt durch mehrere Gespräche mit ihm inspiriert worden.

das Spannungsverhältnis zwischen den gegenläufigen und zugleich ineinander greifenden Momenten der Paradoxie als weder global noch situativ auflösbar zu verstehen, sondern als stets präsent und als Quelle einer ständigen Erneuerung und Entwicklung dieser Momente. So etwa müssen wir immer, wenn wir von Befähigung und Performation von subjektautonomem Handeln sprechen, zugleich die partikularen soziokulturellen Bindungen des Einzelnen vor Augen behalten, die einerseits dieses Handeln ermöglichen, andererseits aber seiner Logik widersprechen, wobei sich in der Entfaltung dieses Widerspruchs sowohl die individuelle Autonomie, als auch die partikularen Bindungen und Abhängigkeiten des Einzelnen ändern. Erstere Autonomie kann sich nicht mehr als eine formale Fähigkeit der Abstraktion von alltäglichen sozialen Erfahrungen definieren, und letztere Bindungen und Abhängigkeiten können nicht mehr primär als Autonomieeinschränkungen auftreten.

Eine Paradoxie so zu betrachten, bedeutet, sie in einen dialektischen Widerspruch zu überführen, wobei hier im Unterschied zu Hegel von einem Dialektikverständnis ausgegangen wird, wonach eine nicht aufhebbare Nicht-Identität der Pole postuliert wird. Handlungen und Interaktionen, die durch solche dialektischen Widersprüche gekennzeichnet sind, initiieren daher Bildungsprozesse bei ihren Akteuren in der Form einer ständigen Transformation ihrer Fremd-, Welt-, und Selbstbezüge. Daher kommt es bei pädagogischem Handeln darauf an, diese dialektischen Widersprüche nicht im Rahmen von Strategien der Pseudo-Entparadoxierung künstlich zu harmonisieren, und sie auch nicht in Antagonismen oder in binäre Codes zu überformen, wie dies bei den ersten drei aufgezählten Versionen des Verständnisses von Paradoxien geschieht, sondern sie in ihrer dialektischen Widersprüchlichkeit auszuhalten.

2.2 Zwei Fallbeispiele für den Widerspruch zwischen den Prinzipien der individuellen Autonomie und der kulturellen Zugehörigkeit: „Wisconsin vs. Yoder" und „Mozert vs. Hawkins County Board of Education"[16]

Die folgenden zwei Fälle aus den letzten Dekaden des 20. Jahrhunderts, die inzwischen zu Musterbeispielen insbesondere für den Diskurs der gegenwärti-

---

16 Ich verdanke den Hinweis auf diesen Fällen und auf Literatur darüber Tyll van Geel.

gen Politischen Philosophie geworden sind, demonstrieren die Komplexität und die mehrdimensionalen Spannungsfelder des Verhältnisses zwischen den Anerkennungsprinzipien der individuellen Autonomie und kulturellen Zugehörigkeit in bildungspolitischen Kontexten. Sowohl diese Beispiele als auch die auf sie bezogenen Diskussionen bieten reichlich Anlass für Überlegungen darüber, wie dieses Verhältnis justiert werden kann, bzw. ob es unumgänglich in einen antagonistischen Widerspruch übergehen muss.

Wie aus den folgenden Ausführungen leicht zu entnehmen sein wird, sind diese Fallbeispiele aktuellen schulpolitischen Debatten, wie etwa die Kopftuch-Kontroverse in Frankreich[17], strukturell ähnlich, auf die hier aus Platzgründen nicht eingegangen werden kann. Insofern stellen die beiden Fallbeispiele typische Grunddilemmata von Bildungspolitik und pädagogischem Handeln in den heutigen spätmodern-pluralen Gesellschaften dar.

2.2.1 Die faktische Beschaffenheit der Fälle

In den Fällen „Wisconsin vs. Yoder" und „Mozert vs. Hawkins Bord of Education" handelt es sich um Ansprüche von mehr oder weniger fundamentalistischen, aber friedlichen und gegenüber Außenstehenden toleranten, religiös-kulturellen Gruppen in den USA. Der Gegenstand der juristischen Auseinadersetzung „Wisconsin vs. Yoder" war die Kollision zwischen dem Schulgesetz des Bundesstaates Wisconsin, wonach Schulbesuch bis zum 16. Lebensjahr obligatorisch für alle ist, und der Anspruch von zur Old Order Amish Community gehörigen Eltern, ihre Kinder nach der achten Klasse aus der Schule abmelden zu dürfen, da sich der Unterricht in den höheren Klassen gegen ihre Religion richte, wodurch der weitere Verbleib der Kinder in der Schule die Mitglieder dieser Gemeinschaft in deren konstitutionell garantierter freier

---

17 Die Kopftuch-Debatte in Deutschland ist etwas anders gelagert, da sie sich auf Kopftuch tragende Lehrerinnen und nicht auf Kopftuch tragende Schülerinnen fokussiert. Hierbei steht nicht die Frage nach einer schulbezogenen Anerkennung kollektiver kultureller Zugehörigkeiten im Vordergrund, sondern diejenige nach der Spannung zwischen dem Neutralitätsgebot des Staates und dem Recht auf Glaubensfreiheit (vgl. Pressemitteilung 71/ 2003 des Bundesverfassungsgerichts). Eine Analyse der Kopftuch-Debatte sowohl in Frankreich wie in Deutschland verdient eine eigene Studie, auf die hier nicht vorgegriffen werden kann.

Ausübung der eigenen religiösen Überzeugungen hindern würde (vgl. Galston 1995, S. 516, Macedo 1995, S. 471, Gutmann 1995, S. 565).

Die Gemeinschaft der Old Order Amish führt aus religiöser Überzeugung einen separatistischen, sich der modernen Zivilisation entziehenden und zugleich friedlichen Lebensstil, der auf Einfachheit und weltanschaulicher Eindeutigkeit beruht. Die Amish verzichten weitgehend auf staatsbürgerliche Rechte wie Wahlrecht, soziale Unterstützung durch den Staat und gewerbliche Arbeit außerhalb der Gemeinschaft. Sie existieren als eine Art „mini-nation", die nicht versucht zu expandieren, d. h. neue Mitglieder zu gewinnen, oder für die eigene Überzeugungen öffentlich zu werben (vgl. Gutmann 1995, S. 568f.).

Die betreffenden Eltern aus der Old Order Amish Community argumentierten, dass insbesondere das Curriculum der staatsbürgerlichen Erziehung (civic education) in den oberen Klassen der Sekundarstufe, das auf die Konfrontierung der Schüler mit unterschiedlichen ethischen Ansichten und auf einen reflexiven Umgang mit weltanschaulichen Perspektiven setzt, die Grundsäulen der eigenen Gemeinschaft untergrabe und den eigenen Kindern verunmöglichen würde, den Fortbestand dieser Gemeinschaft zu sichern (vgl. ebd., S. 568, auch Macedo 1995, S, 472); daraus leiteten sie die Schlussfolgerung ab, dass sich die Verpflichtung zum weiteren Schulbesuch ihrer Kinder nach der achten Klasse gegen das Recht der freien Ausübung der eigenen Religion richte. Mit diesem Argument errangen sie einen juristischen Sieg: Die Mehrheit des Obersten Gerichtshofs (Supreme Court) entschied, dass die freie Ausübung der eigenen religiösen Überzeugungen Vorrang habe – es sei denn, sie kollidiert mit dringlichen staatlichen Interessen, was in diesem Fall durch den Bundesstaat Wisconsin nicht nachgewiesen sei (vgl. Galston 1995, S. 516).

Ähnlich beschaffen ist der Fall „Mozert vs. Hawkins County Board of Education". In diesem Fall haben fundamentalistisch-christliche Eltern den Anspruch erhoben, dass ihre Kinder am Leseunterricht in der Grundschule (!) nicht teilnehmen müssen, da er die „einzige Wahrheit" der Bibel (so wie sie von den Mitgliedern dieser religiösen Gemeinschaft verstanden wird) untergraben würde. Der betreffende Unterricht war so aufgebaut, dass er nicht nur Lese- und Schreibefähigkeiten vermitteln, sondern auch einigen Basiszielen der *civic education* dienen sollte, wie z. B. der Kultivierung der Fähigkeit zur kritischen Beurteilung unterschiedlicher ethisch relevanter Positionen. (vgl. Gutmann 1995, S. 571f.). Die Eltern protestierten gegen die folgenden vier Stellen im Schulbuch, bei denen ihrer Meinung nach ihre Kinder zum kritischen Urteil, zur Entwicklung von Vorstellungskraft und zum Abwägen zwischen verschiedenen Alternativen in Fragen „gezwungen" würden, auf welche „die Bibel die

Antwort schon gegeben hat" (ebd. S. 571). Die Eltern protestierten gegen (1) eine Kurzgeschichte, die eine Siedlung katholischer Indianer beschreibt, und zwar mit der Begründung, dass dadurch Katholizismus gelehrt werde; (2) eine Leseübung, bei der dargestellt wird, wie ein Junge kocht, während ihm ein Mädchen etwas vorliest („Pat reads to Jim. Jim cooks. The big book helps Jim. Jim has fun."), mit der Begründung, dass hier die durch die Bibel festgelegte Geschlechterrollen in Frage gestellt würden; (3) einen Auszug vom Anne Franks Tagebuch, in dem Anne Frank einem Freund geschrieben hat, dass ein nichtorthodoxer Glaube an Gott vielleicht besser sei als gar keiner; (4) einen Text, der die Hauptidee der Renaissance als Glaube an die Würde und an den Wert des Menschen beschreibt, weil dieser Glaube nicht kompatibel mit der religiösen Überzeugungen der Eltern sei (vgl. ebd., S. 571).

Allerdings richtete sich der Protest der Eltern nicht so sehr gegen konkrete Ansichten, die im Programm zum Ausdruck gebracht wurden, sondern eher gegen die gesamte Intention dieses Programms, die Kinder mit unterschiedlichen Standpunkten zu konfrontieren – und dadurch die Relativität jeder Position zu vermitteln. Diese Intention würde – so die Eltern im „Mozert"-Fall – mit der freien Ausübung der religiösen Freiheit der betroffenen Familien kollidieren, da sie die Wahrheit ihrer partikularen religiösen Überzeugungen degradieren würde (vgl. Macedo 1995, S. 471). Mit diesem Argument haben die Eltern nach langen gerichtlichen Auseinandersetzungen, bei denen sogar der Oberste Gerichtshof eingeschaltet wurde, letztlich keinen juristischen Erfolg errungen (vgl. Coleman 2003, S. 107f.).

2.2.2 Theoretische Kontroversen in Bezug auf „Wisconsin vs. Yoder" und „Mozert vs. Hawkins County Board of Education"

Die Diskussion über diese zwei Fälle konzentriert sich auf die Frage, inwieweit das Schulsystem eines liberaldemokratischen Staatswesens das Prinzip der individuellen Autonomie als verpflichtend für alle Bürger und daher als allgemeingültiges obligatorisches Bildungsziel behandeln, oder ob es sich auf die schwächere Forderung nach Toleranz beschränken solle. Inwieweit darf oder sogar muss dieses Staatswesen durch sein Schulsystem Selbsterhaltungsforderungen kultureller Minderheiten ignorieren, welche zwar gegenüber der gesamtgesellschaftlichen Pluralität von Ansichten und Lebensstilen tolerant sind, aber das Prinzip der individuellen Autonomie innerhalb der Grenzen der eigenen Gemeinschaft nicht gelten lassen wollen? Zugespitzt ausgedrückt: Inwieweit darf dieses Staatswesen das Pluralitätsprinzip im Namen der Förderung von individueller Autonomie einschränken?

Als klare Kontrahenten der Diskussion um die beiden erörterten Fallbeispiele können die Positionen von William Galston und Amy Gutmann in Betracht gezogen werden. Die Kontroverse dieser zwei Positionen ist vor dem Hintergrund der für den nordamerikanischen Kontext charakteristischen Unterscheidung zwischen „political liberalism" und „comprehensive liberalism", also zwischen einem rein auf die Sphäre des Politischen eingeschränkten und einem ganzheitlichen, in gewisser Weise weltanschaulich fundierten Liberalismus[18] zu sehen. Die Vertreter des „politischen Liberalismus" halten die öffentliche Förderung nur von solchen Tugenden für notwendig, die sich direkt auf die Reproduktionsbasis der liberalen Gesellschaften beziehen. Sie setzen ausschließlich die Akzeptanz des Prinzips der Pluralität in der Form der politischen Toleranz gegenüber anderen Lebensstilen, religiösen und ethischen Vorstellungen voraus und halten deshalb jede staatliche Einmischung in die nicht (bzw. nicht unmittelbar) politischen, weltanschaulichen und kulturellen Überzeugungen von Individuen oder Gruppen für illegitim. Demgegenüber meinen die „ganzheitlichen Liberalen", dass zu den Grundprinzipien liberaler Gesellschaften die öffentliche Unterstützung von individueller Autonomie (als eine für diese Gesellschaften allgemeinverbindliche ethische Vorstellung) bzw. die öffentliche Bekämpfung von Praktiken, die gegen die Norm der individuellen Autonomie verstoßen, notwendigerweise dazu gehört. Es sei an dieser Stelle vermerkt, dass diese Kontroverse mit der allgemeineren Frage verbunden ist, mit der wir uns später ausführlicher beschäftigen werden, inwieweit die Sphären der gesellschaftlichen Integration und der kulturellen Horizonte der an ihr Beteiligten als unabhängig voneinander oder aber als ineinander verschränkt betrachtet werden sollen.

---

18 „Liberalismus" wird hier natürlich nicht im Sinne eines partei-politischen Programms verstanden, sondern insgesamt als ein Gesellschaftsverständnis, welches das Pluralismusprinzip als fundamental ansieht und deshalb enge Grenzen für staatliche Eingriffe in die Praxis der freien Verfolgung der eigenen Lebensprojekte der Bürger – einschließlich der dazu gehörigen politischen Handlungen – setzt. Es ist einleuchtend, dass wenn wir – in welchem Sinne auch immer – von „Bildung in multikulturellen Kontexten" sprechen, diesen liberalen Rahmen voraussetzen. Eine traditionelle konservative Position wird hingegen das Prinzip kultureller Pluralität der Aufrechterhaltung einer durch den Staat zu garantierenden einheitlichen Substanz – in der Form etwa von „Leitkultur" – unterordnen wollen (vgl. u.a. auch Galston 1995, S. 516f.).

William Galston wirft den Vertretern des „comprehensive liberalism" vor, dass die Betrachtung bestimmter ethischer Normen als allgemeingültige politische Prinzipien liberaler Gesellschaften ein konsequentes Festhalten am Pluralismusprinzip verunmöglicht, und dass diese Betrachtung darüber hinaus die Tore für staatliche Einmischungen in die privaten Angelegenheiten der Bürger weit öffnet (vgl. Galston 1995, S. 521, S. 523f.). Nach dieser Lesart erfordert nämlich das Pluralismusprinzip im Sinne des Neutralitätsgebots für staatliches Handeln letztendlich eine konsequente Abkoppelung dieses Handelns von jeglichen weltanschaulich fundierten Vorstellungen über das gute Leben. Das Argument hierbei scheint zu sein, dass die Toleranz keine solche Vorstellung ist, sehr wohl jedoch die Werte der Individualität und der Autonomie. Toleranz ist in diesem Sinne eine pragmatische politische Forderung und muss nicht unbedingt ein innerlicher moralischer Wert sein. Die Mitglieder einer Gesellschaft können etwa aufgrund von „Lebensklugheit" realisiert haben, dass es für sie besser ist, die Art und Weise zu akzeptieren, wie liberal-pluralistische Gesellschaften funktionieren – wenn sie demzufolge nicht versuchen, die eigenen Glaubensüberzeugungen Andersdenkenden gewaltsam zu oktroyieren, dann spielt es keine Rolle, ob sie dem diskursiven Austausch mit Andersdenken einen moralischen Wert beimessen oder nicht, ob sie das Prinzip der individuellen Autonomie anerkennen oder nicht, ob sie tolerant aus innerer Überzeugung oder aus pragmatischem Kalkül sind.

Diesem Argument erwidert Amy Gutmann, dass das Praktizieren der Toleranz tief greifende Einstellungen voraussetzt, die letztendlich die Internalisierung des Prinzips der individuellen Autonomie erfordern. Erziehung zum „liberal democratic citizenship" (Gutmann 1995, S. 572) erfordere die Beförderung der Fähigkeit, unterschiedliche politische Perspektiven zu verstehen und zu respektieren, ohne sie unbedingt zu akzeptieren (ebd., S. 572). Es sei evident, dass sogar der oben skizzierte „minimalistisch-pragmatische" Toleranzbegriff diese Fähigkeit voraussetzen muss: Um in diesem Sinne tolerant zu sein, müsse der Einzelne zunächst einmal wissen, dass die politischen Vorstellungen der eigenen Sozialisationsgemeinschaft nicht die einzig möglichen sind, und dass andere Menschen gute Gründe haben können, andere Ansichten zu verfolgen. Genau das aber sei die Erkenntnis, vor der die genannten fundamentalistischen Eltern ihre Kinder letztlich „bewahren" wollten, da diese Erkenntnis unumgänglich die absolute Gültigkeit der „eigenen" Perspektive untergrabe und die Wahrnehmung von alternativen Optionen ermögliche, was immer mit einer reflexiven Distanzierung zu den kollektiven Überzeugungen der „eigenen" Gemeinschaft insgesamt zusammenhänge, und die individuellen

Ansichten vom Kontinuum der kollektiven Überzeugengen abkoppele. Deshalb behauptet Gutmann, dass es in der Praxis eine weitgehende Überlappung zwischen der Befähigung zur politischen Toleranz und der Beförderung von Individualität und Autonomie gebe (vgl. ebd., S. 573). Diese Behauptung beinhaltet auch, dass eine solche Befähigung zur Toleranz sich nicht auf die enge Sphäre des politischen Handelns und Bewusstseins einschränken kann, sondern dass sie notwendigerweise in eine Praxis kritischer Reflexion über vorgefundene und ansozialisierte Weltbilder und ethische Normen übergehen müsse (vgl. ebd., S. 573).

Gutmanns Schlussfolgerung hat weitreichende und nicht unproblematische Konsequenzen. Sie zieht nach sich, erstens, eine Einschränkung des Pluralitätsprinzips im Namen der – unter anderem durch Bildungsmaßnahmen – staatlich gestützten Sicherung von individueller Autonomie. Gruppen, die sich zwar an die formalen Spielregeln einer liberaldemokratischen Gesellschaft halten, aber innerhalb der eigenen Grenzen die Autonomie als leitendes Prinzip nicht gelten lassen, oder auch Individuen, die in der nicht-politischen Sphäre ihrer Interaktionen (etwa bei der Kindererziehung) dieses Prinzip nicht akzeptieren, dürfen demnach nicht toleriert werden. In diesem Zusammenhang wird diese Position auch als „totalitärer Liberalismus" bezeichnet (vgl. Macedo 1995, S. 470).

Der Vorwurf, der in dieser Bezeichnung steckt, relativiert sich allerdings, wenn man sich vor Augen führt, dass auch die Vertreter des „politischen Liberalismus" der Meinung sind, dass – da die Kinder kein Eigentum der Eltern sind, sondern auch zukünftige Staatsbürger – der Staat die Möglichkeit der Individuen garantieren soll, sich von den Gemeinschaften, in denen sie aufwachsen, zu lösen bzw. deren Grenzen zu überschreiten (vgl. Galston 1995, S. 522). Diese Garantie erfordert letztlich eine Art Förderung von Autonomie, die jedoch anders verstanden werden kann (und wahrscheinlich muss) als die Art und Weise, wie das klassische Autonomiemodell der Aufklärung herkömmlich interpretiert wird. Ich komme später darauf zurück.

Die zweite Konsequenz der o. g. Schlussfolgerung ist schon von genuin bildungstheoretischer Natur. Ich möchte ihre Erläuterung mit einem Beispiel beginnen: Man kann sich vorstellen, in welcher Situation sich Kinder und Heranwachsende befinden, die im Elternhaus ein eindeutiges und nichtproblematisierbares Weltbild und eine Werteordnung in der Form einer absoluten Wahrheit vermittelt bekommen und in der Schule in eine kritische Distanz zu solchen Wahrheiten eingeübt werden. Insbesondere die Identitätsbildung bei kleineren Kindern kann dadurch gestört werden, dass sie die nächsten Bezugspersonen – die eigenen Eltern – nicht als Vorbilder wahrnehmen können, bzw. dass sie direkt oder indirekt aufgefordert werden, sich vom Lebensstil und vom Weltbild der Eltern zu distanzieren. Auch für ältere Heranwachsende besteht die Gefahr, dass sie in eine Art Vakuum geraten, dass sie keine basale normative Struktur als Ausgangspunkt der eigenen Persönlichkeitsentwicklung herausbilden können – wenn man denn von der Prämisse ausgeht, dass diese Struktur eine Grundvoraussetzung der Identitätsbildung ist.

In diese Richtung geht die Behauptung Galstons, dass das größte Problem für die Jugendlichen in der heutigen liberalen Gesellschaften nicht eine vermutliche Unfähigkeit sei, die eigenen Wertmaßstäbe zu reflektieren, sondern dass sie sich überhaupt mit keinen solchen Wertmaßstäben identifizieren oder – umgangssprachlich ausgedrückt – dass sie an Nichts besonders tief glauben könnten (vgl. Gutmann 1995, S. 577 (Gutmann bezieht sich an dieser Stelle auf Galston)).

Als theoretische Grundlage dieser Diagnose kann die Auffassung interpretiert werden, die etwa von Will Kymlicka vertreten wird: nämlich dass die Herausbildung von Individualität nur auf der Basis einer stabilen „cultural structure" geschehen kann (vgl. Kymlicka 1991, S. 165). Nach Kymlicka versehen erst kulturelle Narrative, die wir von unserer Kindheit an vermittelt bekommen, bestimmte Optionen der Lebensführung mit Bedeutsamkeit für uns, und erst die frühere Identifikation mit in solchen Narrativen enthaltenen Rollenmodellen ermöglicht dem Einzelnen, über solche Optionen sinnhaft nachzudenken und sich dadurch ein individuelles Lebensprojekt zu modellieren (vgl. ebd. S. 165f.). Daher sei gerade die Aufrechterhaltung solcher Strukturen eine Grundvoraussetzung der individuellen Selbstverwirklichung, die allerdings, wie ich unten ausführen werde – von der klassischen aufklärerischen Idee der individuellen Autonomie zu differenzieren ist.

Diese Auffassung kann man auch vor dem Hintergrund des Konzepts von Charles Taylor über die Quellen des modernen Selbst nachvollziehen. Hier ist nicht der geeignete Ort dieses Konzept darzulegen[19], aber ein Grundgedanke (wenn nicht sogar *der* Grundgedanke Taylors) sollte hier wiedergegeben werden: Das Selbst bildet sich nach Taylor dialogisch aus, und zwar durch seine Selbstartikulation im symbolischen Raum einer konkreten Sprachgemeinschaft, in der Wir-Perspektive dieser Gemeinschaft, zu der ein unentrinnbarer Hori-

---

19 Siehe dazu Stojanov 1999, S. 85 - 100

zont von Bedeutungen notwendig dazu gehört, ein Horizont, der durch die Geschichte der jeweiligen Gemeinschaft geprägt ist und sich in der Struktur ihrer Sprache verkörpert und der deswegen nicht vom Inneren des Subjekts entspringt, sondern ihm vorgegeben ist (vgl. Taylor 1986, S. 36f, S. 41; Taylor 1989, S. 18; Taylor 1995, S. 40ff., S. 93; auch Stojanov 1999, S. 88ff.). Daher vollzieht sich die individuelle Identitätsbildung nach dieser Auffassung auf der Grundlage der aus der Sicht des Einzelnen vor-reflexiven kulturellen Struktur der Gemeinschaft, in die er hinein sozialisiert wird. Diese Struktur geht dem Prozess der Identitätsbildung voraus. Sie ist eine notwendige Voraussetzung für die individuelle Selbstverwirklichung.

Diese Überlegungen münden letztendlich in die bekannte hochumstrittene These Taylors, dass die Aufrechterhaltung von solchen kulturellen Strukturen eine zentrale Aufgabe staatlicher Politik in den demokratischen Gesellschaften sein müsse, und dass im Namen dieser Aufrechterhaltung bestimmte individuelle Rechte zurückgestellt werden dürften (und unter gewissen Umstände sogar müssten), um dadurch – was besonders interessant vor dem Hintergrund der bisher diskutierten Fallbeispiele ist – den kulturellen Gemeinschaften die Möglichkeit zu geben, nicht nur die eigenen Mitglieder beizubehalten, sondern sogar, neue Mitglieder zu gewinnen (vgl. Taylor 1993, S. 52ff.).

2.2.2.1 Individuelle Autonomie und kulturelle „Prägung"

Obwohl sie die Priorität vor-reflexiver kollektiver kultureller Strukturen einräumen, sind die Konzepte von Kymlicka und Taylor dennoch in einem gewissen Sinne individualistisch zugeschnitten, insofern sie die Bedingungen der individuellen Selbstverwirklichung zu rekonstruieren versuchen. Da jedoch die beiden Autoren das Selbst als unabdingbar verwoben (embedded) mit kulturellen Kontexten und symbolisch strukturierten Beziehungen betrachten, kann hier „individuelle Selbstverwirklichung" nicht als gleichbedeutend mit dem aufklärerischen Begriff der individuellen Autonomie verstanden werden, so wie er in der klassischen liberalen Tradition interpretiert wird. Diese für die vorliegende Studie immens wichtige Unterscheidung möchte ich in einer ersten Annäherung erläutern.

Die beiden Autoren bewegen sich insofern im sozialphilosophischen Rahmen, der im ersten Kapitel beschrieben wurde, als sie Subjektivität auf Intersubjektivität zurückführen und nach dem kommunikativen Raum des Selbstbildungsprozesses fragen. Das Subjekt kann sich von diesem Raum nicht lösen, seine Selbstbildung verläuft zu keinem Zeitpunkt monologisch. Genau in der Ablösung von der vor-reflexiven Basis dieses Raums besteht letztlich jedoch die aufklärerische Idee der Autonomie, jedenfalls in der Lesart der herkömmlichen politischen Philosophie des Liberalismus. Diese Lesart wird von Galston so zusammengefasst: „Within the Enlightenment Project, reason is understood as the prime source of authority; the examined life is understood as superior to reliance on tradition or faith; preference is to be given to self-direction over external determination; and appropriate relationships to conceptions of good or of value, and especially conceptions that constitute groups, are held to originate only through acts of conscious individual reflection on and commitment to such conceptions." (Galston 1995, S. 525). Das so verstandene vernünftig-autonome Subjekt emanzipiert sich von allen externen Abhängigkeiten, es wählt und gestaltet eigenmächtig auf der Basis von „bewusster individueller Reflexion" seine Beziehungen zu den anderen und zu ethisch relevanten kollektiven Vorstellungen, es befindet sich immer auf reflexiver Distanz zu diesen Beziehungen; *es steht - pointiert ausgedrückt - „außer" oder „neben" ihnen.*

Hingegen ist das Subjekt für intersubjektivitätstheoretische Denkansätze nur in seinen Beziehungen gegeben, es besteht aus diesen Beziehungen. In diesem Sinne sind die letzteren seinen Bewusstseinsstrukturen, einschließlich seiner Reflexionsleistungen, vorgängig. Erst auf dem Hintergrund dieser Auffassung wird die Behauptung von Kymlicka vollständig nachvollziehbar, wonach Selbstbildung die Internalisierung einer stabilen, traditionell-narrativ vermittelten (d. h. vor-reflexiven) kulturellen Struktur voraussetzt.

Allerdings erfordert intersubjektivitätstheoretisches Denken keineswegs unumgänglich eine Anerkennung des Primats der Wir-Perspektive einer Sprachgemeinschaft über die Ich-Perspektiven ihrer Mitglieder, wie Taylor kurzschließt. Im ersten Kapitel der vorliegenden Studie wurde anhand des anerkennungstheoretischen Paradigmas ein Gedankengang gekennzeichnet, wonach sich Subjektautonomie *im Kontinuum* der intersubjektiven Beziehungen herausbildet, und eben nicht durch die *Abstraktion von* diesem Kontinuum, wie die aufklärerisch-liberale monologische Subjektauffassung suggeriert. Die Dynamik dieser Beziehungen selbst ist so angelegt, dass sich das Individuum durch sie konstituiert und sie *zugleich* transzendiert. *Dieses Moment innerweltlicher Transzendenz, das den eigentlichen Individualisierungsprozess trägt, führt jedoch nicht dazu, dass sich das Subjekt aus dem Raum seiner kommunikativen Verflechtungen zurückzieht und eine objektivierende Einstellung zu diesem Raum und zu sich selbst einnimmt. Vielmehr äußert sich dieses Moment in der dialektischen Negation (die das Moment der „Aufhebung" im Hegel-*

schen Sinne enthält) der bisherigen Kommunikationsformen durch einen Übergang zu neuen Formen, kurzum in der ständigen innerlichen Umformung dieses Raums, nicht in einer Ablösung von ihm, welche, intersubjektivitätstheoretisch betrachtet, gar nicht möglich ist. Danach bedeutet individuelle Autonomie nicht die objektivierende Kontrolle über sich selbst und über die Umwelt, sondern die Praxis der ständigen Transformation und Bereicherung der eigenen interaktiven Erfahrung, die in der Herausbildung eines dynamischen Selbstbezugs resultiert und zu einer ständigen Hervorbringung von Persönlichkeitsmerkmalen führt, welche die Einzigartigkeit des Individuums ausmacht.

So gesehen, bildet sich die Individualität qua Selbstverwirklichung[20] im ständigen Übergang zwischen verschiedenen Kommunikationsformen und dazugehörigen Wir-Perspektiven. Bezogen auf die Problematik des praktischen (bildungs-)politischen Handelns bedeutet dies, dass es die Möglichkeit dieses Übergangs zu garantieren hat, indem es z. B. gegen Gruppen vorgeht, die ihren Mitgliedern Ausstiegs- und Konvergierungsmöglichkeiten verweigern.

Wenn wir allerdings davon ausgehen, dass Selbstverwirklichung von einem solchen Übergang getragen wird, dann erfordert die Befähigung zur Selbstbildung mehr als die bloß negative Garantie der Ausstiegsmöglichkeit. Dieser Übergang ist nämlich ohne die Befähigung zum reflexiven Umgang mit ansozialisierten kollektiven Überlieferungen (der notwendigerweise ein Moment der individuellen Autonomie im klassischen aufklärerisch-liberalen Sinne voraussetzt) gar nicht möglich. Ein solcher Umgang erscheint jedoch als nicht vereinbar mit dem narrativen Charakter der zu internalisierenden „cultural structure" als Bedingung der Möglichkeit der Selbstverwirklichung.

Die letzten Überlegungen zeigen, dass auch eine Korrektur des Begriffs der individuellen Autonomie in Richtung der Kategorie der Selbstverwirklichung das Dilemma des Verhältnisses zwischen Selbstbildung und Gemeinschaftszugehörigkeit nur umformuliert. Diese Umformulierung ist aber womöglich dennoch hilfreich, denn sie setzt die beiden Seiten dieses Dilemmas als immanente Momente der identitätsstiftenden intersubjektiven Verhältnisse des Individuums. Damit konkretisiert sich das Programm der Erforschung dieses Dilemmas in die Aufgabe einer möglichst detaillierten Mikroanalyse dieser Verhält-

---

20 Der Begriff der Selbstverwirklichung wird hier provisorisch eingeführt, da seine Erläuterung eine Darlegung des Prinzips des interaktiv vermittelten Selbstbezugs und seiner Dynamik verlangen würde. Diese Darlegung wird im nächsten Kapitel vorgenommen.

nisse – insbesondere was die Logik der in ihnen eingebauten innerweltlichen Transzendenz und die Frage nach ihrer Kompatibilität mit der narrativen Dimension der Intersubjektivität anbelangt. Diese Aufgabe wird im nächsten Kapitel der vorliegenden Arbeit in Angriff genommen.

2.3 Die Universalismus-Partikularismus-Paradoxie im Diskurs der interkulturellen Erziehungswissenschaft

Die Art und Weise, wie mit dieser Paradoxie im Rahmen des Diskurses der interkulturellen Erziehungswissenschaft umgegangen wird, kann als zentrales Unterscheidungskriterium bei der Positionierung der unterschiedlichen Ansätze und ihrer Abgrenzung voneinander angesehen werden. Entlang dieses Kriteriums können wir zwischen kulturdeterministischen, kulturtranszendierenden, kulturdekonstruierenden und dualistischen Konzepten unterscheiden. Während die ersten beiden Richtungen (entgegengesetzte) Strategien entwickeln, diese Paradoxie in einen Gegensatz zwischen dem Universalen und dem Partikularen zu überführen, um sich dann – je nach theoretischen Vorlieben und normativen Annahmen – für das eine oder das andere „Lager" zu entscheiden, erscheint für die dritte Alternative zumindest der „partikularistische" Pol als konstruiert, wohingegen die vierte Richtung die Widersprüchlichkeit zwischen den beiden Polen – mehr oder weniger – zu relativieren versucht.[21]

Zusammenfassend lässt sich sagen, dass alle diese Richtungen der Universalismus-Partikularismus-Paradoxie auszuweichen versuchen, wodurch sie sich einen differenzierten Einblick in die Eigenartigkeit der Bildungsprozesse unter multikulturellen Bedingungen weitgehend versperren und nicht der hypotheti-

---

21 Marianne Krüger-Potratz unternimmt ein anderes Ordnen des Diskursfeldes der Interkulturellen Bildung, bei dem sie zwischen Gleichheitsdiskurs, Essentialisierungsdiskurs, Universalitätsdiskurs und Pluralitätsdiskurs anhand der Differenzlinien Sprache, Staatsangehörigkeit, Ethnizität und Kultur unterscheidet (vgl. Krüger-Potratz 2005, S. 171-176). Meine Vorgehensweise beansprucht hingegen nicht, ein vollständiges Bild des Diskursfeldes zu zeichnen, sondern sie differenziert zwischen den unterschiedlichen Ansätzen ausschließlich anhand der Frage, wie sie das Verhältnis zwischen kulturellen Zugehörigkeiten und individuellen Bildungsprozessen ausbuchstabieren. Ich gehe allerdings davon aus, dass es sich hierbei um *die* zentrale Frage der interkulturellen Erziehungswissenschaft handelt, und dass die Bearbeitung der Problematiken der Mehrsprachigkeit, der Ethnizität und der politischen Gleichheit und Partizipation von Personen mit Migrationshintergrund entscheidend von der Beantwortung dieser Frage abhängen.

schen Möglichkeit nachgehen können, dass die oben genannte Paradoxie die entscheidende Triebkraft dieser Bildungsprozesse – unter der Voraussetzung bestimmter sozialer Kommunikationsstrukturen – sein könnte.

2.3.1 Kulturdeterministische und kulturrelativistische Konzepte

Bei den kulturrelativistischen und insbesondere bei den kulturdeterministischen Konzepten müssen wir zwischen profunden theoretischen Ansätzen einerseits und Alltagstheorien der pädagogischen Akteure andererseits unterscheiden. Während auf der Ebene der wissenschaftlichen Theoriebildung die *explizite* Ableitung der Eigenschaften einer Persönlichkeit von ihrer kulturellen Zugehörigkeit als weitgehend überwunden gilt, ist diese Ableitung immer noch ein gängiges Muster auf der Ebene der alltagstheoretischen Reflexionen über pädagogisches Handeln in multikulturellen Kontexten. Wie Isabell Diehm und Frank-Olaf Radtke anhand etwa von Problembeschreibungen von Sonderschulpädagogen darlegen, besteht der pädagogische *common sense* in der Vorstellung, wonach die jeweilige kulturelle Zugehörigkeit als homogen ausgelebt werden muss; ansonsten entstünden „Identitätskrisen", die unter anderem eine erfolgreiche Schulkarriere der Betroffenen verunmöglichen würden (vgl. Diehm/Radtke 1999, S. 56ff.). Auch Analysen von Schulbüchern zeigen, dass dort das Deutungsmuster, wonach derjenige, der sich „zwischen zwei Kulturen" befindet, unausweichlich Probleme hat, dominierend bei Beschreibungen der Situation und der Lebensproblematiken von Migrantenkindern ist (vgl. Höhne/Kunz/Radtke 1999, S. 84). Hinter solchen Deutungsmustern steckt die (zumeist) stillschweigende Konzipierung des Menschen als den „Ausübenden einer Kultur" (vgl. Diehm/ Radtke 1999, S. 64).

Solche Alltagstheorien haben ihre Entsprechung im wissenschaftlichen Diskurs in der Kategorie der „Basispersönlichkeit". Obwohl diese Kategorie im Rahmen der schon in den frühen 60er Jahren entwickelten Sozialisationstheorie Dieter Claessens im deutschsprachigen Raum herausgearbeitet und prominent geworden ist (vgl. Claessens 1972), um dann in den späteren 70er Jahren in der bekannten Studie von Achim Schrader, Bruno Nikles und Hartmut Griese speziell auf den Kontext der Migrantenkinder bezogen zu werden (vgl. Schrader/Nikles/Griese 1979), und obwohl diese Kategorie mehrfach in den letzten zwei Jahrzehnten – allerdings mehr aus extern-normativen, denn aus immanent-kritischen Gründen – für unhaltbar erklärt worden ist[22], übt der Begriff der „Basispersönlichkeit" bis heute einen immensen Einfluss auf die pädagogischen Reflexionen über die Arbeit mit Kindern und Heranwachsenden mit Migrationhintergrund aus – wenn auch vielleicht eher unterschwellig. Ein Grund dafür ist sicherlich, dass die Entwicklung einer alternativen Theorie der Sozialisation von Kindern und Jugendlichen mit Migrationshintergrund mit einem ähnlichen Anspruch auf Systematik und Umfang noch aussteht.

Die entscheidende Pointe dieser Sozialisationstheorie[23] ist die Vorstellung, dass sich in der frühesten Entwicklung des Kindes seine „kulturelle Basispersönlichkeit" – Schrader u. a. sprechen auch von einer „Basisidentität" (vgl. Schrader/ Nikles/ Griese 1979, S. 205) – forme. Diese sei grundsätzlich nicht mehr veränderbar und diene als Fundament für die weitere Entwicklung des Individuums (vgl. ebd. S. 58; auch Claessens 1972, S. 121): „Seine einmal übernommene kulturelle Rolle kann der einzelne nicht mehr abwerfen: Er ist Deutscher, Franzose, Türke oder Italiener! „Culture is grown into soma", d. h.: Sprache, Gestik, Denkweisen, Werthaltungen, Gefühle, Reaktionen und Verhaltensmuster etc. sind intrakulturell und zumeist subkulturell *determiniert*" (Schrader/ Nikles/ Griese 1979, S. 58; hervorgehoben von mir - K. S.).

Auf der Grundlage dieser Vorstellung machen Schrader u. a. einen konzeptuellen Vorschlag, zwischen drei Typen von Migrantenkindern zu unterscheiden. Das Schulkind, das in seinem Heimatland enkulturiert wurde, „… hat eine eindeutig determinierte monokulturelle Basispersönlichkeit" (ebd. S. 68) und dementsprechend bleibe es – offenbar für immer – in Deutschland Ausländer (vgl. ebd., S. 70). Im Unterschied dazu zeichne sich das Vorschulkind durch einen „unterbrochenen Enkulturationsprozeß" (ebd., S. 70) aus, es könne Elemente der neuen Kultur, aber nicht die „ganze Kultur" (ebd., S. 70) übernehmen; demnach bleibt es ein Fremder (vgl. ebd., S. 70f.). Und nur die Kleinstkinder hätten die Chance, sich als „Neu-Deutsche" bzw. „Voll-Deutsche" zu

---

22 Allerdings fungiert eine der wichtigsten Grundlagen dieser Kategorie – nämlich die weitgehende Gleichsetzung von Sozialisation und Enkulturation bzw. Akkulturation – bis heute als Gemeinplatz sämtlicher Sozialisationstheorien (vgl. exemplarisch dazu Esser 2001, S. 371ff.).

23 Für eine detaillierte und tiefgreifende Kritik an dieser Theorie, die auch zwischen dem ursprünglichen Konzept Claessens' und seiner Umwälzung auf die Problematik der „ausländischen Kinder" durch Schrader/ Nikles/ Griese differenziert, vgl. Auernheimer 1988, S. 27-40

entwickeln (vgl. ebd., S. 71). Wie Georg Auernheimer treffend anmerkt, liefert dieses Konzept Argumente für die Befürworter der Senkung des Nachzugsalters der Kinder von Einwandern, obwohl dies sicherlich nicht die Absicht der Autoren gewesen sein dürfte (vgl. Auernheimer 1988, S. 40).

Wie kommt es jedoch zu dieser Vorstellung einer substantialistischen Basispersönlichkeit?

Nach Claessens besteht die generelle Funktion der Sozialisation des Menschen, seiner „zweiten, soziokulturellen Geburt", in der Bewältigung seiner exzentrischen Positionalität, die er mit Helmut Plessner an der Tatsache festmacht, dass der Mensch das einzige Wesen ist, das zu seinen eigenen Erlebnissen auf Distanz geht, das gewissermaßen hinter sich steht und genau dadurch seine eigene Existenz vollzieht. Um diese Exzentrizität aushalten zu können, muss sich der Mensch nach Plessner und Claessens ein Gegengewicht verschaffen – und zwar mit Dingen, die zwar seiner eigenen Existenz wesensverwandt sind, aber sich gleichzeitig von ihr loslösen. Der Mensch braucht also Dinge, die seiner Existenz gegenüberstehen und die ihr vorgegeben sind, um ihr einen äußeren Halt garantieren zu können. Bei diesen Dingen handelt es sich um die Objektivationen einer tradierten Kultur (vgl. Claessens 1972, S. 79ff.). Die Schlussfolgerung daraus ist, dass der Mensch auf die Tradierung von Kultur angewiesen sei (vgl. ebd., S. 82), wobei er zunächst für die „Übernahme von Kultur" (ebd., S. 82) im Rahmen des ursprünglichen Prozesses der „Soziabilisierung" (ebd., S. 79) im Rahmen der Mutter-Kind-Beziehung (also im Rahmen des Aufbauens von Ur-Vertrauen in die Umwelt und von rudimentären Objektbeziehungen) vorbereitet würde (vgl. ebd., S. 90ff.).

Der Prozess der eigentlichen Enkulturation findet nach Claessens ebenfalls im frühesten Kindsalter statt und überlappt sich insofern mit dem Vorgang der Soziabilisierung, als die frühesten Interaktionen der nächsten Bezugspersonen mit dem Kind schon kulturell gefärbt seien, wodurch das Kind die ersten Selbstverständlichkeiten etwa des Umgangsstils vermittelt bekommt (vgl. ebd., S. 122). Die Enkulturation kann dann als weitgehend abgeschlossen betrachtet werden, wenn ein „kulturelles Über-Ich" im Individuum entsteht, das dann als unveränderte, quasi-ontologische Konstante das Verhalten und das Selbstverständnis des Individuums determiniert (vgl. ebd. S. 120 ff.). Genau diese Form von Enkulturation als „kulturelle Vererbung" (ebd., S. 141) ist nach Claessens der entscheidende Mechanismus der „zweiten, soziokulturellen Geburt" des Menschen, da genau sie das „Austragen" der exzentrischen Positionalität ermöglicht: Und das ist eine „Geburt", bei der nicht einfach das Individuum entsteht, sondern bei der es zugleich immer als Angehöriger einer konkreten

Kultur entsteht und *lebenslang fixiert* wird, und zwar – da sowohl Claessens, als auch Schrader u. a. „Kultur" mit „Nation" identifizieren – als Deutscher, Türke, Italiener usw.

Wie es mir scheint, enthält der so skizzierte sozialisationstheoretische Ansatz zwei zentrale immanente Widersprüche. Erstens, erscheint Kultur hier als eine statische, in sich geschlossene Ganzheit, die räumlich und zeitlich lokalisierbar ist. Gegen diese Auffassung sprechen nicht nur die Erkenntnisse der neueren Kulturwissenschaft und Soziologie, sondern auch die Argumentationslogik von Claessens selbst. Wenn Kultur als der menschlichen Existenz wesensverwandt postuliert werden soll, um als artefaktisches Gleichgewicht der exzentrischen Positionalität des Menschen fungieren zu können, dann kann sie nicht als eine statisch-homogene Ganzheit mit deterministischer Wirkung auf das Individuum aufgefasst werden, sondern sie soll ja zu dieser exzentrischen Positionalität kongruent sein. Das bedeutet, dass sie sich als internalisierter Bestandteil der Persönlichkeit deren Selbstbezüglichkeit und Selbstdistanzierung nicht entziehen könnte. Daher kann „Kultur" nur dann zu einem existenzstabilisierenden Mechanismus und zum Teil der Identitätsbildung werden, wenn das „kulturelle Erbe" in den Sog einer innovativen und ständigen Rekonstruktion seitens des Individuums einbezogen wird (die selbstverständlich nicht in der frühkindlichen Formung einer „Basispersönlichkeit" erstarren kann). Nur dann könnte „Kultur" ihre Eigentümlichkeit aufrechterhalten, „objektiv" gegeben zu sein und zugleich einen innerlich-existentiellen Sinn für den Einzelnen zu haben.

Zweitens verkürzen sowohl Claessens, aber insbesondere Schrader u. a. die frühkindliche Identitätsbildung im Rahmen der Interaktionen mit nächsten Bezugspersonen auf einen Vorgang der Internalisierung der Verhaltens- und Orientierungsmuster dieser Personen seitens des Kindes. Aber, wie ich im dritten Kapitel ausführlich darzustellen versuchen werde, gerade wenn man – wie Claessens – etwa mit der psychoanalytischen Theorie der Objektbeziehungen argumentiert, muss man ein viel differenzierteres, im Prinzip dialektisches Bild vor Augen haben: Die Entstehung der ersten rudimentären Formen des Selbstgefühls eines Individuums ist zugleich eine Unterbrechung der ursprünglichen Symbiose mit seinen primären Bezugspersonen und diese Unterbrechung bedeutet auch Abgrenzung von diesen Personen und ihren Verhaltens- und Orientierungsmustern bis hin zu trotzhaften „Rebellionen", wobei dieses letztere Moment der Rebellion eine Schlüsselrolle bei der – für den Identitätsentwicklungsprozess so wichtigen – Phase der Pubertät spielt.

Zusammenfassend lässt sich sagen, dass der Kulturdeterminismus der hier kritisierten Position sich einem Modell der „Übersozialisation" (Diehm/ Radtke 1999, S. 64) verdankt, das keine Spielräume für Bildung in einem engeren Sinne des Wortes lässt. Letztendlich stützen sich auf dieses Modell der Übersozialisation durch die Reduktion von Bildung auf Enkulturation – wenn auch in einer etwas abgewandten Form – auch die kulturrelativistischen Konzepte, die sich eher auf die Problematik der sozial-integrativen Funktion von Bildung beziehen. Sie bauen im Wesentlichen auf ein Argument, das sich etwa bei Annedore Prengel in expliziter Form findet und so zusammenfassen lässt: Universalitätsbehauptungen und Wertvorstellungen *aller Art* seien immer kulturspezifisch bestimmt und zwar wegen der ethnozentrischen Bestimmtheit des menschlichen Seins und Denkens. Deshalb erscheint bei Prengel nicht das Individuum, *sondern seine „kulturelle Geprägtheit"* als „Subjekt", das z. B. darüber entscheidet, welche fremden Kulturen als sympathisch oder antipathisch erlebt werden (Prengel 1993, S. 90f.). Zwar postuliert Prengel die Einsicht in die eigene kulturelle Bedingtheit und Limitierung als höchstes Bildungsziel (vgl. ebd., S. 91), es ist aber nicht klar, worauf sich die Fähigkeit zu dieser Einsicht gründen soll, wenn das Individuum in allumfassender Art und Weise als „kulturspezifisch geprägt" aufgefasst wird. Diese Einsicht würde nämlich die Fähigkeit voraussetzen, auf reflexive Distanz zur „eigenen Kultur" zu gehen, sie „von außen" zu sehen, ihre Kontexte zu transzendieren; kurzum: sie würde eine Vorstellung von kulturtranszendierender Subjektivität voraussetzen, die nur dann als Grundlage für einen interkulturellen Dialog angesehen werden kann, wenn sie als kulturübergreifend und in diesem Sinne als universalistisch ausbuchstabiert wird.

2.3.2 Kulturtranszendierende Konzepte

Das Gemeinsame der kulturtranszendierenden Konzepte ist die Vorstellung, dass sie – ganz im Gegensatz zu den kulturdeterministischen Konzepten – die Individualgenese nicht in der Terminologie einer auf Enkulturation zurückgeführten Sozialisation, sondern als Bildung auffassen. Dabei gehen diese Konzepte davon aus, dass Bildung im eigentlichen Sinne erst dann beginnt, wenn das Individuum die Limitierungen der „Eigenkultur" durchschaut und sich auf den Weg der Befreiung von ihnen begibt. So soll nach Michelle Borrelli pädagogisch „Kultur" vor allem im Sinne von „Kulturnegation", von „Kulturkritik"

– verstanden als Ausgang aus der Verfangenheit in der eigenen Historizität – aufgefasst werden (vgl. Borrelli 1986, S. 16ff.). Noch radikaler argumentiert Karl-Heinz Dickopp, der dem „Kulturellen" das „Menschliche eines jeden Einzelnen" (Dickopp 1986, S. 43) entgegensetzt und ausschließlich im letzteren „...die maßgebliche Bezugsinstanz für Begründungen und Ziele von Erziehung" sieht (ebd., S. 43). Auch für Jörg Ruhloff ist Bildung als „Verselbständigung im Denken" (vgl. Ruhloff 1986, S. 190; Ruhloff zitiert an dieser Stelle Theodor Ballauf) zu verstehen. Daher seien die Menschen aus bildungstheoretischer Perspektive nicht primär Kulturwesen (vgl. Ruhloff 1982, S. 191), sondern denkende Individuen, die sich über kulturelle Differenzen moralisch-argumentativ hinwegsetzten könnten (vgl. ebd., S. 191).[24] Demnach liege die pädagogische Chance der kulturellen Vielfalt im Fragwürdig-Werden des eigenen selbstverständlichen Auffassens und Lebens durch die Anstrengung des Begreifens einer fremden kulturellen Selbstinterpretation (vgl. Ruhloff 1986, S. 196). Daher solle das pädagogische Aufgreifen der kulturellen Vielfalt weder auf soziale Integration, noch auf Stabilisierung von (kulturellen) Identitäten, noch auf Einweisung in fraglos gültige transkulturelle Normen und Werte abzielen (vgl. Ruhloff 1982, S. 185ff.; Ruhloff 1986, S. 198), sondern auf eine kulturtranszendierende Bildung, deren Ausrichtung Ruhloff so skizziert: „Die Chance einer kulturtranszendierenden Bildung liegt ... darin, im Verständnis der anderen Kultur über die selbstverständliche, *das Weiterdenken stillegende Aneignung von Kulturgütern* und Überzeugung von der fraglosen Güte der eigenen Kultur hinauszukommen." (Ruhloff 1986, S. 199; hervorgehoben von mir – K.S.)

Wie schon die im Zitat hervorgehobene Stelle zeigt, liegt im Argumentationskern der kulturtranszendierenden Konzepte eine generelle Entgegensetzung zwischen Bildung und Enkulturation. Dickopp arbeitet diese Entgegensetzung anhand einer kritischen Auseinadersetzung mit der Entstehungsgeschichte des letzteren Begriffs im Rahmen der geisteswissenschaftlichen Pädagogik heraus. Nach ihm versteht dieses Paradigma Bildung als „... ein Zurückverwandeln dieser geistigen Werte (der kulturellen Werte, in denen sich das geistige Schaf-

---

24 Diese Auffassung kann man als bildungstheoretisches Äquivalent zum – im vorigen Abschnitt schon angesprochenen –sozialtheoretischen Arguments Brumliks verstehen, wonach liberale Gesellschaften auf Individuen und nicht auf Gruppen zugeschnitten sind und es deshalb nicht die Aufgabe des demokratischen Staates (und seines Schulsystems) sei, beliebige ethnische Identitäten zu garantieren (vgl. Brumlik 1999, S. 60f.)

fen unserer Vorfahren verobjektiviert hat – K. S.) in subjektives Leben" (Dickopp 1986, S. 40), als „Eingliederung des Ich in den umfassenden geistigen Zusammenhang" (ebd., S. 40), ein Zusammenhang, der das zwischenmenschliche Erziehungsverhältnis erst ermöglicht (vgl. ebd., S. 39f.). Die pädagogisch-praktischen und die bildungspolitischen Konsequenzen dieser Position fasst Dickopp so zusammen: „Wer im Kulturellen die letzte Basis für Begründungen und Ziele von Erziehung verankert, monopolisiert damit *eine* mögliche werthafte Ausprägung, grenzt individuelle Freiheit und Verantwortung von vornherein ein, macht Anpassung zum pädagogischen Leitprinzip und verkennt die Notwendigkeit und den Zwang, die eigene Entscheidungsmächtigkeit in der Auseinandersetzung mit dem kulturellen Erbe auszubalancieren." (ebd., S. 42).

Dem setzt Dickopp eine „personale" Pädagogik entgegen, die „... dem Einzelnen über sein relational-zeitlich-geschichtlich-kulturell ausgeprägtes Sein hinaus ein absolutes-autarkes-transkulturelles Sein zu(spricht)" (ebd., S. 42), und die sich an dem empirisch untermauerten Modell der individuellen Moralentwicklung Lawrence Kohlbergs orientiert (vgl. ebd. S. 44ff.).

Bekanntermaßen postuliert Kohlberg ein post-konventionelles Bewusstsein als das höchste Stadium der moralbezogenen Ich-Entwicklung, bei dem der Einzelne anhand von universalen Prinzipien urteilt und handelt, und bei dem er die auf den früheren Stufen der Entwicklung des Moralbewusstsein internalisierten partikularen, kulturspezifischen Rollen und Werte nach ihrer universalistischen Begründbarkeit hinterfragt. Dabei verläuft nach diesem Modell die Ich-Entwicklung von einem prä-konventionellen über ein konventionelles hin zu einem postkonventionellen Moralbewusstsein kulturinvariant. Es handelt sich hierbei um eine Entwicklung, die im Selbstverständnis des Individuums gipfelt, primär Mitglied der kosmopolitischen Gemeinschaft aller Menschen zu sein (vgl. Kohlberg 1984, S. 174ff., Habermas 1976, S. 70ff., S. 83, Dickopp 1986, S. 45f.). Das Ziel eines so verstandenen Bildungsprozesses ist die Überwindung aller partikular-kulturellen Schranken im Namen des Erreichens eines Zustandes abstrakter Ich-Autonomie, welche letztlich in einer reinen Selbstbezüglichkeit besteht.

Auf die Schwierigkeiten dieser Autonomie-Vorstellung aus bildungstheoretischer Sicht bin ich im letzten Kapitel bereits kurz eingegangen; ich werde sie im nächsten Kapitel ausführlicher darlegen. An dieser Stelle möchte ich auf ein anderes – wenn auch damit eng zusammenhängendes – Defizit der kulturtranszendierenden Konzepte hinweisen.

Diese Konzepte weichen der Universalismus-Partikularismus-Paradoxie dadurch aus, dass sie ihre beiden Pole in ein lineares Nacheinader-Verhältnis setzen. Der erste Schritt einer öffentlichen Erziehung in multikulturellen Kontexten besteht nach Dickopp in einer kulturellen Vermittlung, die auf eine Harmonisierung zwischen mitgebrachter und vorgefundener Kultur abzielt. Erst im Rahmen eines *späteren, zweiten* Schrittes soll das Individuum dazu befähigt werden, über die vermittelten kulturellen Horizonte zu reflektieren, um sich auf die eigene Personalität zurückzubesinnen, welche, streng genommen, in diesem Akt der Reflexion überhaupt erst entsteht (vgl. Dickopp 1986, S. 43f.). Dieses Zweistufen-Modell und seine ganze Problematik tritt bei Ruhloff noch klarer hervor: „Erfahrungen sprechen dafür, daß Erziehung und Unterricht in der Kindheit eher und besser gelingen können, wenn sie im Horizont einer zunächst leitenden Kultur und Sprache vollzogen werden. Die einschlägigen positiven und negativen Erfahrungen können wohl auch theoretisch aus dem Gedanken begründet werden, daß Bildung zuerst eine *Hinwendung* zu Menschen und Welt und nicht sogleich auch die Infragestellung von allem und jedem erfordert" (Ruhloff 1982, S. 192). Und weiter: „Erst als ein *zweiter*, bildungstheoretisch allerdings ausschlaggebender Schritt, der in der Regel wohl erst im Jugendalter möglich ist, wird pädagogisch die *Umwendung* aus der Fremdheit, zu der eben auch die Befangenheit in der national-kulturellen Eigenart gehört, zu fordern und zu fördern sein." (ebd., S. 193).

Pointiert ausgedrückt bedeutet dieser Gedanke, dass Bildung im eigentlichen Sinne in der Kindheit gar nicht stattfindet, sondern erst vom Jugendalter ab. Die Kinder sollen zunächst in homogene Kommunikationsmuster und Weltdeutungsmuster eingeführt werden, damit sie stabile innere Strukturen ausbilden können. Streng genommen kommt in diesem vorgängigen Prozess der Einführung, ja der Enkulturation, keine personale Autonomie zum Vorschein, wobei der typisch kindliche spielerische Umgang mit den Mitmenschen und mit der Realität, die typisch kindliche Art, die Welt zu hinterfragen, die wir etwa aus der Praxis des Philosophierens mit Kindern kennen (vgl. Horster 1991, insb. S. 18ff.), nicht als Ausdruck einer solchen Autonomie im Rahmen der hier referierten Konzepte gelten können. Und zwar deswegen nicht, weil bei diesen Konzepten autonomes Handeln mit kognitiv-abstrakter Reflexion gleichgesetzt wird, bei der sich das Individuum aus seinem Weltbezug zurückzieht, um ihn durchschauen zu können.

Diese Gleichsetzung wird dann besonders problematisch, wenn der „Gegenstand" dieser Reflexion nicht mehr eindeutig und überschaubar ist, d. h., wenn Kinder und Jugendliche in heterogenen kulturellen Kontexten aufwachsen.

Dann nämlich funktioniert das Schema des Kohlbergschen Modells nicht, wonach zuerst klare Rollenerwartungen und Weltdeutungsmuster internalisiert werden müssen, um dann – im Zuge der individuellen Autonomisierung – durchschaut zu werden. Es kommt vielmehr jetzt darauf an, die Universalismus-Partikularismus-Paradoxie konsequent auszutragen, indem man sich die Prämisse zueigen macht, dass Einführung in kulturelle Symbolzusammenhänge *und* Individualisierung, Aneignung von Welt *und* Konstitution von Selbstbildern und -bezügen sich zugleich vollziehen, und dass dieser Vollzug nicht primär von einer kognivistisch-abstrakten Reflexion, sondern von einer Übersetzungstätigkeit zwischen unterschiedlichen kulturellen Horizonten getragen wird.

2.3.3 Kulturdekonstruierende Konzepte

Obwohl die kulturdekonstruierenden Konzepte genauso wie die kulturtranszendierenden als universalistisch ausgerichtet zu bezeichnen sind, unterscheiden sie sich von den letzteren durch ihren thematischen Fokus sowie durch ihre methodologische Herangehensweise. Die kulturdekonstruierenden Konzepte befassen sich nicht primär mit der Frage, welche Rolle ansozialisierte kulturelle Deutungsmuster und deren Überwindung im Prozess der Subjektbildung spielen, sondern mit den Mechanismen, mit denen soziale (Ausbildungs-)Institutionen „Kultur" und „kulturelle Zugehörigkeit" konstruieren, um die eigene Funktionsweise zu stabilisieren. Somit grenzen sich diese – zumeist systemtheoretisch oder sozialkonstruktivistisch fundierten – Konzepte implizit und explizit generell vom subjekttheoretischen Denken ab (vgl. Gomola/ Radtke 2002, S. 22ff.). Es geht hier also darum zu zeigen, wie die Eigenlogik von Schule und schulischem Entscheiden Ethnizität und „Kultur" durch Zuschreibung von essentialistischen Kollektivmerkmalen von Kindern und Eltern konstruiere und damit institutionelle Diskriminierung betreibe (vgl. ebd., S. 16; S. 23). Nach Isabell Diehm und Frank-Olaf Radtke „löst" die Schule das Problem ihres eigenen Versagens in Bezug auf die Schulkarrieren von Migrantenkindern, indem sie dieses Problem in ihre Umwelt – in die Kinder und in die Eltern sowie deren Herkunft – verlagert (vgl. Diehm/ Radtke 1999, S. 68), wobei diese „Lösungsstrategie" nicht auf subjektive Intentionen und Einstellungen der schulischen Akteure, sondern auf die Eigenlogik der Schule als Organisation zurückzuführen sei.

Die Bedeutung der hier referierten Konzepte besteht zweifelsohne darin, dass diese durch die Entwicklung einer diskursanalytischen Perspektive ontologisierende und substanzialisierende Zuschreibungen in Bezug auf kulturelle Zugehörigkeiten einem dekonstruierenden Verfahren zu unterziehen vermögen und dabei zeigen können, dass auch der Diskurs der interkulturellen Pädagogik selbst solche Zuschreibungen direkt und indirekt produziert bzw. ihre Entstehung in praktisch-pädagogischen Kontexten ermöglicht. Ein Nachweis dafür sind die „kulturalisierenden Geister" (Gomola/ Radtke 2002, S. 275), die die frühere Ausländerpädagogik durch die Betrachtung der fremdkulturellen Herkunft als ein kollektivkonstuierendes Defizit gerufen habe (vgl. ebd., S. 275), und die die heutige interkulturelle Pädagogik durch ihr Programm der „Anerkennung kultureller Differenz" immer noch rufe: „Es (dieses Programm - K. S.) führt in die Praxis der Grundschule nicht nur neue normative Zielsetzungen ein, Differenz positiv zu bewerten und zu bearbeiten, die sich in interkulturell angelegten Unterrichtseinheiten („wir kochen türkisch") realisieren. Das Programm versieht die ethnischen Differenzen auch organisationsintern mit Bedeutung und versorgt die Schule mit einer offiziell gültig gemachten Semantik zur kulturalisierenden Beschreibung *ihrer* Probleme mit den Migrantenkindern." (ebd., S. 276).

So überzeugend diese Kritik an den kulturalisierenden Erziehungsdiskursen auch ist, so einseitig muss jedoch ihre allgemeine konzeptuelle Ausrichtung vor dem Hintergrund der im vorigen Kapitel dargelegten Logik der bildungstheoretischen Reflexion mit ihrer grundlegenden Unterscheidung zwischen Beobachter- und Teilnehmerperspektive erscheinen. Die kulturdekonstruierenden Konzepte werden nämlich ausschließlich aus der Beobachterperspektive entwickelt, sie untersuchen ausschließlich „objektive" systemische Mechanismen der Konstruktion von (kulturellen) Identitäten „von außen" und klammern dabei völlig die Frage aus, inwiefern diese Identitäten von den Betroffenen selbstbezüglich und im Zuge der Hervorbringung einer sinnhaften symbolischen Wirklichkeitspräsentation konstituiert (und nicht einfach konstruiert!) werden. Sicherlich hängt dieser Konstitutionsprozess mit gesellschaftlichen Diskursen zusammen, auch (jedoch nicht nur!) mit Internalisierung äußerlicher Zuschreibungen, aber eine innere – und in diesem Sinne quasi-ontologische – kulturelle Dimension der sozialen Existenz lässt sich nicht „wegdekonstruieren", insofern die soziale Realität vom Einzelnen als sinnhaft und in diesem Sinne als bildungsstiftend erlebt wird.

Gomola/Radtke wollen nicht bestreiten, dass auch besondere Merkmale der Schüler, ihrer Familien und ihrer sozialen Milieus erziehungswissenschaftlich relevant seien (vgl. Gomola/Radtke 2002, S. 26). Die systemtheoretisch-sozialkonstruktivistische Logik lässt jedoch nicht zu, bei der Beschreibung der Erziehungswirklichkeit als soziales Phänomen die Vorstellung einer wie auch immer mit kulturellen Zugehörigkeiten und Horizonten verzahnten Persönlichkeit und ihrer Entwicklung konzeptuell zumindest mit aufzunehmen, was letztlich nichts anders bedeutet, als dass diese Logik eine bildungstheoretische Perspektive strukturell unmöglich macht. Ich möchte dies erläutern.

In seinem für die Explikation der oben genannten Logik grundlegenden Aufsatz „Das stahlharte Gehäuse der Zugehörigkeit" plädiert Armin Nassehi für eine endgültige Säkularisierung des Staates, die in einer eindeutigen Trennung zwischen Staat und (nationaler) Kultur bestehen soll (vgl. Nassehi 1997, S. 199f.). Diese Säkularisierung wird jedoch nicht etwa durch einen Rückgriff auf kulturübergreifende, universalistische und zugleich individualistisch zugeschnittene Werte und Normen bei der Gewährleistung der gesellschaftlichen Integration vollzogen, sondern durch die Dekonstruktion des Begriffs der Integration selbst zugunsten dem einer funktionalen Inklusion. Dies hat sehr weit reichende Konsequenzen: „Wird theoretisch umgestellt von einer Theorie kulturell-gesellschaftlicher Integration zu einer Theorie der Inklusion in funktionale Teilsysteme der Gesellschaft, wird Folgendes deutlich. Die moderne Gesellschaft greift in ihren zentralen Instanzen wie Recht, Ökonomie, Politik und Verwaltung – strukturell gesehen – nicht mehr auf ganze Personen zu, die in toto zu integrieren sind. Die funktionale Differenzierung bringt vielmehr das Gegenteil hervor: einen nur noch partiellen, situationsspezifischen, die Individualität von Individuen im weitesten Sinne ausklammernden Zugriff auf die Person, die in rollenspezifischer Anonymität in Arbeits-, Waren- und Dienstleistungsmärkte eingelassen ist." (Nassehi 1997, S. 194).

So gesehen verlagert diese Umstellung den gesamten Prozess der Identitätsbildung und -entwicklung – falls dieser Begriff überhaupt gebraucht werden darf – in die sozial nicht mehr relevante Privatsphäre und genau dies – und nur dies – macht es überhaupt möglich, für eine Abkoppelung der Kultur qua symbolische Sinnhorizonte von der Sphäre der gesellschaftlichen Reproduktion im Sinne einer „endgültigen Säkularisierung" zu argumentieren (vgl. ebd., S. 185ff.). Das bedeutet, dass die Dekonstruktion der „Kultur" sogleich eine Dekonstruktion der „Person" bzw. der „personalen Identität" in dem Sinne impliziert, dass diese Begriffe soziologisch irrelevant werden, da sie keinen Bezug zu einer gesellschaftlichen Öffentlichkeit mehr aufweisen können. Damit büßt jedoch sogleich auch der Bildungsbegriff seine soziale Dimension ein. Bildung wird somit zu einer privaten Angelegenheit, die durch den „strukturellen Individualismus der modernen Gesellschaft" (ebd., S. 190), bei dem „Individualität von Individuen gesellschaftlich unterbestimmt (bleibt)" (ebd., S. 195), lediglich negativ ermöglicht wird.

Diese Konsequenz lädt geradezu ein, zu der althergebrachten Dichotomie zwischen einer geisteswissenschaftlichen, für soziale Empirie verschlossenen Bildungstheorie und einer soziologischen, für Bildungsprozesse unsensiblen Analyse von Erziehungsinstitutionen zurückzukehren und somit das jüngste Programm einer sozialwissenschaftlich ausgerichteten Bildungstheorie zu ignorieren, die versucht, gerade diese Dichotomie zu überwinden (vgl. Marotzki 1991, S. 128). Und wenn wir die innovativen Potentiale dieses Programms ein Stück weit explorieren wollen, dann müssen wir von der Prämisse ausgehen, dass ein wesentliches Merkmal von Bildung ist, dass sie die Verzahnung zwischen Persönlichkeitsentwicklung und gesellschaftlicher Reproduktion vollzieht. Dies wiederum erfordert, „Bildung" als ein *soziokulturelles* Phänomen zu betrachten, und zwar als ein solches, bei dem die Universalität des Individualismusprinzips und die Partikularität der kulturellen Horizonte der symbolischen Wirklichkeitsrepräsentation in einem paradoxen Verhältnis zueinander stehen.

2.3.4 Dualistische Konzepte

Die dualistischen Konzepte wenden sich gleichzeitig gegen den Versuch der systemtheoretisch-sozialkonstruktivistischen Ansätze, kulturelle Zugehörigkeiten und kulturelle Horizonte zumindest auf der Ebene des öffentlichen sozialen Lebens zu dekonstruieren *und* gegen ihre Verabsolutierung durch die kulturdeterministischen Ansätze gegenüber dem Sozialen als ganzem wie auch gegenüber dem Prozess der Persönlichkeitsentwicklung. Es sei an dieser Stelle vermerkt, dass genau dank dieser Strategie der doppelten Abgrenzung diese Konzepte die m. E. bislang differenziertesten Beiträge zur Theoriebildung im Bereich der interkulturellen Pädagogik zu leisten vermögen.

So fasst Georg Auernheimer die Persönlichkeitsentwicklung als zugleich sozial *und* kulturell vermittelt, ohne dabei diese Vermittlung als deterministische Prägung auszudeuten (vgl. Auernheimer 1988, S. 45ff.). Anhand der Tätigkeitstheorie Alexej Leontjews argumentiert Auernheimer, dass die Wahrnehmung der jeweiligen gesellschaftlichen Verhältnisse durch die Akteure keineswegs als passive Internalisierung objektiver Strukturen aufzufassen sei, sondern als eine aktive Auseinadersetzung mit ihnen, die durch die jeweils verfügbaren kulturellen Ressourcen vermittelt wird (vgl. Auernheimer 1994, S. 40). Weiterhin ist zu beachten, dass auch bei dieser kulturellen Vermittlung die Subjekte nicht als Agenten eines kulturspezifischen Kollektivbewusstseins, eines kollektiven Bedeutungssystems, agieren. Denn der persönliche Sinn ihrer Handlungen kann sich zwar nur im Rahmen dieses überindividuellen kulturellen Bedeutungssystems artikulieren und konstituieren, aber er ist zugleich viel reicher und vielfältiger als dieses System (vgl. Auernheimer 1988, S. 56). „Der persönliche Sinn, der aus der jeweiligen Lebenspraxis, der individuellen Lebensgeschichte und dem Lebensentwurf des einzelnen hervorgeht, läßt sich ohne die kulturellen Objektivationen nicht zum Ausdruck bringen, nicht einmal vorstellbar machen, aber es gibt keine Koinzidenz von persönlichem „Sinn" und kultureller „Bedeutung" " (Auernheimer 1994, S. 36). Mit anderen Worten: Die tätigkeitsbezogene Verarbeitung der sich verändernden sozialen Wirklichkeit seitens des Individuums enthält immer etwas „mehr" als es im Rahmen der ihm vertrauten, strukturell konservativen kulturellen Bedeutungshorizonte zum Ausdruck bringen kann, die sich mit einer Eigenlogik auszeichnen. Nun stellt sich die Frage nach den Artikulationsmöglichkeiten, bzw. nach der Kommunizierbarkeit dieses Überschusses, dessen Entstehung erst einmal als eine diffuse Reaktion auf veränderte soziale Strukturen etwa im Kontext von Migration zu verstehen wäre: eine Reaktion, für deren Ausdruck die vorhandenen symbolisch-kulturellen Ressourcen nicht ausreichen.

Es ist nahe liegend, dass diese Kommunizierbarkeit neuer persönlicher Sinnsetzungen von der intersubjektiven Beschaffenheit der jeweiligen sozialen Realität abhängt: Zeichnet sich diese Realität dadurch aus, dass die Subjekte immer neue Versprachlichungsmöglichkeiten für ihre identitätsstiftenden Sinngebungen wechselseitig schaffen können, verwirklicht sich dieser „Sinn-Überschuss" in einer ständigen Transformation und Erweiterung der kulturellen Bedeutungshorizonte. Ist dies dagegen nicht der Fall, dann verkümmert dieser Überschuss entweder, wobei der Einzelne die kollektiv vorgegebenen symbolischen Muster nicht mehr überschreiten kann (und dann können wir in der Tat von „kultureller Prägung" sprechen), oder er drückt sich in einem diffusen Gefühl der Unzufriedenheit aus, keine Sprache und Kommunikationsmöglichkeiten für die eigene Identität finden zu können.

Wenn ich es recht sehe, vermag der tätigkeitstheoretische Ansatz eine konzeptuelle Erfassung dieser intersubjektiven Sphäre nicht zu erfassen. Dazu wäre es notwendig, „Kultur" nicht nur als ein Medium zwischen Individuum und sozialer Struktur zu bestimmen, sondern auch die intersubjektive Beschaffenheit von Kultur selbst zu thematisieren, um dadurch zwischen Kulturen unterscheiden zu können, die Artikulationshorizonten für neue Sinnsetzungen der Akteure bereitstellen und solchen, die dies nicht leisten. Eine solche Perspektive auf die interne soziale Mikrostruktur der Kultur dürfte jedoch mit der Parallelisierung zwischen sozialer Struktur und symbolischer Kultur, letztlich mit dem Subjekt-Objekt-Dualismus des tätigkeitstheoretischen Ansatzes kaum kompatibel sein. Deshalb operiert Auernheimer letztlich mit einer Parallelisierung zwischen kultureller Bedeutung und persönlichem Sinn, zwischen kultureller Zugehörigkeit und personaler Identität, die mit einer Parallelisierung zwischen Kultur und Struktur zusammenhängt.

Auch bei dem ansonsten theoretisch gut fundierten und originellen Konzept interkultureller Erziehung und Bildung Wolfgang Niekes lässt sich eine – wenn auch eher implizite – Dichotomisierungsstrategie feststellen. Nieke orientiert sich in theoretischer Hinsicht am Modell der Diskursethik von Apel und Habermas, versucht jedoch dieses so zu erweitern, dass es auch auf interkulturelle Diskurse anwendbar wird (vgl. Nieke 2000, S. 183ff.). Diese Modifizierung ist nach Nieke deshalb erforderlich, weil das Konzept der Diskursethik in seiner ursprünglichen Version mit starken universalistischen Annahmen operiert – wie etwa Rationalität und gleichberechtigte Teilnahme aller Individuen am Diskurs –, die jedoch selbst kulturspezifisch, weil eurozentrisch seien (vgl. ebd., S. 172, S. 179f.). Dies bedeutet, dass Nieke die sprachtheoretische bzw. die universalpragmatische Untermauerung etwa der Habermas'schen Diskurstheorie letztlich verwirft, wonach bestimmte normative Maßstäbe wie z. B. die Anerkennung der Macht ausschließlich des besseren Arguments oder die Reziprozität der Akteure, in jeder verständigungsorientierten Rede enthalten und insofern kulturinvariant sind. Nach der grundsätzlichen Bestreitung der Existenzmöglichkeit solcher moralischer Universalien bleibt nur die Technik des Diskurses schützenswert, die in seinem Rahmen ausgeübte argumentative Praxis (aus der jedoch keine moralische Normen mehr unmittelbar ableitbar sind), welche ausschließlich die „... Bereitschaft einer möglichst weitgehenden Offenheit für die anderen bei gleichzeitigem Eingeständnis, daß man nicht anders kann, als die eigenen Grundüberzeugungen für richtig zu halten" (ebd., S. 187) kultiviert und zugleich voraussetzt. Die Haltung, die dieser Bereitschaft zugrunde liegt, nennt Nieke „aufgeklärter Eurozentrismus", der demnach als Grundziel interkultureller Erziehung und Bildung gelten soll (vgl. Nieke 2000, S. 192f.; S. 204f.). Nieke beschreibt den aufgeklärten Eurozentrismus eben als die Einsicht in die Unvermeidbarkeit des Eingebundenseins in die eigenen (in diesem Fall in die europäischen, genauer: in die „nordwesteuropäischen" (ebd., S. 192)) kulturellen Hintergründe und Untergründe (ebd., S. 193). Dabei ist der

Eurozentrismus ausschließlich eine konkrete Form des Ethnozentrismus, der nach Nieke deswegen unausweichlich ist, weil er für die Aufrecherhaltung der alltäglichen Handlungsfähigkeit notwendig sei (vgl. ebd. S. 205). Daher lässt sich das generelle Ziel interkultureller Erziehung und Bildung so beschreiben: „Ziel Interkultureller Erziehung und Bildung kann also nicht eine völlige Lösung von der kognitiven und emotionalen Eingebundenheit in die eigene Lebenswelt sein; Ziel kann vielmehr nur so etwas wie ein *aufgeklärter Ethnozentrismus* sein, ein Bewußtsein von der Unvermeidlichkeit dieses Eingebundenseins in die Denk- und Wertgrundlagen der eigenen Lebenswelt sowie davon, daß andere in ihren Lebenswelten in ebensolcher Weise verankert sind." (ebd., S. 205).

In diesem Zitat tut sich ein kaum übersehbarer Widerspruch kund, den man pointiert so zusammenfassen kann: Um Einsicht in die Eingebundenheit meiner Denkweisen und Wertüberzeugen in die „eigene" Lebenswelt zu entwickeln, muss ich schon diese Eingebundenheit durchbrochen haben, was bedeutet, dass sie nicht als unvermeidlich bezeichnet werden kann. Die Voraussetzung dieser Einsicht ist nämlich die Einnahme einer reflexiven Stellung zu diesen Denkweisen und Wertüberzeugungen und zu ihrer lebensweltlichen Verschränkung, die Einnahme einer reflexiven Stellung zur „eigenen Kultur". Insofern diese jedoch als Gesamtheit der jeweiligen „lebensweltlichen" kollektiven Deutungsmuster verstanden wird (vgl. ebd., S. 50), welche präreflexiv sind (vgl. ebd., S. 57), kann die oben genannte reflexive Stellung nicht aus der immanenten Logik der „eigenen Kultur" erwachsen und setzt daher eine transzendierende Abkoppelung von ihr voraus.

Hinzu kommt, dass insofern das Prinzip des „aufgeklärten Ethnozentrismus" als Grundlage für die Durchführung von interkulturellen Diskursen bzw. für die Bearbeitung von interkulturellen Konflikten angesehen wird (vgl. ebd., S. 192ff.), es als eine kulturübergreifende Denk- und Handlungsweise aufgefasst werden muss: Aufgeklärt-ethnozentrisch sollen sich ja alle Beteiligten an solchen Diskursen verhalten – ungeachtet ihrer verschiedenn kulturellen Zugehörigkeiten. In diesem Sinne fungiert die Bewusstmachung der Eingebundenheit der eigenen Denkweisen und Werthaltungen in ansozialisierte ethnokulturelle Deutungsmuster als eine kulturübergreifende Invariante, als eine kommunikations- und verständigungsermöglichende Universalie.

Genau solche Universalien wollte Nieke jedoch vermeiden, und dies ist aufgrund seiner Grundprämissen nur konsequent: Wenn Kultur die Gesamtheit der Deutungsmuster einer Person umfasst und wenn diese Deutungsmuster kollektiv überliefert werden, wobei nur minimale Abweichungen bei ihrer

Aneignung durch das Individuum möglich seien (vgl. ebd. S. 55), dann können wir nicht mehr von solchen Deutungsmustern sprechen, welche sich von jeder Form von kulturspezifischen kollektiven Überlieferungen lösen und deshalb als universalistisch im Sinne von kontextunabhängig gelten können.

Allerdings ist bei dieser Auffassung von Kultur auch eine „Transzendenz von innen" – selbst wenn es möglich wäre, sie nicht in der Terminologie moralischer Universalien zu denken – nicht widerspruchsfrei zu begründen, wie ich oben kurz darzulegen versucht habe. Um die Einbettung der Bildungsprozesse in präreflexive kulturelle Kontexte *und* die Transzendierung dieser Kontexte durch dieselben Bildungsprozesse *zugleich* denken zu können, brauchen wir eine andere Denkfigur als diejenige, wonach jene Einbettung als ethnozentrische Abgrenzung von fremdkulturellen Kontexten und die Transzendierung als kognitive Verobjektivierung der Grenzen der „eigenen" Kultur verstanden wird, wodurch diese zwei Vorgänge als zwei Seiten einer Dichotomie erscheinen, die ausschließlich Gegenstand eines Umschaltverfahrens sein können.

2.4 „Differenzempfindlicher Universalismus" als Leitbegriff bei den Bewältigungsversuchen der Universalismus-Partikularismus-Paradoxie?

Wie oben gezeigt, ergibt sich die Dichotomisierung der Universalismus-Partikularismus-Paradoxie bei Wolfgang Nieke in der Nachfolge seines Umformulierungsversuchs des Modells der Diskursethik bzw. der Universalpragmatik. Dieser Versuch zielt auf die Berücksichtigung der Partikularität der kulturellen Kontexte der Kommunikationspartner ab, vermag jedoch letztlich nicht, diese Partikularität mit dem universalistischen Kern des Modells der Diskursethik innerlich zu verbinden.

Allerdings modifiziert Habermas selbst in seinen neueren Schriften dieses Modell dahingehend, dass es als Begründungskontext eines „differenzempfindlichen Universalismus" (Habermas 1996, S. 58) fungieren soll. In diesen Schriften wird nämlich die These stark gemacht, dass sich die normengeleitete moralische Kommunikation nicht ausschließlich auf formell-abstrakte Individuen bezieht, sondern auch ihre Eigenschaft tangiert, Angehörige einer (jeweils partikularen) Gemeinschaft zu sein (vgl. ebd., S. 57).

Nach Habermas ergibt sich die Forderung nach dieser doppelten Rücksichtsnahme des Subjekts aus der Tatsache, dass Personen einzig auf dem Wege der Vergesellschaftung individuiert werden, die als situiert in einem partikularen soziokulturellen Kontext gedacht wird (vgl. ebd., S. 57). Dies bedeutet, dass sich die Fähigkeit zur Selbstbestimmung des Subjekts, aufgrund derer es sich als einzigartiges, unverwechselbares Individuum konstituieren kann, durch seine Sozialisation in einer konkreten kommunikativen Lebensform ausbildet. Die Praxis der Argumentation, in deren Zuge die Individuen über alle partikularen Kontexte hinausweisen, gründet auf der Fähigkeit zur Perspektivenübernahme, die in die Kommunikation bzw. in die Vergesellschaftung in partikularen Lebensformen eingebaut ist (vgl. ebd., S. 57f.).

Hier haben wir es wieder mit der dialektischen Figur zu tun, die im ersten Kapitel zum Ausdruck gebracht wurde, wonach *die Fähigkeit zur Überschreitung von partikularen Lebenspraktiken in diesen Praktiken selbst begründet sein muss.* Die einzig entscheidende Frage ist nun, wie diese Praktiken beschaffen sein müssen, damit sie diese „Transzendenz von innen" als Trägerinnen von Bildungsprozessen ermöglichen und dadurch die Unzulänglichkeiten der im letzten Abschnitt skizzierten reduktionistischen und dichotomisierenden Konzepte überwinden können. Es ist angebracht, zuerst die Lösungsstrategie Habermas' selbst näher zu analysieren, um dann bekannte Kritiken am Formalismus seiner Strategie in Betracht zu ziehen, der als schwer kompatibel mit einer konsistenten Berücksichtigung von partikularen Lebensformen in ihrer subjektkonstituierenden Bedeutung erscheint.

Wie schon angedeutet, vollzieht sich die subjektkonstituierende „Transzendenz von innen" nach Habermas in der Praxis der Argumentation. Diese Praxis bezieht sich auf die Akte des Erhebens und der Einlösung von kritisierbaren Geltungsansprüchen, die sich im Rahmen einer entgrenzten Kommunikationsgemeinschaft vollziehen. Habermas beschreibt den Bezugsrahmen der Überprüfung dieser Ansprüche so: „Dabei genügt die Bezugnahme auf irgendeine besondere Interpretationsgemeinschaft, die sich in ihrer partikularen Lebensform eingerichtet hat, allerdings nicht. Auch wenn wir aus der Sphäre von Sprache und Argumentation nicht ausbrechen können und die Realität als die Gesamtheit dessen verstehen müssen, was wir in wahren Aussagen repräsentieren können, darf im Realitätsbezug der Bezug zu etwas von uns Unabhängigem, in diesem Sinne Transzendentem, nicht verlorengehen. Mit jedem Wahrheitsanspruch transzendieren Sprecher und Hörer die provinziellen Maßstäbe jedes einzelnen Kollektivs, jeder besonderen, hier und jetzt lokalisierten Verständigungspraxis." (Habermas 1992, S. 30). Dies bedeutet, dass solange die Subjekte argumentieren, sie an einer entgrenzten, sich über alle „provinziellen Maßstäbe" hinweg erstreckenden Interpretationsgemeinschaft partizipieren und sich als Mitglieder dieser Gemeinschaft verstehen.

Was bedeutet jedoch, sich als Mitglied einer solchen Gemeinschaft zu verstehen? Es bedeutet, erstens, sich nicht von den Gewissheiten einer partikularen Tradition leiten zu lassen, sondern ausschließlich die Macht des besseren Arguments anzuerkennen und sich von ihr überzeugen zu lassen, die in der Praxis des Erhebens und Auflösens von kritisierbaren Geltungsansprüchen sich konstituiert und zum Vorschein kommt. Das bedeutet aber auch zweitens, die Kommunikationspartner als Wesen anzuerkennen, die eine Sozialisation durchlaufen haben, d. h. als Wesen zu sehen, die ihre Kommunikations- bzw. Argumentationskompetenzen durch ihre Sozialisation in einer partikularen Lebensform, durch ihren Umgang mit ihren Bezugspersonen, durch ihre Internalisierung und Abgrenzung von gemeinschaftsspezifischen Rollenerwartungen erworben haben (vgl. Habermas 1996, S. 57).

Die Anerkennung der Andersheit der Personenkonstitution der Mitglieder dieser Gemeinschaft, die das Prinzip des „differenzempfindlichen Universalismus" zum Ausdruck bringen soll, findet jedoch nur auf der Ebene der abstraktformalen Erkenntnis statt, dass die je eigenen partikularen „herkunftskulturellen" Kontexte identitätsstiftend und Handlungsfähigkeiten ermöglichend seien, *nicht aber auf der Ebene der Befassung mit den konkreten Inhalten dieser Lebensformen und den dazu gehörigen partikularen Weltbildern und Wertevorstellungen*. Denn die Argumentationsgemeinschaft wird geradezu dadurch ermöglicht, dass die Akteure von diesen partikularen Wertevorstellungen und Weltbildern abstrahieren.

Dies hat zur Folge, dass – um mich der treffenden Formulierung Seyla Benhabibs zu bedienen – der „konkrete Andere" letztlich keine positive konzeptuelle Berücksichtigung im Modell der Diskursethik findet (vgl. Benhabib 1995, S.69f.), wobei die spätere Einführung des Begriffs der differenzempfindlichen Universalismus nicht wirklich zu einer Abweisung dieser Kritik veranlasst. Dieser Begriff impliziert zwar eine Sensibilisierung für die Tatsache der Differenz der Lebensgeschichten der einzelnen Diskursteilnehmer, aber die konkreten Verläufe dieser Lebensgeschichten werden nach wie vor mit dem „Schleier des Nichtwissens" (vgl. ebd., S. 178) zugedeckt. Daher bleibt die Feststellung Benhabibs nach wie vor generell richtig, dass sich die Diskursethik in eine Reihe kognitivistischer und proceduralistischer Moraltheorien einordnet, bei denen „... der einzelne erwachsen ist, bevor er geboren wurde" (vgl. ebd., S. 173), d. h., bei denen er erst als ein rational argumentierendes, seine sozialisatorisch-partikulare Einbettung und letztlich seine Körperlichkeit transzendierendes Wesen in Erscheinung tritt und dabei vergessen wird, „... daß wir alle Kinder sind, bevor wir Erwachsene werden, daß wir als menschliche Kinder nur in einem Netz von Abhängigkeiten überleben und uns entwickeln können, und daß dieses Netz die moralischen Bindungen ausmacht, die für uns auch als erwachsene moralische Wesen weiter gelten." (ebd., S. 68). Diese Kritik weist auf ein wichtiges Defizit des Modells der Diskursethik hin, welche auch im Ansatz des „differenzempfindlichen Universalismus" fortbesteht: Es fehlt hier an einer ausgearbeiteten theoretischen Optik, um die *inhaltliche* Beschaffenheit der individuellen Aufwachsensbedingungen auf die Frage hin zu analysieren, ob sie eine Partizipation des Einzelnen an der kosmopolitischen Argumentationsgemeinschaft ermöglichen oder behindern. Habermas beschränkt sich auf einige wenige, ganz allgemeine Hinweise darauf, wie eine Lebensform beschaffen sein soll, um die Herausbildung von Kommunikations- und Argumentationskompetenzen, generell die Herausbildung von universalistischem und zugleich egalitärem Bewusstsein zu ermöglichen. Neben der diffusen Formulierung „Aufwachsen in einer halbwegs ungestörten Familie" findet sich der Hinweis auf die Erfahrung, sich in jenen Symmetrien von Erwartungen und Perspektiven zu behaupten, die in die Pragmatik des verständigungsorientierten Handelns eingelassen sind (vgl. Habermas 1991, S. 78). Wie sollen jedoch die Erfahrungen beschaffen sein, die der Partizipation am verständigungsorientierten Handeln *vorausgehen* und sie erst ermöglichen? Wenn es sich hierbei etwa um frühkindliche Erfahrungen der Interaktion mit den Bezugspersonen handelt, so ist es offensichtlich, dass diese Interaktionen nicht ohne weiteres durch eine „Symmetrie von Erwartungen und Perspektiven" gekennzeichnet werden können.

So sehr Benhabibs Kritik an den Formalismus der Diskursethik und an die dort fehlende sozialisationstheoretische Perspektive überzeugend ist, vermag m. E. auch sie in ihrem eigenen konzeptuellen Vorschlag diese Defizite nicht zu beheben. Benhabib interpretiert zwar den Diskurs zu einem „fortwährenden Moralgespräch" (Benhabib 1995, S. 52) um, das sich nicht am Ideal eines Konsenses der Beteiligten, nicht am Ideal des unparteilichen, abstraktallgemeinen moralischen Gesichtspunkts orientiert, das die sozialen Akteure als erwachsen aussehen lässt, bevor sie Kinder waren, sondern ausschließlich an den prozeduralen Prinzipien der universalen Achtung und egalitären Reziprozität (vgl. Benhabib 1995, S. 47ff.). Die Fähigkeit aber, diese beide Prinzipien in das individuelle Handeln, letztlich in die Praxis der wechselseitigen Perspektivenübernahme umzusetzen, kann aus dem „fortwährenden Moralgespräch", aus der Praxis moralischer Deliberation oder sogar aus der bloßen Tatsache der sprachlich-moralischen Interaktionen zwischen Erwachsenen und Heranwachsenden alleine nicht entstehen, denn diese Fähigkeit ist überhaupt eine notwendige Bedingung der Möglichkeit dieser Praxis und als solche muss sie ihr vorausgehen. Die Umstellung des Habermaschen Diskursprinzips auf die Prämissen des moralischen Dialogs löst nicht das Problem der Entstehung von kommunikativen Kompetenzen, die die Teilnahme an diesem Dialog überhaupt erst ermöglichen. Dafür wäre notwendig aufzuzeigen, wie diese Kompetenzen, wie die Fähigkeit zu universaler Achtung und zur egalitären Reziprozität, im Rahmen von bestimmten sozial-interaktiven und – wenn man so will – asymmetrisch-partikularen Praktiken entsteht, die moralischen Diskursen – ob konsensorientiert, oder nicht – ontogenetisch vorausgehen. Und genau dies zeichnet das anerkennungstheoretische Paradigma in einer entscheidenden Art und Weise aus.

2.5 Zusammenfassung

Sowohl bei institutionalisierten Erziehungspraktiken als auch bei einschlägigen Theorieentwürfen, die über Bildungs- und Erziehungsprozesse unter Bedingungen soziokultureller Pluralität reflektieren, erstarren die Momente der Universalismus-Partikularismus-Bildungsparadoxie oft zu Seiten eines antagonistischen Widerspruchs zwischen den Prinzipien der universalistischen Individualismus und der partikularen kulturellen Zugehörigkeit. Die unterschiedlichen Ansätze der interkulturellen Erziehungswissenschaft reagieren auf diesem Zustand mit Entparadoxierungs-Strategien, die darin bestehen, entweder das eine oder das andere Moment der Paradoxie zu negieren, oder diese Momente zu parallelisieren. Diese Parallelisierung ist auch für die universalpragmatische Begründungsstrategie eines „differenzempfindlichen Universalismus" charakteristisch. Es gilt nun auszuloten, unter welchen konkreten Bedingungen individuelle Autonomie und kulturelle Zugehörigkeit in einem dynamischen dialektischen Widerspruch zueinander stehen, bei dem sie wechselseitig ineinander greifen, wobei Bildungsprozesse der Selbst-Entwicklung und der Welt-Erschließung der Beteiligten an den entsprechenden sozialen Verhältnissen ausgelöst werden.

Ein sowohl theoretisch wie auch pädagogisch-praktisch produktiver und bildungsstiftender Umgang mit dieser Paradoxie ist nur dann möglich, wenn es gelingt, die Frage zu beantworten, wie die konkret-partikularen sozialen Bindungen des Einzelnen, und vor allem des heranwachsenden Individuums beschaffen sein sollen, damit sie gewissermaßen ihre Partikularität selbst dadurch aufheben können, dass sie den Einzelnen zur individuellen Autonomie und zur

Antizipation einer universalen Idee der Humanität befähigen. Die Beantwortung dieser Frage erfordert, auch die Schicht der vor-kognitiven, vorsprachlichen und asymmetrischen intersubjektiven Verhältnissen als mögliche Quellen von Subjektautonomie und Selbst-Universalisierungsprozessen in den bildungstheoretisch perspektivierten analytischen Blick zu nehmen.

Paradigmenwechsel in
Sinne eines wissen-
schaftlichen Weltbildes
//= intersubjektivitäts-
theoretischen Denkens=//

Ansatz Axel Honneth 1992

Das Streben nach Aner-
kennung
— wichtigste Quelle
moralischer Integration

— zentrale Triebkraft
der Selbstbildung-
und Entwicklung

Kurzek:
Sozialwissenschaftl. → der Subjektivitäts-
sozialphilosophisches   entwicklung als
hybride Theorie   Fundament seiner
                         gesellter Ordnungen

3 Struktur und Mechanismen individueller Bildungsprozesse im Lichte des anerkennungstheoretischen Paradigmas

Mit dem Ausdruck „anerkennungstheoretisches Paradigma" wird hier die meines Erachtens neueste und differenzierteste Form intersubjektivitätstheoretischen Denkens bezeichnet[25], welche die auch in der vorliegenden Studie skizzierten Probleme kognitivistisch verkürzter intersubjektivitätstheoretischer Ansätze dadurch zu lösen versucht, dass Intersubjektivität nicht primär auf verständigungsorientierte Sprechleistungen bezogen wird, sondern auf den Selbst-Entwicklungsprozess mit seinen körperlichen, emotionalen und *auch* kognitiven Dimensionen. Durch diesen unmittelbaren Bezug auf den Prozess der Selbst- bzw. der Persönlichkeitsentwicklung kristallisiert sich im strukturellen Kern dieses Paradigmas eine explizite und stark ausgeprägte bildungstheoretische Schicht heraus.[26] Dies zeigt sich schon in der konstitutiven Anleh-

---

25 Das anerkennungstheoretische Paradigma ist von Autoren wie Charles Taylor (1993), Avishai Margalit (Margalit 1997), Tzvetan Todorov (Todorov 1996), Nancy Fraser (Fraser 1998) und Axel Honneth (Honneth 1992) während der letzten Dekade durch eine enge Verzahnung gesellschaftstheoretischer und anthropologischer Fragestellungen und Perspektiven entwickelt worden. Ganz generell formuliert ist dieses Paradigma durch die gemeinsame allgemeine Annahme der verschiedenen Autoren gekennzeichnet, dass das Streben nach Anerkennung durch die Anderen die wichtigste Quelle der normativen Integration (spät-)moderner Gesellschaften und zugleich die zentrale Triebkraft der Selbstbildung und -entwicklung ist. Negativ ausgedrückt bedeutet dies, dass biographische Missachtungserfahrungen oder das Ignorieren legitimer Anerkennungsansprüche den Prozess der Selbstbildung und -entwicklung behindern und die Akteure dazu führen, die entsprechenden sozialen Lebensformen als pathologisch zu empfinden, was wiederum Grundlage für praktische Gesellschaftskritik ist. Insbesondere der Ansatz von Honneth bietet eine umfassende, sozialwissenschaftlich bzw. sozialphilosophisch fundierte Theorie der Subjektivitätsentwicklung als Fundament seiner gesellschaftstheoretischen Erkundungen. Deshalb konzentriere ich mich in den folgenden Ausführungen vor allem auf diesen Ansatz.

26 Honneth weist auch explizit auf einen engen inhärenten Zusammenhang zwischen Anerkennung und Sozialisation hin (vgl. Honneth 2003a, S. 205). Die Ausführungen in diesem Kapitel werden hoffentlich plausibel machen, warum ich „Bildung" als den Begriff betrachte, der in diesem Zusammenhang passender ist als „Sozialisation".

nung dieses Paradigmas an Hegels Frühschriften, wo das Anerkennungsverhältnis bzw. der Kampf um Anerkennung als Bildungsprozess – allerdings als ein solcher ausschließlich des Bewusstseins – aufgefasst wird (vgl. Siep 1979, S. 17ff.).

Wie ich im folgenden Kapitel aufzuzeigen versuchen werde, koppelt der zeitgenössische anerkennungstheoretische Ansatz die Beschreibung dieses Bildungsprozesses vom bewusstseinsphilosophischen Rahmen ab und fasst ihn als Vorgang einer praktischen Selbst-Verwirklichung auf: Selbst-Verwirklichung im Sinne einer Entstehung von immer neuen intersubjektiv vermittelten Selbstbeziehungsformen, die die Genese und die Entwicklung des Individuums insgesamt konstituiert und es zugleich dazu treibt, über die jeweils erreichte Formen seiner Spiegelung durch die Anderen hinauszugehen, die partikularen Grenzen dieser Formen zu sprengen.

Somit erscheint der strukturbildende Gedanke des anerkennungstheoretischen Paradigmas sehr nahe an dem zu sein, was auch im gegenwärtigen erziehungswissenschaftlichen Diskurs allgemein mit „Bildung" im engeren Sinne gemeint ist: nämlich parallele Transformation von Selbst- und Weltbezügen. Bei dem gegenwärtigen Entwicklungsstand des anerkennungstheoretischen Ansatzes wird jedoch – wie dies noch zu zeigen sein wird – „Welt" ausschließlich im Sinne der Existenz von anderen, dem Bewusstsein des Einzelnen außenstehenden Personen verstanden. Hingegen ist die Erfassung der Dynamik der Weltbezüge im nicht-reduktionistischen Sinne von „Welt" als der Horizont von Objekten und propositional strukturierten Bedeutungen für den Einzelnen, anerkennungstheoretisch noch nicht geleistet worden.

Die bisherige Vernachlässigung dieses Desiderats hängt damit zusammen, dass das anerkennungstheoretische Paradigma bislang ausschließlich sozial- und moraltheoretisch und nicht bildungstheoretisch ausbuchstabiert wird. Im Sinne der im vorigen Kapitel gemachten Unterscheidung zwischen bildungstheoretischem und sozialtheoretischem Blickwinkel fokussiert der anerkennungstheoretische Ansatz in erster Linie auf die Problematik der (normativen) Integration moderner Gesellschaften, wobei eine profunde Theorie der Subjektkonstitution als Individualgenese und Identitätsentwicklung entwickelt wird, die jedoch eher im Hintergrund bleibt.

Dies ist sicherlich hauptsächlich durch den Entstehungskontext dieses Ansatzes bedingt, durch den Kontext einer kritischen Sozialphilosophie, bzw. einer praktischen Moralphilosophie nämlich, deren zentrales Forschungsinteresse eben in der Rekonstruktion der normativen Grundlagen des sozialen Zusammenlebens besteht. Allerdings lässt sich auch umgekehrt behaupten, dass eine vollwertige Einbeziehung des bildungstheoretischen Grundgedankens in den Rahmen des anerkennungstheoretischen Ansatzes durch das oben schon erwähnte theorieimmanente Defizit erschwert wird, das in der fehlenden Erfassung der Dynamik der Weltbilder und der Weltbezüge als einer zentralen und selbständigen, von der Ebene der interpersonalen Beziehungen strukturell zu unterscheidenden Dimension der Subjektkonstitution zu sehen ist. In dieser Dimension ist die Wesensverwandtschaft des Bildungsbegriffs mit Kategorien wie „Lernen" oder „Wissenserwerb" fundiert.

Die konzeptuelle Entwicklung eines Weges der anerkennungstheoretischen Erfassung der Dynamik nicht nur der Selbst-, sondern auch der Weltreferenzen des Einzelnen ist die zentrale Aufgabe dieses Kapitels, das somit den Anspruch erhebt, nicht nur die bildungstheoretische Relevanz des anerkennungstheoretischen Ansatzes zu explizieren, sondern auch die Anerkennungstheorie explizit und *erweiternd* als Bildungstheorie auszuweisen.²⁷ Bei der Schilderung dieses Weges gehe ich folgendermaßen vor: Nach einer kurzen und provisorischen Erläuterung des Begriffs der Anerkennung (3.1) werden die geschichtsphilosophischen und die allgemeinen gesellschaftstheoretischen Hintergründe des anerkennungstheoretischen Ansatzes als konzeptuelle Grundlage der Erfassung der Subjektkonstitution unter posttraditionellen Bedingungen skizziert (3.2). Dann versuche ich, den bisherigen Entwicklungsstand der anerkennungstheoretischen Erkundungen über die intersubjektiv vermittelten Prozesse der Individualgenese und Identitätsentwicklung anhand vor allem des Konzepts Axel

---

27 Diese Zielsetzung steht – zumindest vordergründig gesehen – der generellen Intention von Eva Borst nahe, „...Anerkennung als zentrale erziehungs- und bildungstheoretische Kategorie einzuführen". (vgl. Borst 2003, S. 9) bzw. Anerkennung und Bildung aufeinander zu beziehen (vgl. ebd., S. 179), die sie in ihrer Monographie zu „Anerkennung der Anderen und das Problem des Unterschieds" zum Ausdruck bringt. Allerdings versucht sie nicht, die *bildungstheoretischen Potenziale des anerkennungstheoretischen Ansatzes selbst* zu rekonstruieren und dadurch eine *anerkennungstheoretische Transformation des Bildungsbegriffs* anzuvisieren. Vielmehr operiert sie mit einem Bildungsbegriff, der aus der älteren kritischen Theorie entliehen ist, nämlich mit demjenigen Heinz-Joachim Heydorns (vg. ebd., S. 11; S. 175-183), der jedoch nicht die intersubjektivitätstheoretischen Prämissen des anerkennungstheoretischen Ansatzes teilt. Insofern handelt es sich bei Borsts Ansatz m.E. eher um eine externe Verzahnung zwischen einer anerkennungstheoretischen und einer bildungstheoretischen Perspektive, wobei Subjektkonstitution als ein der Anerkennungspraxis vorausgehender und ihr hinzukommender Vorgang von Bildung als Widerstand gegen die Unterdrückung und gegen die Entfremdung der bestehenden makrosozialen Verhältnisse aufgefasst wird (vgl. ebd. S. 175f.). Hingegen versuche ich, diesen Vorgang der Subjektkonstitution als hervorgebracht durch die Anerkennungspraxis selbst zu erfassen.

Honneths zu rekonstruieren (3.3). Bei dieser Rekonstruktion nehme ich einige (wie es mir scheint) theorieimmanente Revisionen an diesem Konzept vor, welche eine anerkennungstheoretische Aufnahme und Konzeptualisierung nicht nur der Selbst-, sondern auch der Weltreferenzen der Individuen initiieren können. Dabei ziehe ich auch einige alternativen intersubjektivitätstheoretische Ansätze in Betracht (wie etwa denjenigen Edmund Husserls), die sich explizit mit der Frage nach der Weltkonstitution innerhalb von Intersubjektivitätsbeziehungen befassen (3.5).

3.1 Zum Begriff der Anerkennung

Als Ausgangspunkt der in diesem Kapitel vorgenommenen (bildungstheoretischen) Rekonstruktion der Anerkennungskategorie eignet sich die folgende Formulierung Honneths, die die Quintessenz seiner Auffassung von dieser Kategorie wiedergibt: „... die Anerkennung sollte als Genus von verschiedenen Formen einer praktischen Einstellung begriffen werden, in der sich die primäre Absicht einer bestimmten Affirmierung des Gegenübers spiegelt. Im Unterschied zu dem, was Althuser vor Augen hatte, besitzen solche affirmierenden Haltungen einen unzweideutig positiven Charakter, weil sie es den Adressaten erlauben, sich mit den eigenen Eigenschaften zu identifizieren und daher zu größeren Autonomie zu gelangen; weit davon entfernt, eine bloße Ideologie darzustellen, bildet Anerkennung die intersubjektive Voraussetzung für die Fähigkeit, autonom eigene Lebensziele zu verwirklichen." (Honneth 2004, S. 56).

Anerkennung als eine praktische Einstellung verwirklicht sich demnach in der sozialen Welt als ein alltägliches Geschehen, dessen Spezifikum darin besteht, dass es positive Eigenschaften eines anderen Subjekts affirmiert, wodurch es diese Eigenschaften erst mit sich selbst identifizieren und verwirklichen kann, was die Entwicklung der autonomen Handlungsfähigkeit des Subjekts ermöglicht (vgl. auch ebd., S. 55). Was Anerkennungshandlungen im unendlichen Universum sozialer alltäglicher Geschehnisse auszeichnet, ist ihre Rolle, als *die* Grundlage für individuelle Autonomie zu dienen. Damit wird die Anerkennungskategorie tendenziell zu einer der zentralen Signaturen der Moderne. Ihre Reichweite kann wiederum nur vor dem Hintergrund bestimmter modernitätstheoretischer Prämissen nachvollzogen werden, bei denen autonomiestiftende Intersubjektivität zum zentralen Integrationsmuster von Gesellschaft wird.

3.2 Zum modernitätstheoretischen Hintergrund des anerkennungstheoretischen Paradigmas – Posttraditionale Gemeinschaft und gebrochene Intersubjektivität

Schon beim jungen Hegel wird die Entwicklung der Anerkennungskategorie von modernitätstheoretischen Überlegungen begleitet, ja sogar ermöglicht. Wie Ludwig Siep zeigt, versucht Hegel mit dieser Kategorie die Bildung eines gemeinsamen Bewusstseins *selbstbewusster* Individuen zu erfassen, die sich im Verhältnis zum jeweils Anderen eben als selbstbewusst konstituieren, wobei als eine notwendige Bedingung für diese Konstitution auch die Distanz zum Anderen erscheint (vgl. Siep 1979, S. 121f.).

Schon diese Formulierung zeigt, dass die Anerkennungskategorie im Kontext der Bewusstmachung der Entzweiung des modernen Individuums entsteht, bei der das Prinzip seiner subjektiven Freiheit nicht mehr identisch ist mit dem einer Mitgliedschaft in einer organischen (Polis-)Gemeinschaft gleicher Mitglieder. Dies interpretiert der junge Hegel auch als „Tragik der Moderne", die aufgrund des Untergangs der substantiellen Sittlichkeit der griechischen Polis zustande gekommen sei (vgl. Madureira 2002, S. 2f.). Noch in der „Jenaer Realphilosophie" von 1805/1806 – in jener Schrift also, in der sich der Gedankengang der „Phänomenologie des Geistes" als erstes „klassisches" Werk des „reifen" Hegel bereits abzeichnet – ist das Nachtrauern der „schönen glücklichen Freiheit der Griechen" (Hegel 1974, S. 267) zu spüren, die so beschrieben wird: „Das Volk ist zugleich aufgelöst in Bürgern, und es ist zugleich das *eine* Individuum, die Regierung. Es steht nur in Wechselwirkung mit sich. Derselbe *Wille ist der Einzelne* und derselbe *das Allgemeine.*" (ebd., S. 267). Nun ist es aber so in der Moderne, dass sich der Einzelne in seiner Einzelheit, in seiner Abgegrenztheit zum allgemeinen Willen auf sich bezieht, weswegen überhaupt das Recht als Mechanismus des gesellschaftlichen Vertrags notwendig ist, um die Konstitution dieses Willens zu gewährleisten (vgl. ebd., S. 260ff.).

Das Aufgreifen des Anerkennungsverhältnisses soll einerseits die Entstehung dieser Individualität, die Entstehung und die Entwicklung des Selbst im Rahmen intersubjektiver Verhältnisse aufschlüsseln, die durch die gegenseitige Andersheit ihrer Akteure, durch eine Dialektik von Nähe und Distanz, von Liebe und Kampf gekennzeichnet sind. Bei dieser Dialektik sei das Ich unmittelbar im Anderen – und das heißt außer sich –, und es schaue sich in ihm an, wodurch es sich als Einzelsein konstituiert, was das Ich wiederum dazu treibe, seine „Totalität als Einzelheit" gegen den Anderen zu behaupten, ihn zu verletzen, ja zu zerstören (vgl. Hegel 1974, S. 223; S. 231ff.; Hegel 1974a, S. 321ff.).

Andererseits wird bekanntermaßen diese Dialektik – zumindest beim „reifen" Hegel – nur als ein Moment der Ausbildung einer Volksgemeinschaft bzw. eines Staatswesens aufgefasst, bei dem der absolute Geist zu sich komme, und bei dem die Differenz zwischen Ich und Anderem aufgehoben werde (vgl. Siep 1998, S. 112; S. 116ff.). Nach Siep ist die interpersonale Anerkennung hier nur im Rahmen eines gemeinsamen, „substanzialisierten" Selbstbewusstseins, im Rahmen einer Anerkennung des „Ich" im „Wir" und des „Wir" im „Ich" möglich (vgl. Siep 1998, S. 112), ansonsten ist die oben skizzierte besondere Widersprüchlichkeit der interpersonalen Anerkennung für Hegel offensichtlich nicht zu bewältigen. Damit erscheint die Figur einer gebrochenen Intersubjektivität, die in den Ausführungen zum Anerkennungsverhältnis zunächst zum Ausdruck gekommen war, bloß noch als Moment der Konstitution des absoluten Bewusstseins bzw. des absoluten Geistes, und zwar als ein Moment der Entäußerung der Einheitlichkeit dieses Geistes in das Viele der Individuen, die sich von einander abgrenzen und durch einander existieren. Diese Pluralität wird dann auf der nächsten Stufe des Zu-sich-Kommens des Geistes in die Bildung einer vermittelten Einheitlichkeit aufgehoben. Dies bedeutet, dass die Intersubjektivität letztlich nicht den Status der Unhintergehbarkeit besitzt, welche eine konsequente modernitätstheoretische Perspektive ihr verleihen wird. In einer solchen Perspektive wäre die Anerkennungskategorie als konzeptuelle Grundlage für das Aufzeigen der Möglichkeit einer *Gemeinschaftsbindung des Einzelnen unter Beibehaltung seiner Einzigartigkeit, d. h. unter Beibehaltung seiner Andersheit zu seinen konkreten Kommunikationspartnern, sowie zum „generalisierten Anderen"* aufzufassen. Für Siep ist übrigens die interpersonale Dimension des Anerkennungsverhältnisses bei Hegel von Anfang an – also auch in den frühen Schriften – dem Ich-Wir-Verhältnis, also der Dialektik eines Allgemeinen, eines „Volksgeistes" der in den und durch die Individuen zu sich kommt, untergeordnet bzw. erst auf der Grundlage dieses Verhältnisses überhaupt erst möglich (vgl. Siep 1998, S. 125). Damit grenzt er sich von der bekannten Interpretation Honneths ab, der zwischen einem intersubjektivistischen Ansatz beim jungen Hegel, dem es primär um die Konstitution empirischer Gesellschaftsformen ginge, und einem monologisch-bewusstseinsphilosophischen Ansatz des späteren Hegel unterscheidet, der ausschließlich mit der Denkfigur eines sich entäußernden und in seinen Entäußerungen zu sich kommenden absoluten Geistes operiere (vgl. Honneth 1992, S. 54ff.; S. 98; S. 102f.). Gleichwohl betont Siep, dass Hegel das Potential seiner

Anerkennungslehre nicht ausschöpfe (vgl. Siep 1998, S. 126). Dafür wäre – wie ich meine – eine konsequente Durchführung der sich bei Hegel nur halbherzig generierenden modernitätstheoretischen Perspektive notwendig. Dabei ist das Anerkennungsverhältnis auf die Konstitution der unverwechselbaren Identität eines Individuums durch sein Selbstsein in *irreduzibel anderen* Einzelindividuen zu beziehen. Diese alternative Denkfigur impliziert, dass Selbstsein nicht als Moment eines sich bildenden Gemeinschaftsgeistes ausgelegt werden. Die Bildung des Individuums ist vielmehr primär in jenem *dezentrierten* interpersonalem Verhältnis zu den Anderen zu lokalisieren.[28]

Die vorliegende Arbeit kann natürlich keinerlei Ansprüche erheben, eine Hegel-Exegese zu leisten; daher kann sie nicht auf die Frage eingehen, inwiefern die o. g. Interpretation Honneths stimmig, und inwiefern sein Versuch, die frühere intersubjektivistische Intuition vom späteren bewusstseinsphilosophischen Rahmen abzukoppeln, mit der inneren Logik des Hegelschen Denkens kompatibel ist. Für die vorliegende Arbeit ist es unerheblich, ob die moderne intersubjektivistische Version der Anerkennungskategorie durch eine immanente Kritik an Hegels Schriften, durch den Versuch „(den früheren) Hegel gegen (den späteren) Hegel" zu lesen entstanden, oder ob sie durch eine eher externe Wiederaufnahme bestimmter hegelianischer Denkimpulse und deren Transformation im Lichte etwa der psychoanalytischen Objektbeziehungstheorie und des symbolischen Interaktionismus entwickelt worden ist. Für unseren Argumentationszusammenhang ist wichtig ausschließlich, dass aus der o. g. modernitätstheoretischen Perspektive das Anerkennungsverhältnis als eine – anthropologisch fundierte und empirisch fassbare – Form der gebrochenen Intersubjektivität aufgefasst werden muss, bei der die Differenz zwischen ihren Akteuren nicht aufgehoben werden kann.

---

28 Dies bedeutet freilich nicht, dass sich die Wirkungen des Anerkennungsverhältnisses auf die Sphäre der Subjekt-Subjekt-Beziehungen beschränken würden, und dass die Objektbezüge und die Mitgliedschaften des Einzelnen in „Wir-Gruppen" davon unberührt blieben. Ein zentrales Anliegen der vorliegenden Arbeit ist gerade, die Dynamik der „Ich-Es" und „Ich-Wir" - Bezüge anerkennungstheoretisch zu erschließen. Die Orientierung an der Anerkennungskategorie hängt jedoch mit einem Blickwinkel zusammen, bei dem sich „Ich-Es" bzw. „Ich-Wir" - Bezüge als fragile Entitäten innerhalb der interpersonalen Verhältnisse konstituieren, und den letzteren Verhältnissen untergeordnet sind.

Die Beschreibung des Mechanismus des so modellierten Anerkennungsverhältnisses wird Gegenstand der nächsten zwei Abschnitte sein. An dieser Stelle ist vorläufig anzumerken, dass die Konzeptualisierung dieses Verhältnisses die Aufgabe hat, die Funktionsweise jenes Modells sozialer Integration moderner Gesellschaften zu erklären, die heute etwa von Honneth mit dem Begriff „posttraditionale Solidarität" (vgl. Honneth 1992, S. 285ff.) umschrieben wird. Dieser Begriff, der sich erst durch die Abkoppelung der Anerkennungskategorie vom bewusstseinsphilosophischen Rahmen mit seinem totalisierenden, die Dezentrierung der Intersubjektivität letztlich aufhebenden Charakter vollwertig entwickeln kann, bringt die Dialektik einer Lebensform zum Ausdruck, bei der die Individuen als autonome, einzigartige Subjekte agieren. Sie können dabei weder aufeinander, noch auf ein sie übergreifendes kollektives Subjekt zurückgeführt werden, sich aber dennoch an der sozialen Existenz der jeweils Anderen mitbeteiligen.

Wie schon oben angedeutet, fließt in diese Vorstellung einer posttraditionellen Solidarität das Habermas'sche Modell einer gebrochenen Intersubjektivität (vgl. Habermas 1986, S. 329ff.) ein, bei der die Akteure zugleich vergesellschaftet und individuiert werden und bei der sie ausschließlich als Ego und Alter-Ego fungieren und nicht als Konkretisationen einer ihnen übergeordneten Gemeinschaftssubstanz (vgl. ebd., S. 332).[29] Bei Habermas wird allerdings diese Intersubjektivität ausschließlich als ein immanentes Merkmal der Verständigung bzw. des Gesprächs konzipiert (vgl. ebd., S. 329ff.), was zu den Schwierigkeiten führt, die am Ende des vorigen Kapitels beschrieben wurden: Die Praxis der Verständigung setzt schon eine Fähigkeit zur Perspektivenübernahme, d. h. zur Transzendierung der jeweils vorhandenen Perspektive zum thematisierten Wirklichkeitsabschnitt und ihres (kulturellen) Kontextes voraus, was heißt, dass diese Fähigkeit jener Praxis im Prozess der Individualgenese vorausgehen müsste.

Anerkennungstheoretisch gesehen entwickelt sich diese Fähigkeit auch in den vor- und nicht-kognitiven Stufen und Dimensionen der Individualgenese.

---

29 Das Verständnis der intersubjektiven Kommunikation als ein polyzentrisches Ego/Alter Ego-Verhältnis, in dessen Rahmen zugleich sich Ego und Alter Ego konstituieren, indem sie den jeweils anderen Leibkörper als „Nullpunkt der Orientierung" (zu dem ein jeweils anderes Koordinatensystem von Welt gehört) appräsentieren, und erst dadurch eine subjektivitätsstiftende Selbstbeziehung entwickeln, wird zuerst entwickelt in der transzendentalen Phänomenologie Edmund Husserls (vgl. Husserl 1954, S. 166; Husserl 1973, S. 9, S. 526; Husserl 1987, S. 109ff.; auch Stojanov 2000, S. 118ff.)

Sie ermöglicht letztere unter (spät-)modernen Bedingungen, bei denen diese Genese nicht als Übernahme von kollektiv überlieferten, vorgegebenen Handlungs- und Wiklichkeitsdeutungsmustern, nicht als Enkulturation, sondern als biographischer Bildungsprozess erscheint, der durch soziale Bindungen ausgelöst wird, die sich durch die unhintergehbaren Differenz von Ego und Alter Ego auszeichnen.

Um diesen Prozess rekonstruieren zu können, muss man die Dynamik der Anerkennungsverhältnisse, so wie sie vor allem in der Anerkennungstheorie Honneths konzeptualisiert wird, detaillierter darstellen. Diese Darstellung wird hoffentlich unter anderem einen Weg umreißen, die Universalismus-Partikularismus-Paradoxie von Bildung produktiv zu bewältigen.

3.3 Die anerkennungstheoretische Erfassung der Subjektkonstitution als Individualgenese und Identitätsentwicklung

Bevor ich damit beginne, die Anerkennungstheorie konkret als Bildungstheorie zu rekonstruieren, möchte ich den eingeschlagenen Weg der intersubjektivitätstheoretischen bzw. der sozialphilosophischen Transformation des Bildungsbegriffs angesichts der Bedingungen soziokultureller Pluralität noch einmal in Erinnerung rufen, um den roten Faden der vorliegenden Arbeit vor dem nun bevorstehenden entscheidenden Argumentationsschritt wieder aufzunehmen.

Bildung wurde zunächst einmal als ein dialektischer Vorgang des „In-die-Welt-Hinausgehens" und dadurch „Zu-sich-selbst-Kommens" aufgefasst, bei dem sich eine Transformation der Selbst- und Weltbezüge einer Person vollzieht bzw. bei dem qualitativ neue Selbst- und Weltbezüge entstehen. Diesen Prozess der Selbstveränderung des Individuums im Rahmen seiner Auseinandersetzung mit der Welt – wobei der genauere Zusammenhang zwischen dieser Auseinadersetzung und jener Selbstveränderung noch zu klären ist – kann man auch als Subjektkonstitution bezeichnen. Subjektivität ist insofern als ein kreativer, neue Persönlichkeitsaspekte generierender Selbstbezug und zugleich als aktiver Weltbezug zu verstehen, bei dem die jeweils vorhandenen Limitierungen der aktuell gegebenen partikularen Umwelt überschritten werden und damit individuelle Freiheit behauptet wird (vgl. Habermas 1988, S. 27). In diesem Sinne ist die Subjektkonstitution übrigens nicht ein Prozess, der zu einem Zeitpunkt der individuellen Lebensgeschichte abgeschlossen werden könnte, sondern der biographisch ständig vollzogen werden muss; daher würde eine Unterscheidung zwischen Subjektkonstitution und Subjektreproduktion eigentlich keinen Sinn machen. Um jedoch eine gewisse ontogenetische Sichtweise hineinbringen zu können, die womöglich für eine differenziertere Erfassung des Prozesses der Subjektkonstitution behilflich sein kann, unterscheide ich im Rahmen dieser Studie heuristisch zwischen Individualgenese und Identitätsentwicklung – also zwischen der Entstehung eines Ich-Bewusstseins, eines anfänglichen, noch rudimentären Selbstbezugs einerseits und seiner späteren Entwicklung und Anreicherung andererseits.

Wie schon im ersten Kapitel ausgeführt, kann unter den Bedingungen soziokultureller Pluralität der so skizzierte Prozess der Subjektkonstitution – der Bildung – nicht mehr als Begegnung mit den kulturellen Verkörperungen eines objektiven Geistes aufgefasst, statt dessen muss er intersubjektivitätstheoretisch ausbuchstabiert werden, wodurch auch Auskunft über die sozialen Voraussetzungen für Selbstverwirklichungsprozesse gegeben werden soll: Bildung als „Entfremdung und Rückkehr aus der Entfremdung" (Benner 1990, S. 107) ereignet sich nicht mehr im Raum zwischen der Ich-Perspektive und der Wir-Perspektive einer kulturellen Gemeinschaft, sondern im Raum zwischen dem Ich und dem Du, zwischen Ego und Alter Ego. In diesem Raum werden die jeweiligen partikular „ansozialisierten" kulturellen Wirklichkeitsperspektiven der Akteure überschritten und dadurch universalistische Weltbezüge bei ihnen intersubjektiv eröffnet.

3.3.1 Identität, Selbstbezug und intersubjektive Anerkennung

Die intersubjektivitätstheoretische Erfassung der Subjektkonstitution fokussiert zwangsläufig auf den Begriff der Identität und wertet ihn zu einer Schlüsselkategorie auf. Er übernimmt gewissermaßen die Rolle eines Hebels für die notwendige Transformation des Subjektbegriffs. Wie die bekannten, sich in den letzten Jahrzehnten ausweitenden Kritiken an den aufklärerischen Subjektvorstellungen überzeugend darlegen, ist der „klassische" Subjektbegriff transzendentalphilosophisch „belastet". Er lässt sich daher nicht ohne weiteres und nicht unmittelbar auf alltagsweltliche soziale Erfahrungen anwenden. Genau dies aber erfordert die anvisierte intersubjektivitätstheoretische Erfassung der Subjektkonstitution. Daher ist diese Erfassung mit der Vorstellung der Kontrollierbarkeit und der Beherrschung von äußerer und innerer Natur nicht zu leisten, die den angestammten Subjektbegriff prägt, und die streng genommen nicht zulässt, den Prozess der Konstitution des Subjekts als eingebettet in sozialen Beziehungen zu sehen, die ihm nicht bzw. nicht vollständig zur Verfügung stehen.

3.3.1.1 Der Begriff der Identität

Die „Detranszendentalisierung" und die „Soziabilisierung" der Semantik des Subjektbegriffs versucht man nun – solange man überhaupt an dieser Semantik in irgendeiner Form weiterhin festhalten möchte – durch die vermittelnde Kategorie der Identität zu gewährleisten: also durch eine ursprünglich sozialpsychologische Kategorie, die vor allem die semantische Dimension des Autonomie hervorbringenden Selbstbezugs des „klassischen" Subjektbegriffs empirisch zu wenden versucht.

Allerdings wird der Identitätsbegriff sehr oft inflationär verwendet, wobei sein genetischer Bezug zum Subjektivitätsbegriff verloren geht. Dies geschieht m. E. insbesondere in den verbreiteten Auslegungsversionen, bei denen man mit „Identität" die Identifizierung mit den „eigenen" (ggf. „wieder zu entdeckenden") kulturellen „Wurzeln", mit der vermeintlichen kulturellen Substanz einer „Wir-Gemeinschaft" bezeichnet. Es kann nicht überraschen, dass dieser statisch-essentialistische Sprachgebrauch gerade bei dezidiert bildungstheoretisch argumentierenden Autoren auf Ablehnung stoßen muss, die bisweilen auch generell auf den Identitätsbegriff als solchen ausgedehnt wird. So behauptet z. B. Jörg Ruhloff, dass ein konsequentes Festhalten an der eigenen Identität als etwas „Bleibendes und Beharrendes" (vgl. Ruhloff 1982, S. 188) es dem Menschen verunmöglichen würde zu lernen, sich zu bilden und dabei Neues zu erfahren und mit „neuen Augen" zu sehen (vgl. ebd., S. 189).

Das im Rahmen meiner bisherigen Ausführungen schon angedeutete Verständnis von Identität als individuelle Unverwechselbarkeit, die im Rahmen innovativer, immer neue Persönlichkeitsdimensionen hervorbringender Selbstbeziehungsformen hergestellt wird, ist von einem derartigen Essentialismus weit entfernt. Auch die Differenzierung zwischen personaler und kollektiver Identität, die in diesem Abschnitt vorgenommen und in den nächsten Abschnitten weiter ausgebaut wird, richtet sich unter anderem gegen eine substantialistische Auslegung der biographischen Kohärenz, die im Zentrum des Identitätsbegriffs steht. Allerdings sehe ich das Festhalten an dieser Kohärenz selbst – wenn auch in einer nicht-essentialistischer Form – in der Tat als bildungstheoretisch unabdingbar an. Gerade unter den Bedingungen der soziokulturellen Pluralität posttraditioneller Gesellschaften erscheint sie mir als eine notwendige Voraussetzung dafür, dass die Akteure einen „roten Faden" der eigenen Existenz ausbilden können, der gewährleistet, dass ihre Handlungen sich nicht auf rein situative Reaktionen auf externe Umweltreize und -imperative reduzieren. In diesem Sinne ist diese Kohärenz eine notwendige Bedingung der Handlungsfähigkeit, eine notwendige Bedingung dafür, dass die Akteure *handeln* können, und sich nicht bloß *verhalten*. Es stellt sich also die Aufgabe, diese Kohärenz prozessual-innovativ und eben nicht essentialistisch aufzufassen. Das ist sicherlich eine schwierige, gewissermaßen paradoxe Aufgabe, derer sich manche radikale „postmoderne" Konzepte dadurch entledigen, dass sie „Identität" pauschal zu einem statischen und homogenisierenden Denkkonstrukt erklären (vgl. z. B. Bilden 1997, S. 228ff.) und dadurch – salopp ausgedrückt – bewusst oder unbewusst Heterogenität gegen Freiheit bzw. Autonomie ausspielen.

Vor dem Hintergrund dieser Überlegungen kann es nicht überraschen, dass die Identitätskategorie eine zentrale Stellung im anerkennungstheoretischen Ansatz einnimmt, *und* dass im seinen Rahmen zugleich der Versuch unternommen werden muss, eine nicht-essentialistische Version dieses Begriffs herauszuarbeiten. Wie schon im ersten Kapitel ausgeführt, wird die Umstellung der neuen kritischen Theorie vom Paradigma der Verständigung auf das der Anerkennung geradezu dadurch motiviert, die Identitätsentwicklungsprozesse in den Mittelpunkt des analytischen Blickes zu rücken und die Quellen der praktischen sozialen Kritik primär in Verletzungen legitimer Identitätsansprüche der Akteure und nicht der Regel der verständigungsorientierten Kommunikation zu lokalisieren (vgl. Honneth 1994, S. 85ff.).

Angesichts der so skizzierten zentralen, strukturbildenden Stellung der Identitätskategorie in der Logik des anerkennungstheoretischen Ansatzes scheint es mir sinnvoll, die eigentliche Rekonstruktion dieses Ansatzes, die nun in Angriff genommen werden soll, mit einer Aufschlüsselung des semantischen Gehaltes dieser Kategorie zu beginnen.

An erster Stelle ist dabei festzuhalten, dass im sozialwissenschaftlichen Diskurs über diese Kategorie, der spätestens mit den Schriften Eric H. Eriksons ansetzt (vgl. Erikson 1968), diese klassischerweise die intersubjektiv vermittelte und reflexive Gewährleistung der Kontinuität und Konsistenz im Wechsel der biographischen Umstände einer Person bezeichnet und dabei ihre Einzigartigkeit besonders berücksichtigt, die eben in dieser, je einzigartigen biographischen Konstellation und in der mit ihr zusammenhängenden Struktur persönlicher Eigenschaften besteht (vgl. Habermas 1976, S. 85; Döbert/ Habermas/ Nunner-Winkler 1977, S. 9f.; Keupp 1997, 18, 34f.; Anselm 1997, S. 138ff.).

Die Vergegenwärtigung dieses wissenschaftshistorischen Hintergrunds lenkt unsere Aufmerksamkeit auf zwei Sachverhalte. *Erstens* wird die nicht nur für den publizistischen, sondern auch für den pädagogisch-praktischen Diskurs charakteristische Ausbuchstabierung der Identitätskategorie in der Semantik der kollektiven kulturellen Zugehörigkeit bzw. der kollektiven Identität äußerst problematisch, denn der Identitätsbegriff bezieht sich ursprünglich auf die Einzigartigkeit der Person und deren Biographie. Diese Einzigartigkeit kann dann nicht mehr konzeptuell erfasst werden, wenn die biographische Kontinuität und Konsistenz als primär auf der Grundlage der kollektiven kulturellen Zugehörigkeit konstituiert angesehen wird – wenn also die individuelle Biographie als Konkretisation einer ihr übergeordneten kulturellen Gemeinschaft verstanden wird, welche wiederum essentialistisch ausgedeutet wird. Daraus sollte man freilich nicht den umgekehrten Schluss ziehen, der Begriff der kollektiven Identität sei notwendigerweise immer essentialistisch. So z. B. entwickelt die Studie von Carolin Emcke über „Kollektive Identitäten" (vgl. Emcke 2000) eine Auffassung von diesen Identitäten als dynamisch vergemeinschaftete kulturelle Praktiken und Überzeugungen, die durch geteilte Anerkennungs- und Missachtungserfahrungen *konstituiert* bzw. *konstruiert* werden (vgl. ebd., S. 17ff.). Demnach unterscheidet Emcke zwischen gewollten, selbst-identifizierenden kollektiven Identitäten und solchen, die nicht-intentional und im Rahmen einer subjektivierenden Konstruktion zustande gekommen sind (vgl. ebd., S. 199-264). Entscheidend bei dieser Unterscheidung ist m. E., dass der Tendenz nach hier kollektive Identitäten als Ermöglichungsbedingungen bzw. als Barrieren für die individuelle Selbstbestimmung, letztlich für die Entwicklung der individuellen Identitäten, erscheinen. Das konsequente Festhalten an diese Perspektive erfordert, dass „kollektive Identitäten" nicht einfach als vorgefundene soziale Entitäten behandelt werden sollten, sondern im Lichte der Ausbildungs- und Entwicklungsprozesse von individuellen Identitäten betrachtet werden müssen. Die normativ ausgerichtete Analyse der soziokulturellen Wirklichkeit darf demnach nicht bei dem Phänomen der „kollektiven Identitäten" stehen bleiben, sondern sie sollte die tiefer liegende Schicht der individuellen Selbst-Verwirklichungsprozesse erreichen.[30]

---

[30] Leider vollzieht die Studie von Emcke diesen Schritt nur implizit und halbherzig, und dies hindert sie daran, weitere Differenzierungen in ihrem Klassifikationsmodell vorzunehmen. Bei den gewollten kollektiven Identitäten kann man z.B. unterscheiden zwischen solchen, die ausschließlich eine kompensatorische Funktion und etwa einen freiwilligen Verzicht auf individuelle Autonomie zum Ausdruck

Zweitens zeichnet sich der Begriff der Identität durch eine strukturbildende Spannung zwischen Einheit und Vielfalt aus, genauer: zwischen dem Moment der Konsistenz und jenem der konkreten Eigenschaften einer Person, die ihre Einzigartigkeit ausmachen. Demzufolge ist es geboten, heuristisch nicht nur zwischen „kollektiver Identität" und „individueller Identität" zu unterscheiden, sondern innerhalb der letzteren zwischen den semantischen Dimensionen „Ich-Identität" und „personale Identität" zu differenzieren. Diese Differenzierung ist übrigens verwandt, aber nicht identisch mit derjenigen zwischen Ich-Identität und rollengebundener Identität, die Habermas in den 70er Jahren vorgenommen hat (vgl. Habermas 1976, S. 77ff.). Hierbei unternimmt Habermas anhand Kohlbergs Konzept der Entwicklung des Moralbewusstseins eine Hierarchisierung zwischen den beiden Identitätsformationen: die „Rollenidentität" entspricht dem konventionellen und die „Ich-Identität" dem postkonventionellen Stadium der Moralentwicklung. Demnach entfaltet sich das entscheidende Moment der Reflexivität, das den Begriff der Identität zentral prägt und seinen genetischen Bezug zum Subjektbegriff ausmacht, in Wirklichkeit erst auf der Ebene der Ich-Identität, bei der die zuvor (unbewusst) internalisierten Konventionen einer partikularen Gemeinschaft im Lichte universal-abstrakter Moralprinzipien bewertet werden.

Der entscheidende Unterschied des hier offerierten Begriffs der personalen zu dem der rollengebundenen Identität ist, dass bei dem Ersteren *auch die konkreten Eigenschaften einer Person als Dimensionen ihrer Selbstbeziehungsformen* (und in diesem Sinne als reflexiv) und nicht als Internalisierung vorgegebener Rollenerwartungen aufgefasst werden. Dadurch erscheinen die abstrakte Ich-Identität und die konkrete personale Identität lediglich als unterschiedliche Selbstbezugsmodi, zwischen denen keine Hierarchie besteht. Dadurch wird auch das Umschaltverfahren zwischen der Mitgliedschaft in einer präreflexiven, partikularen soziokulturellen Gemeinschaft, die der Ebene der rollengebundenen Identität entspricht und derjenigen in der kosmopolitischen Gemeinschaft aller autonomen Subjekte, mit der die Ich-Identität zusammenhängt, vermieden. Ein solches Umschaltverfahren legt das Identitätskonzept Habermas' nahe. Demgegenüber ist die Option zu eröffnen, die zwei Mitgliedschaftsformen als Momente *eines* dialektischen Verhältnisses aufzufassen, das

---

bringen, und solchen, die als Bedingung für die Verwirklichung dieser Autonomie, als Bedingung für die Entfaltung der subjektiven Handlungsfähigkeit fungieren.

zugleich als Ausdruck einer Dialektik zwischen den beiden hier skizzierten Dimensionen der individuellen Identität aufzufassen ist: Nämlich zwischen einer Dimension, die eher den Aspekt der Konsistenz, der (reflexiven) Herstellung eines Zusammenhangs zwischen biographisch unterschiedlich lokalisierten Handlungsakten und Erfahrungssequenzen, letztlich den Aspekt der *Einheit* in den Handlungsabläufen eines Individuums, betont, und einer anderen, die sich eher auf die Palette der konkreten, einzigartigen Eigenschaften einer Person in der *Vielfalt* dieser Eigenschaften bezieht, welche von der Beschaffenheit ihrer sozialen Bindungen unmittelbar abhängig sind.

Obwohl bei dem Begriff der „Ich-Identität" Identität immer als konstituiert durch den Selbstbezug des Subjekts, also als Produkt einer Subjektaktivität, aufgefasst werden muss, kann dieser Begriff dennoch ebenfalls essentialistisch ausgedeutet werden, und in diesem Falle gerät der Aspekt der „Ich-Identität" zwangsläufig in einen Widerspruch mit dem der „personalen Identität". Dies ist dann der Fall, wenn das Ich als eine einheitliche, in sich ruhende und Ordnung im psychischen Innenleben durch Zügelung der Einzelerlebnisse, Gefühle und Triebkräfte schaffende Instanz aufgefasst wird. Es ist genau diese Auffassung, die auch das Ich-Modell der klassischen Freudschen Psychoanalyse prägt, und die vielen „postmodernen" Kritikern Anlass gibt, den Begriff des Ichs bzw. der Identität als eine Art Zwangskorsett abzulehnen (vgl. Honneth 2000c, S. 1089ff.). Bei dieser Kritik wird der identitätsstiftende Selbstbezug sogleich als Selbstkontrolle ausgedeutet, bei der die Einheit im psychischen Innenleben eines Individuums durch die Unterdrückung der spontanen Antriebe oder zumindest durch ihre disziplinierende Integration hergestellt wird.

3.3.1.2 Intersubjektive Hervorbringung personaler Identität als Summe von Selbst-Eigenschaften und als narrative Kohärenz

Um die Problematiken der essentialistischen Deutungen des Identitätsbegriffs zu vermeiden, die oft mit dem Begriff der biographischen Konsistenz konnotiert sind, schlägt Honneth vor, diesen durch den Begriff der narrativen Kohärenz zu ersetzen (vgl. Honneth 2000b, S. 246ff.). Es handelt sich hierbei um einen Vorschlag, der eine Schlüsselposition in der gesamten Konzeptualisierungsstrategie von Subjektkonstitution einnimmt. Deshalb scheint es mir sinnvoll, diesen konzeptuellen Vorschlag, der m. E. von Honneth nur sehr spekulativ formuliert wird, genauer anzuschauen und einer textkritischen Analyse unterziehen. Dazu sei an dieser Stelle zunächst ein etwas längeres Zitat erlaubt:

121

„Zur klassischen Idee der autonomen Lebensführung gehört als zentraler Bestandteil die Vorstellung, die divergierenden Bedürfnisansprüche über die Dauer einer Biographie hinweg in ein vernünftiges Schema der Über- und Unterordnung bringen zu können: Als Voraussetzung von persönlicher Autonomie gilt nämlich die Fähigkeit, die von innen andrängenden Impulse und Motive so unter einem einen einzigen Wert- oder Sinnbezug zu organisieren, daß sie zu Elementen eines linear geplanten Lebensentwurfs werden können. Mit der Vorstellung einer Vielzahl von unausgeschöpften Identitätsmöglichkeiten, die jedes Subjekt bei angstfreiem Selbstbezug in sich zu gewärtigen hat, ist einem solchen Autonomieideal ebenfalls der theoretische Boden entzogen; wenn für menschliche Subjekte nicht auszuschließen ist, daß sie jederzeit in sich auf neue, abweichende Handlungsimpulse stoßen können, ist die Vorstellung einer reflektierenden Unterordnung des eigenen Lebens unter einen einzigen Sinnbezug hinfällig; an ihrer Stelle hat die Idee zu treten, sein Leben so als einen kohärenten Zusammenhang darstellen zu können, daß dessen disparate Teile als Ausdruck der reflektierten Stellungnahme ein und derselben Person erscheinen." (Honneth 2000b, S. 248)

Bevor ich nun zu versuchen beginne, den Sinn dieses konzeptuellen Vorschlags interpretativ zu entschlüsseln, möchte ich anmerken, dass er nur eine von drei eng miteinander verbundenen Komponenten von Honneths Reformulierungsversuch des Prinzips der Subjektautonomie in Richtung einer „dezentrierten Autonomie" darstellt. Die anderen zwei Komponenten sind die Vorschläge, das Ziel der Bedürfnistransparenz durch die Vorstellung der sprachlichen Artikulationsfähigkeit zu ersetzten sowie die Idee der Prinzipienorientierung als Grundlage autonomen Handelns durch das Kriterium der moralischen Kontextsensibilität zu ergänzen (vgl. ebd. S. 246). Ohne diesen Verweisungszusammenhang ist der hier im Vordergrund stehende konzeptuelle Vorschlag hinsichtlich des Begriffs der narrativen Kohärenz kaum zu verstehen. Es ist also wichtig, diesen Zusammenhang ständig im interpretierenden Blick präsent zu halten – selbst wenn er zu Beginn der Interpretation sehr abstrakt erscheinen mag.

Der letzte Satz des oben ausgeführten Zitats ist m. E. so zu verstehen, dass sowohl die „disparaten Teile" der Biographie bzw. die individuellen Eigenschaften als auch die autonome Person als Subjekt dieser Biographie im Zuge der narrativen „reflektierenden Stellungnahme" *entstehen*. Dafür spricht zunächst die in diesem Zitat enthaltene Formulierung, dass die verschiedenen „Identitätsmöglichkeiten" im Rahmen des „angstfreien Selbstbezugs" „zu gewärtigen" sind. Hinzu kommt die in der oben zuerst genannten Komponente des Transformationsprojekts „dezentrierte Autonomie" implizierte Vorstellung von (Selbst-)Artikulation als kreativer Vorgang: „Die kreative, aber stets unvollendbare Erschließung des Unbewußten entlang sprachlicher Bahnen, die unsere affektiven Reaktionen weisen, ist das Ziel, welches das Ideal einer dezentrierten Autonomie mit Blick auf das Verhältnis zur inneren Natur festhält: eine in diesem Sinne autonome Person ist nicht nur frei von psychischen Motiven, die sie unbewußt auf starre, zwangshafte Verhaltensreaktionen festlegen, sondern auch dazu in der Lage, stets neue, noch unerschlossene Handlungsimpulse in sich zu entdecken und zum Material reflektierter Entscheidungen zu machen" (ebd., S. 247).

Allerdings verraten diese Formulierungen auch eine halbherzige Erfassung der Kreativität des Selbstbezugs: Hier werden die Handlungsimpulse und die unausgeschöpften Identitätsmöglichkeiten *auch* als eine Art „Rohstoff" dargestellt, den die „reflektierende Stellungnahme" vorfindet. Bedeutet dies nun, dass die Handlungsimpulse und die Identitätsmöglichkeiten vor jedem Selbstbezug des Individuums gegeben sind? Diese Frage ist wichtig angesichts der Klärung des genauen Mechanismus und der Dimensionen dieses Selbstbezugs, der – wie oben ausgeführt – zugleich die Vielfalt der Einzeleigenschaften einer Person *und* den Zusammenhalt dieser Eigenschaften als Äußerungen der mit sich identisch bleibenden Person konstituiert, welche gewissermaßen „mehr" als die Summe dieser Einzeleigenschaften ist.

In einem anderen Aufsatz fasst Honneth die Handlungsantriebe als Entitäten des psychischen Innenlebens eines Individuums auf, die durch Verinnerlichung seiner Interaktionen mit seinen Bezugspersonen zustande kommen (vgl. Honneth 2000c, S. 1101ff.). Anhand von Hans Loewalds psychoanalytischem Konzept zeigt Honneth, dass die Triebe sich erst durch ihre Anbindung an spezifische Objekte, durch das Erreichen von psychischer Repräsentanz konstituieren können. Diese Anbindung, überhaupt das Herausheben der Objekte, die wiederkehrende Befriedigungszustände signalisieren, aus der diffusen Umwelt des Kleinstkindes, entsteht im Zuge der angemessenen Fürsorgereaktionen der primären Bezugsperson, der Mutter (vgl. ebd., S. 1102f.). Honneth generalisiert diese Erkenntnis, indem er behauptet, dass sich die Ausdifferenzierung selbst der elementarsten und der „natürlichsten" Ebenen der Handlungsmotive bzw. der personalen Eigenschaften – denen des Trieblebens – in der Form der Ausbildung von verschiedenen Instanzen vollziehe, die jeweils für die Internalisierung eines bestimmten Interaktionsmusters stehen (vgl. ebd., S. 1103). So erscheint die individuelle Selbstbeziehung als Ergebnis eines intrapsychischen Differenzierungsvorgangs, der sich durch Verinnerlichung von externen Interaktionsmustern vollzieht und zu Gestaltgebungen von „Triebenergie" führt, die allerdings unterschiedlich scharf sind. Die Unterschiede in dieser Schärfe bedingen die herkömmliche Unterscheidung zwischen „Es" und „Ich" bzw. „Über-Ich" (vgl. ebd., S. 1104).

Bei der so skizzierten „interaktiven Konstitution des Selbstbezugs" (ebd., S. 1093), so wie sie insbesondere von der psychoanalytischen Objektbeziehungstheorie aufgefasst wird, erkennt das Individuum nicht nur die Objekte, sondern auch seine, auf diese Objekte ausgerichteten, Handlungsimpulse (z. B. Triebe) als eigene Eigenschaften, indem es sie durch die Augen der Bezugspersonen wahrnimmt. In diesem Moment des Erkennens der Impulse als *eigene* Eigenschaften, das gewissermaßen als eine zweite Ebene des Selbstbezugs fungiert, ist zugleich das Moment der Abgrenzung von den Bezugspersonen, der Selbstbehauptung, der Behauptung der eigenen Freiheit impliziert. Diese Abgrenzung „verobjektiviert" sich in das „Es" bzw. symbolisiert sich im „Es", das eben keine klare Gestalt, keine kommunikative Sichtbarkeit besitzt: Im so interpretierten Bereich des „Es" kommt – ähnlich wie beim „I" Meads – das Gefühl zum Ausdruck, dass die erlebten Handlungsantriebe etwas anders und mehr sind als die Weisen ihrer Spiegelung, welche erst ihre Konstitution möglich macht. Konsequenterweise wird dieses Gefühl seinen symbolischen Ausdruck auch in den Wahrnehmungen der Objekte dieser Handlungsantriebe finden. Es sind Wahrnehmungen, die daher ebenfalls das sie jeweils ermöglichende interaktive Muster transzendieren werden.

Diese Dialektik der interaktiven Konstitution des Selbst- und Objektbezugs, die für die konkrete bildungstheoretische Rekonstruktion der Dynamik der Formen intersubjektiver Anerkennung eine Schlüsselrolle spielen wird, besteht also zusammenfassend ausgedrückt darin, dass die jeweilige Selbstbeziehung zwar durch interaktive Spiegelung ermöglicht wird, aber diese Selbstbeziehung über den Inhalt und die Grammatik dieser Spiegelung hinausgeht. Metaphorisch ausgedrückt: Das Sich-selbst-Sehen ist initiiert durch das Hinschauen in den Spiegel der Anderen, aber es entdeckt mehr als das, was im Spiegelbild enthalten ist.

Dieses „mehr" ist genau das, was die Freiheit, ja die Persönlichkeit einer Person ausmacht. Es darf nicht als eine ontologische Substanz und auch nicht als die „Metaperspektive der Bewertung von Wünschen und Handlungsimpulsen" (Honneth 2000b, S. 248) angesehen werden, was der eigentliche Vorschlag Honneths ist, denn dann gelangen wir wieder in das Zweistufen-Modell des Verhältnisses zwischen personaler Identität und Ich-Identität. Wenn wir dies vermeiden wollen, dann müssen wir m. E. dieses „mehr" einzig und allein als das für jede Person einzigartige In-Beziehung-Setzen der einzelnen Eigenschaften oder Handlungsimpulse, als deren Ineinander-Übersetzen, verstehen. So gesehen, lässt der interaktiv konstituierte Selbstbezug zugleich die konkreten Eigenschaften einer Person *und* die Person selbst entstehen, welche in der Vielfalt dieser Eigenschaften identisch bleibt, weil sie diese Eigenschaften in eine einmalige Beziehung untereinander setzt.

Um diesen Zusammenhang besser zu fassen, können wir die Auffassung David Vellemans abwandeln, wonach das Objekt der Liebe als „moralisches Gefühl" die konkreten, empirischen Weisen seien, wie eine Person ihre Personalität, letztlich ihre Freiheit, auslebt (vgl. Velleman 1999, insb. S. 370ff.), indem wir die verallgemeinerte These formulieren, dass dieses Objekt eben die personale Identität des geliebten Menschen ist, die aus den konkreten Weisen besteht, seine Freiheit auszuleben.

Wir könnten uns dies mit einem alltäglichen Beispiel veranschaulichen. In den heutigen „postmodernen" Gesellschaften trifft man nicht selten Menschen an, die auf den ersten Blick widersprüchliche Eigenschaften und Identifikationen aufweisen, und die sich an völlig unterschiedlichen Handlungszusammenhängen beteiligen. Denken wir z. B. an Personen, die mit philologischer Pedanterie klassische Texte analysieren und zugleich eifrige Fußballfans sind, an Personen also, die zugleich aktive Mitglieder der Gemeinschaft der klassischen Philologen und jener der Fußballfans sind und sich mit den beiden Gemeinschaften sogar identifizieren. Wenn wir nun von einem essentialistischen Identitätsbegriff ausgingen, dann würden wir wahrscheinlich die Existenz solcher Menschen als ein Beleg dafür betrachten, dass man unter „postmodernen" Bedingungen nicht mehr von „Identität" sprechen könne. Dies würde sicherlich bei einigen dieser Personen eine nicht unangemessene Schlussforderung sein, bei anderen von ihnen würden wir jedoch das Gefühl haben, dass sie eine Kohärenz und Unverwechselbarkeit ausgebildet haben und ausbilden – und zwar durch die Art und Weise, wie sie zwischen den Grammatiken der klassischen Philologie und des Fußballs und den dazu gehörigen Gemeinschaften übersetzen und diese in einen einmaligen biographischen Zusammenhang integrieren, der sich womöglich durch eine ironische Überwindung der Limitierungen beider Gemeinschaften auszeichnet. Genau in diesem narrativen Vorgang der Übersetzung zwischen unterschiedlichen Handlungskontexten und „Identifikationen" konstituiert sich die personale Freiheit solcher Menschen und demnach auch ihre *Liebenswürdigkeit*.

Im so skizzierten Begriff der personalen Identität ist auch der semantische Gehalt der Ich-Identität aufgehoben, denn dieser Begriff enthält auch das Moment der nun als narrative Kohärenz transformierten biographischen Konsistenz. „Narrative Kohärenz" buchstabiert das oben erwähnte In-Beziehung-Setzen und Ineinander-Übersetzen der einzelnen Eigenschaften einer Person als Artikulationsprozesse aus, die als solche nur im Rahmen dialogischer Narrationen stattfinden können. Dies bedeutet wiederum, dass die interkontextuellen Übersetzungsprozesse auf der Ebene des innerpsychischen Raums nur als Versprachlichungsvorgänge denkbar sind, welche ohne „externe" Kommunikationen des Einzelnen nicht möglich sind. Daher sind diese Übersetzungsprozesse zugleich als Züge einer narrativen Darstellung von sich selbst vor signifikanten Anderen als eine und dieselbe Person, der die Autorenschaft dieser Prozesse zukommt.

Daraus folgt, dass der Selbstbezug in einem doppelten Sinne intersubjektiv konstituiert wird: einmal gewissermaßen in der Bewegung von außen nach innen im Sinne der Internalisierung von interaktiven Mustern der Objektanbindung (wodurch individuelle Antriebsstrukturen entstehen) und der Perspektiven der Bezugspersonen auf sich selbst (wodurch Selbst-Eigenschaften entstehen); ein zweites Mal in der Bewegung von innen nach außen im Sinne der interaktiven Artikulation der internalisierten Entitäten zu einer Einheit im Sinne einer nie abschließbaren Versprachlichung des „Es" oder des „I" einer Person. Und genau in diesem zweiten Moment der Artikulation geht die konkrete Selbstbeziehung über das sie ursprünglich ermöglichende intersubjektive Spiegelungsverhältnis hinaus.

Auf dieser Grundlage ist die Dynamik der Anerkennungsverhältnisse zu erklären, bei der die Dimensionen der individuellen Identität durch ihre intersubjektive Anerkennung konstituiert werden, wobei Selbstbeziehungsformen ermöglicht werden, deren Artikulationen in die Formulierung von neuen Anerkennungsansprüchen münden, welche über die „Grammatik" der vorhandenen Anerkennungsformen hinausschießen. Eine bildungstheoretisch wichtige Konsequenz daraus ist, dass Interaktionen, die Identitätsentwicklung stiften, durch intersubjektive Anerkennung gekennzeichnet sind, die zugleich auf zwei Ebenen gerichtet ist: die Anerkennung der Identitätsbedürfnisse, der personalen Eigenschaften eines Individuums soll verbunden werden mit der Gewährung eines Raums für die intersubjektive narrative Darstellung dieser Eigenschaften, eines Raums, in dem sich narrative Kohärenz als Ich-Identität konstituiert. Dies bedeutet, dass die Anerkennungsverhältnisse, die diesen Prozess der Identitätsentwicklung stiften, so beschaffen sein müssen, dass sie einerseits Internalisierung von interaktiven Mustern des Welt- und Selbstbezugs ermöglichen und andererseits symbolische Ressourcen für die Versprachlichung dieses

Welt- und Selbstbezugs bereitstellen. Diese letztere Dimension der Anerkennungsverhältnisse, die wir provisorisch als „kulturell-biographische Anerkennung" bezeichnen können, und die in einem direkten Zusammenhang mit der klassischen Idee von Bildung qua Symbolisierungstätigkeit der „Vergegenständigung" psychischer Erlebnisse steht, bleibt bei dem momentanen Entwicklungsstand des anerkennungstheoretischen Paradigmas unterberücksichtigt, und es bedarf der Entwicklung einer bildungstheoretischen Perspektive innerhalb dieses Paradigmas, um diese Dimension konzeptuell zu entwickeln.

Zunächst jedoch will ich diesen Entwicklungsstand der Beschreibung der Anerkennungsformen und der damit zusammenhängenden Dynamik des Selbstbezugs rekonstruktiv darstellen. Dabei wird der ontogenetisch ersten Anerkennungsform der Liebe bzw. der Fürsorge besondere Aufmerksamkeit zuteil, denn hier kommen die Logik der Konstitution des intersubjektiv vermittelten Selbstbezugs, seine inhärente Dynamik und seine Rolle für die Entstehung und Entwicklung von Identitätsansprüchen und Persönlichkeitseigenschaften besonders klar zum Ausdruck.

3.3.2 Anerkennungsformen und ihre Dynamik

Die bisher – noch abstrakt – skizzierte Dynamik des Anerkennungsverhältnisses führt zu seiner Ausdifferenzierung in verschiedene Anerkennungsformen, die ontogenetisch aufeinander bauen und deren Hervortreten aus der jeweils vorausgehenden Anerkennungsform als ein Vorgang der Emergenz zu bezeichnen ist. Wie die Ausführungen im letzten Abschnitt angedeutet haben sollen, ist die Dynamik des Anerkennungsverhältnisses so beschaffen, dass im Zuge der schon existierenden Anerkennungsformen Selbstbeziehungsmodi entstehen, welche im günstigen Fall zur Formierung neuer Dimensionen der eigenen Identität führen, und dies mündet wiederum in die Erehebung von neuen Anerkennungsansprüchen. Einige dieser Anerkennungsansprüche können im Rahmen derjenigen Anerkennungsform eingelöst werden, in deren Rahmen sie erhoben wurden, und führen zu einer Erweiterung ihres Geltungsbereichs. So z. B. erfordern viele Ansprüche marginalisierter Minderheiten auf „kulturelle" Anerkennung eine Erweiterung und Vertiefung des rechtlichen Prinzips der Gleichbehandlung bzw. der Überwindung von Diskriminierung. Andere Anerkennungsansprüche führen wiederum zur vollständigen Transzendierung der Geltungsgrenzen der Anerkennungsform, aus der sie erwachsen. So entsteht der Anspruch, als ein autonomes Individuum anerkannt zu werden, im Rahmen der Anerkennungsform der Liebe, seine Einlösung erfordert jedoch den Übergang zu rechtlichen Anerkennungsverhältnissen. Generell gesprochen, differenzieren sich nach Honneth aufgrund der so beschriebenen immanenten Dynamik des Anerkennungsverhältnisses in ihrer Verbindung mit der Konstitution von emergenten Selbstbeziehungsmodi drei aufeinander nicht zurückführbare Formen intersubjektiver Anerkennung in der Moderne aus, nämlich Liebe, moralischer Respekt und sozialer Wertschätzung (vgl. Honneth 1992, insb., S. 148-211).

Um die erwähnte Dynamik konkret zu erfassen, ist zunächst Honneths Konzeptualisierung der einzelnen Anerkennungsformen und der emergenten Übergänge zwischen ihnen kritisch zu referieren. Dabei wird sich meine Aufmerksamkeit vor allem auf theorieimmanente Ansatzpunkte für die Erweiterung des Gegenstandbereichs des Konzepts um die Dimension der Prozesse der Entstehung, Anreicherung und Transformation der Weltbezüge des Einzelnen richten.

3.3.2.1 Liebe

Das Verhältnis der (zunächst elterlichen) Liebe charakterisiert jene Sphäre von dyadischen Intimbeziehungen, im deren Rahmen ein Selbst mit einem eigenständigen Leibkörper und mit eigenen affektiven Bedürfnissen entsteht. Bei der konzeptuellen Herausarbeitung dieser Sphäre durch Honneth wird die Hegelsche Vorstellung vom Selbstsein in einem Anderen durch Erkenntnisse neuerer psychoanalytischer Ansätze konkretisiert und konzeptuell unterfüttert. Diese Erkenntnisse sind weitgehend durch Reflexionen über klinische Praxis entstanden und weisen somit erfahrungswissenschaftlichen Charakter auf. Auf der anderen Seite hat die Einbeziehung der Anerkennungskategorie in psychoanalytische Erkundungen – so wie dies zuerst auf eine eindrucksvolle Art und Weise von Jessica Benjamin vollzogen (vgl. Benjamin 1990) und neuerdings etwa von Martin Altmeyer vorangetrieben wird (vgl. Altmeyer 2000) – zu einer Weiterentwicklung der psychoanalytischen Theorie selbst geführt. Dies betrifft insbesondere ihre konzeptuelle Fähigkeit, die Spannung zwischen Selbstsein und Einssein mit Anderen präziser als Intersubjektivität zu erfassen, die das Selbst in allen seinen Entwicklungsstadien und Handlungsabläufen begleitet. Eine Konsequenz dieser Präzisierung ist, dass sich die erwähnten neueren Ansätzen von der herkömmlichen Ansicht abgrenzen, wonach diese Spannung als temporär und als begründet in der Herauslösung des kleinen Kindes von einer postulierten ursprünglichen Einheit mit der Mutter erscheint (vgl. Benjamin 1990, S. 27ff.; S. 45ff.). Bildungstheoretisch gewendet bedeutet übrigens diese Revision, dass der lebenslange biographische Bildungsprozess und nicht nur die Formierung des primären Selbst intersubjektiv – im Sinne von „auf Anerkennung angewiesen" – strukturiert ist.

Mit „neueren psychoanalytischen Ansätzen" sind vor allem die Theorie der Objektbeziehungen und die Psychologie des Selbst gemeint, die als wesensverwandt, wenn auch nicht identisch anzusehen sind.[31] Als erster gemeinsamer Nenner der beiden Ansätze lässt sich ihre Abgrenzung zum monologischen Triebmodell der klassischen Freudschen Psychoanalyse zugunsten basaler intersubjektivitätstheoretischer Annahmen über Genesen psychischer Störungen und generell über die Entstehung und Entwicklung von psychischen Strukturen ausmachen.[32] Diese Ansätze revidieren die generelle Freudsche Auffas-

---

31 Honneth beschränkt sich in seinen Ausführungen ausschließlich auf die Objektbeziehungstheorie. Ich möchte jedoch auch die Selbstpsychologie in Betracht ziehen, denn eine Herausarbeitung der Differenz zwischen den beiden Ansätzen gibt mir die Gelegenheit, das Spannungsfeld zwischen Verschmelzung mit den Bezugspersonen und ihrer Anerkennung als „getrennten Anderen" besser zu erfassen, welches den gesamten Prozess der Individualgenese und der Identitätsentwicklung auszeichnet. In diesem Spannungsfeld ist die Dynamik der Subjektkonstitution angelegt, in deren Zuge auch selbständige, übersubjektiv konstituierte Weltbezüge in der Form von Idealen entstehen. Genau das letzte Moment der Konstitution von Weltbezügen als individualisierende Kraft, das im Identitätsentwicklungskonzept und generell in der Anerkennungstheorie Honneths vernachlässigt wird, findet im selbstpsychologischen Ansatz eine besondere Berücksichtigung: allerdings um den Preis einer im Vergleich zur Objektbeziehungstheorie scheinbaren oder wirklichen Abschwächung der intersubjektivitätstheoretischen Prämissen, da die Befassung mit dem Pol der Ideale des Selbst anscheinend eine Vorstellung von diesem als einer an sich existierenden, monologischen Entität nach sich zieht. Ich komme später darauf zurück.

32 Martin Altmeyer zeigt überzeugend, dass im psychoanalytischen Diskurs als ganzem das Intersubjektivitätsparadigma dabei ist, das Triebparadigma abzulösen (vgl. Altmeyer 2000, S. 11f.). Nach ihm vollzieht sich diese „kopernikanische Wende" auch in den anderen Disziplinen, die sich – ganz allgemein gesprochen – mit den Vorgängen des seelischen Lebens befassen: von der Philosophie bis hin zu den Neurowissenschaften. Auch in den letzteren wird das Selbst bzw. das Hirn nicht mehr monologisch als ein in sich geschlossenes cartesianisches Zentrum konzipiert, sondern als eine sich ständig wiederherstellende und jeweils individuelle Verbindung von neuronalen Gruppen, die sich auf der Grundlage von emotional gefärbten Interaktionen des Individuums mit der Umwelt vollzieht und in denen ein strukturbildendes Empfinden des eigenen Körpers ausgebildet wird. Dass dieses Empfinden durch die Einnahme einer Außenperspektive zu sich selbst ermöglicht wird, scheinen die Neurowissenschaften allerdings nicht konsequent zu berücksichtigen: vielleicht können sie das auch strukturell nicht, denn anderenfalls müssten sie neuronale Verbindungen zwischen verschiedenen Gehirnen postulieren (ähnlich wie bei dem Husserlschen Bild eines intersubjektiv verlaufenden Bewusstseinsstroms), was mit

sung, wonach jedes menschliche Verhalten direkt oder indirekt von primären Trieben herrührt (vgl. Eagle 1988, S. 7f.), welche daher *vor* den Interaktionen des menschlichen Individuums gegeben sein müssen. Stattdessen weisen sowohl die Objektbeziehungstheorie als auch die Selbstpsychologie die fundamentale, *primäre* Bedeutung der Bindungserfahrungen des Individuums mit seinen Bezugspersonen für die Ausbildung seiner psychischen Strukturen aus.

Selbstverständlich werden diese Bindungserfahrungen auch in der klassischen Psychoanalyse berücksichtigt. Die Bindung wird hier jedoch in erster Linie funktionalistisch verstanden als Mittel für die Triebbefriedigung: So z. B. entsteht Liebe nach Freud in Anlehnung an das befriedigte Nahrungsbedürfnis (vgl. ebd., S. 10).

Hingegen betonen die Vertreter der Objektbeziehungstheorie und der Selbstpsychologie den eigenständigen und primären Charakter zwischenmenschlicher Bindungen, in welchen das für die Entstehung der Psyche fundamentale – und sogar auch bei Primaten experimentell festgestellte – Bedürfnis nach „Kontaktbehagen" zum Ausdruck kommt (vgl. ebd., S. 12ff.). Dies hängt mit einer zweiten zentralen Annahme der beiden Ansätze zusammen, nämlich dass die grundlegende Dimension der Psyche nicht das dynamische und konflikthafte Verhältnis zwischen Trieben und Abwehrmechanismen ist, sondern die Existenz eines Selbst, das die Integrität und Kohärenz der Persönlichkeit sichert. Der Zusammenhang zwischen diesen beiden Annahmen in ihrer Abgrenzung zum Freudschen Konzept wird im folgenden Zitat Heinz Kohuts, der als Begründer der Selbstpsychologie gilt, klar zum Ausdruck gebracht:

„Meine klinische Erfahrung mit Patienten, deren schwere Persönlichkeitsstörungen ich ehemals einer Fixierung auf die Trieborganisation eines frühen Entwicklungsstadiums (Oralität) und den damit zusammenhängenden chronischen Infantilismus ihres Ichs zurückgeführt hätte, hat mich immer mehr zur Einsicht gebracht, daß die Triebfixierung und die weitreichende Defekte des Ich weder genetisch der primäre noch dynamisch-strukturell der zentralste Brennpunkt der Psychopathologie sind. Es ist das Selbst des Kindes, *das infolge der schwer gestörten empathischen Reaktionen der Eltern nicht sicher etabliert wurde*, und es ist das schwache und von Fragmentierung bedrohte Selbst,

---

einer physiologisch-physikalistischen Betrachtungsweise kaum kompatibel wäre (vgl. ebd., S. 12f.; Damasio 1997, S. 14ff.; S. 316ff.)

das (in dem Versuch, sich selbst zu vergewissern, daß es lebendig ist, ja, daß es überhaupt existiert) sich auf defensive Weise durch die Stimulierung erogener Zonen Lustzielen zuwendet und dann, sekundär, die orale (und anale) Triebfixierung und die Versklavung des Ich an die mit den stimulierten Körperzonen verbundenen Triebziele herbeiführt." (Kohut 1979, S. 75; Hervorgehoben von mir - K.S.). Und weiter: „Um es in allgemeineren Begriffen zusammenzufassen: Das Auftreten von Triebfixierungen und der damit verbundenen Aktivitäten des Ich kommt in Folge der Schwäche des Selbst zustande" (ebd., S. 81).

Wir können diesen theoriebildenden Zusammenhang zwischen den beiden oben genannten Annahmen – nämlich die Behauptung des primären und fundamentalen Charakters der zwischenmenschlichen Bindung für die Genese der Psyche einerseits und die Herausstellung der Etablierung eines Selbst als Grundlage für ihre (gesunde) Existenz andererseits – auch bei dem vielleicht bekanntesten Vertreter der Objektbeziehungstheorie, Donald W. Winnicott, entdecken. Für Winnicott ist die „Isolierung" eines „zentralen oder wahren" Selbst Grundlage für psychische Gesundheit, Grundlage dafür, dass sich eine personale psychische Realität, in der eine „Kontinuität des Seins" erlebt wird, und ein personales Körperschema, d. h. psychische bzw. psychosomatische Integrität, etablieren (vgl. Winnicott 1974, S. 59). Diese Isolierung eines „zentralen und wahren" Selbst ist Resultat optimal verlaufender Mutter-Kind-Interaktionen, die mit der absoluten Abhängigkeit des Säuglings von der Mutter beginnen, bei der er eine Einheit mit ihr darstellt (die so genannte „Halte-Phase")[33], um sich über den Zustand seiner relativen Abhängigkeit (bei dem der Säugling sein Bedürfnis nach den Fürsorgeaktivitäten von diesen unterscheiden und somit dieses Bedürfnis als einen persönlichen Impuls erleben kann) hin zur Unabhängigkeit des Kleinkindes zu entwickeln. Dabei hängt die erfolgreiche Absolvierung dieses Prozesses davon ab, ob die Mutter empathisch auf das Kind reagiert, d. h. ob sie sich in es einfühlen und es zugleich allmählich als ein eigenständiges Individuum anerkennen kann (vgl. ebd., S. 58ff.).

Verallgemeinernd ausgedrückt bedeuten diese Ausführungen, dass die psychische Realität eines Individuums im Rahmen einer „Selbst-Selbstobjekte-

---

33 Die moderne Säuglingsforschung hat dieses Bild einer untrennbaren Einheit zwischen Mutter und Neugeborenem revidiert und auf diese Weise zum Herauskristallisieren eines noch dialektischeren und dynamischeren Bildes der primären Intersubjektivität beigetragen, die demnach von Anfang an durch das Spannungsfeld zwischen Getrennt-Sein und Auf-den-Anderen-angewiesen-Sein gekennzeichnet zu sein scheint. Ich komme später darauf zurück.

Matrix" (vgl. Hartmann 1995, S. 25, S. 31; Milch 1995, S. 41) entsteht und sich entwickelt. Nach Wolfgang Milch bringt der Begriff des Selbstobjekts diejenige Dimension unseres Erlebens eines Mitmenschen zum Ausdruck, die mit seiner Funktion als „Stütze" unseres Selbst verbunden ist (vgl. ebd., S. 41f.). Nun ist es wichtig, sich diese Funktion, insgesamt die Beschaffenheit der oben genannten Matrix, genauer anzuschauen, um den Mechanismus der anerkennungstheoretisch so wichtigen interaktiven Vermittlung des Selbstbezugs detaillierter und auf einer erfahrungswissenschaftlichen Ebene rekonstruieren zu können. Daraus können wir uns nebenbei erhoffen, dass auch die für den psychoanalytischen Laien ungewöhnliche Terminologie der hier referierten Ansätze besser nachvollziehbar wird – z. B. was die nicht unbedingt offensichtlichen Gemeinsamkeiten in den grundlegenden Annahmen und Differenzen in den Akzentsetzungen angeht, die schon die Bezeichnungen dieser Ansätze als „Selbst"-Psychologie und „Objektbeziehungs"-Theorie implizieren.

Wie schon erwähnt, erscheint in den beiden Ansätzen der Begriff des Selbst als *der* zentrale psychologische Begriff. Wenn auch bei den Beschreibungen dieses Begriffs Analytik von Metaphorik nicht immer klar zu unterscheiden ist, lässt sich sein Sinn doch m. E. so zusammenfassen: Das Selbst ist „...effizientes, unabhängiges Zentrum von Antrieben" und „Brennpunkt von Erfahrungen" (Kohut 1979, S. 91), in dem unser Gefühl begründet ist, dass unser Körper und unser Geist eine Einheit im Raum und ein Kontinuum in der Zeit darstellen (vgl. ebd., S. 155), was wiederum Voraussetzung für das Erleben der Kontinuität des Seins insgesamt ist (vgl. Winnicott 1974, S. 59). Das Selbst ist somit kein lokalisierbarer Teil des psychischen Apparates bzw. der Persönlichkeit, es ist vielmehr die Repräsentanz der Person als eine „isolierte", abgegrenzte Einheit von konkreten Eigenschaften (vgl. Milch 1995, S. 37f.). Im Lichte der im letzten Abschnitt vorgenommenen Differenzierungen erscheint das Selbst somit als das Bindeglied zwischen personaler Identität und Ich-Identität, das die beiden Identitätsformationen in ihrer gegenseitigen Angewiesenheit aufeinander überhaupt erst ermöglicht, indem es die personalen Merkmale als Bestandteile einer kohäsiven Ich-Realität und indem es diese Realität als ein konkretes, lebendiges, spannungsreiches Selbstsein (vgl. ebd., S. 38) konstituiert. *Im Begriff des Selbst findet also jenes grundlegende Merkmal der Subjektivität insgesamt seinen konzentrierten Ausdruck, bei dem sich der Einzelne als eine vitale, unverwechselbare und kohäsive Entität durch seinen Selbstbezug hervorbringt.*

Wie schon erwähnt, entwickelt und reproduziert sich dieser Prozess der Selbst-Hervorbringung im Rahmen der Interaktionen mit den Selbstobjekten.

Nach den Vorstellungen der klassischen Autoren der Selbstpsychologie und der Objektbeziehungstheorie wird dieser Prozess überhaupt erst von den Selbstobjekten angestoßen (vgl. Kohut 1979, S. 94f.), da das Neugeborene sich nicht als eine getrennte Realität wahrnehmen könne, was hieße, dass es bei ihm noch gar keinen „Gegenstand" der Selbstbeziehung gebe. Die neuen Ergebnisse der Säuglingsforschung haben diese Annahme zwar revidiert, indem sie das Bild des „kompetenten Säuglings" (vgl. Dornes 1993) geprägt haben. So ist nach Daniel Stern ein rudimentäres Selbstgefühl des Neugeborenen als getrennte Entität vom Anfang an vorhanden (vgl. Stern 1998, S. 23ff.). Dennoch verfestigt und entwickelt sich die Selbstbeziehung auch nach diesen Konzepten im Rahmen der Interaktionen mit den Selbstobjekten, die insofern stützend auf diese Verfestigung und Entwicklung wirken, als ihre Reaktionen den Entwicklungsprozess des Neugeborenen empathisch vorwegnehmen und so dem werdenden Individuum ermöglichen, sich zunehmend als eine kohäsive Einheit durch die Augen seiner Bezugspersonen wahrzunehmen und sich dadurch als solche dann auch tatsächlich gegenüber diesen zu behaupten (vgl. Stern 1998, S. 22f.). Der zentrale Unterschied zu den „klassischen" Ansätzen scheint im wesentlichen darin zu bestehen, dass hier auch die primäre Mutter-Kind-Matrix nicht als eine undifferenzierte Einheit, sondern nach dem Muster einer gebrochenen und polyzentrischen Intersubjektivität dargestellt wird (vgl. Benjamin 1990, S. 19ff.), in der die Spannung zwischen dem Getrennt- und Selbstsein einerseits und Auf-den-Anderen-angewiesen-Sein andererseits von Anfang an gegeben ist. Genau diese Spannung, dieses dialektische Verhältnis führt – insofern es von der dominanten erwachsenen Seite der Interaktion ausgehalten wird – zu einer ständigen Differenzierung und Anreicherung sowohl der Selbstbeziehung, als auch der Interaktionsstruktur. So rekonstruiert Stern die Entwicklung des frühkindlichen Selbst vom Stadium des auftauchenden Selbstempfindens über das des Kernselbstempfindens bis zu den Stadien des subjektiven und verbalen Selbstempfindens als eingebettet in das Spannungsfeld zwischen „self-versus-other" und „self-with-other". Das Erreichen der letzteren Stadien ist mit der Wahrnehmung der Bezugspersonen als Wesen mit Psychen verbunden, die von der eigenen Psyche getrennt sind, sich aber mit ihr überschneiden können, wodurch die Idee der Mitteilbarkeit psychischer Zustände entsteht (vgl. Stern 1998, S. 24f.; S. 47ff. ; Dornes 1993, S. 80f.).

So können wir behaupten, dass, ungeachtet der Differenzen zwischen den Annahmen der Selbstpsychologie bzw. der Objektbeziehungstheorie einerseits und den Erkenntnissen der neueren Säuglingsforschung andererseits, der Prozess der Subjektwerdung gekennzeichnet ist durch eine für ihn konstitutive

Widersprüchlichkeit zwischen „Symbiose" und Eigenständigkeit – wobei wir hier „Symbiose" nicht wortwörtlich (wie etwa Winnicott) – verstehen sollten, sondern vielmehr als Bezeichnung der grundlegenden Mit-Existenz, des Selbstseins in den und durch die signifikanten Anderen. Ich möchte schon an dieser Stelle die These im voraus erwähnen, die ich hauptsächlich aufgrund des Konzepts Kohuts entwickeln werde, dass dieser Widerspruch nur dann und nur in dem Maße zu meistern ist, wenn und insofern im Zuge der Subjektwerdung ein eigenständiger, gewissermaßen „entpersonalisierter" Weltbezug entsteht und sich verfestigt. Diese These entsteht auf Grund einer kritischen Auseinandersetzung mit der Art und Weise, wie Honneth selbst mit dem angesprochenen Widerspruch zwischen „Symbiose" und Eigenständigkeit umgeht.

In der Terminologie Honneths wird dieser Widerspruch in den Begriff einer voraussetzungsvollen und fragilen „Balance" zwischen Symbiose und Selbstbehauptung transformiert (vgl. Honneth 1992, S. 157). Diese „Balance" ist die Grundlage der gelungenen Liebesbeziehung, die daher als eine Anerkennungsform erscheint, welche sich auf die Bedürfnis- und Affektnatur des Partners bezieht – was gleichbedeutend mit einer „Verschmelzung" ihm ist –, wodurch ihm zugleich ein Zugang zu seiner eigenen Natur als von der Natur des anderen abgegrenzter ermöglicht wird (ebd., S. 169ff.; S. 211). Bei der so skizzierten Erfassung der gelungenen Liebesbeziehung beruft sich Honneth auf Jessica Benjamins Beschreibung der Liebenspathologien und ihrer Genesen. Danach sind pathologische Verhaltensmuster wie etwa Sadismus und Masochismus gewissermaßen Entparadoxierungsformen des „Paradoxons der Anerkennung" (Benjamin 1990, S. 34) zwischen Einssein mit dem Anderen und dem (dadurch ermöglichten) Selbst- bzw. Getrenntsein: Der Sadist kann den Partner als unabhängigen Anderen nicht anerkennen, wohingegen der Masochist auf sein Selbstsein verzichtet, um eine völlige Symbiose mit dem Partner zu erreichen. Dabei ist auch eine permanente Umschaltung zwischen den beiden Pathologieformen möglich und oft anzutreffen, die als eine Reduzierung des „Paradoxons der Anerkennung", ja als eine Unfähigkeit zur Intersubjektivität zu deuten wäre (vgl. Honneth 1992, S. 171; Benjamin 1990, S. 63ff.).

Nun impliziert die Redeweise der „Balance", dass zwei an sich existierende Pole gegeben seien, zwischen denen man eben balancieren müsse: in diesem Fall handelt es sich um die Pole des Getrennt-Seins und des Auf-den-Anderen-bezogen-Seins. Sollten die bisherigen Ausführungen über die intersubjektive Struktur der Selbstkonstitution zutreffen, ist jedoch das Verhältnis zwischen diesen beiden Momenten viel dynamischer, da sie sich wechselseitig bedingen und ineinander übergehen, so dass sie eben nicht als zwei statische Punkte verstanden werden können, zwischen denen man hier und her wechseln oder eine Art „mittleren Weg" finden soll.

Die Aufrechterhaltung des ersteren Verhältnistypus, der in der Terminologie der Balance beschrieben wird, erfordert die Postulierung einer Vermittlungsinstanz zwischen den beiden Polen. Dies ist jedoch nicht der Fall bei der Erfassung der selbstkonstituierenden und -aufrechterhaltenden Intersubjektivität nach dem Modell einer dialektischen Dynamik im oben angedeuteten Sinne. Und genau das ist m. E. der Punkt, wo sich die Ansätze der Objektbeziehungstheorie und der Selbstpsychologie trennen. Die Objektbeziehungstheorie postuliert eine solche Vermittlungsinstanz in der Form der so genannten „Übergangsobjekte" – und relativiert somit die erwähnte dialektische Dynamik, indem sie die beiden Pole des intersubjektiven Verhältnisses gewissermaßen als nebeneinander existierende Entitäten konserviert. Hingegen bietet der selbstpsychologische Ansatz – zumindest seiner Tendenz nach – die Möglichkeit, die Dialektik des Selbstseins in den und durch die Anderen auf der Ebene der Selbst-Selbstobjekte-Matrix in eine Dialektik der Mit-Existenz von voneinander getrennten Selbsten zu überführen (oder genauer: weiterzuführen), welche sich als voneinander getrennte Selbste durch ihre jeweiligen entpersonalisierten Weltbezüge konstituieren. Um dies erläutern, muss ich etwas weiter ausholen.

Als Vermittlungsinstanz zwischen Symbiose und Selbstsein, zwischen Selbst und Selbstobjekt konzeptualisiert Winnicott die schon erwähnten „Übergangsobjekte". In der objektbeziehungstheoretisch postulierten Phase der schmerzhaften Ablösung des frühkindlichen Selbst vom Selbstobjekt entwickelt das Kleinstkind eine besondere – auch symbiotische – Beziehung zu einem bestimmten Gegenstand seiner nächsten Umwelt: z. B. zu einem Teddybär, zu dem Schnuller, dem Deckenzipfel oder dem eigenen Daumen. Solche Gegenstände sind eine Art Stellvertreter für das verloren gegangene Einssein mit dem Selbstobjekt, sie werden heiß geliebt und wütend zerstört, ohne sich der Kontrolle des Kindes entziehen und ihm gegenüber als ein anderes Subjekt verselbständigen zu können. Gleichwohl werden sie auch als außenstehende Gegenstände wahrgenommen, genauer gesagt: sie werden vom eigenen Körper unterschieden. Somit nehmen die Übergangsobjekte eine Zwischenposition zwischen Innen und Außen, zwischen intrapsychischer Realität und Umwelt, zwischen Ich und der Welt der „wirklichen" Objekte ein. Präziser ausgedrückt: In ihnen werden all diese Grenzen aufgehoben, daher ist es aus der Perspektive des Kindes sinnlos zu versuchen, diese Gegenstände zu der „Außen"- oder zu der „Innenwelt" zuzuordnen (vgl. Winnicott 1973, S. 10ff.; S. 23f.).

Winnicott dehnt das Konzept der Übergangsobjekte auf den gesamten „intermediären Raum" aus, der als Bereich der menschlichen Kultur angesehen wird, der zwischen „innerer psychischer Realität" und „äußerer Welt, die von zwei Menschen gemeinsam wahrgenommen wird", existiert (ebd., S. 15).

So sehr sich diese Denkfigur auch durch eine gewisse Eleganz auszeichnet, so problematisch scheinen mir doch ihre Konsequenzen zu sein. Die lebenslange Angewiesenheit auf Übergangsobjekte bzw. auf ihre Modifikation im intermediären Raum lässt das (gesunde) menschliche Individuum als sich im Zustand einer permanenten „Halb-Symbiose" befindend erscheinen, genauer: in einer symbolischen Symbiose mit den kulturellen Objekten, die stellvertretend für die verloren gegangenen symbiotischen Erfahrungen mit den frühkindlichen Selbstobjekten ist. So gesehen, kann der intermediäre Raum (insofern er als eine Modifikation der Übergangsobjekte gedacht wird) nicht von „zwei Menschen gemeinsam" betrachtet werden, denn hier ist strukturell kein Platz für eine Du-Perspektive, die von der Ich-Perspektive abgetrennt und auf diese nicht reduzierbar wäre. Vor allem jedoch baut das Konzept der Übergangsobjekte bzw. des intermediären Raums auf der Prämisse einer ursprünglichen Symbiose mit den Selbstobjekten auf, aus der sich das Individuum nur mühsam und mit Hilfe von Vermittlungsinstanzen, aber letztlich nie vollständig ablösen könne.

Wie wir gesehen haben, teilt die moderne Säuglingsforschung diese Prämisse nicht, und ihre Ergebnisse implizieren ein deutlich anderes Bild der frühkindlichen Interaktionen mit den Bezugspersonen: dass diese Interaktionen nämlich von Anfang an durch die Spannung zwischen Einssein mit den Bezugspersonen und Selbstempfinden gekennzeichnet sind, wobei das Kleinkind die Interaktionen in ihren zwei Polen aktiv mitgestaltet – es kann z. B. nach dem Einssein aktiv suchen. So gesehen ist der liebevolle oder der aggressive Umgang mit „Übergangsobjekten" nicht in erster Linie im Lichte des Ablösungsprozesses des Kindes zu betrachten, sondern im Kontext seiner Bemühung um eine gemeinsame Erfahrung mit seinen Bezugspersonen. Dieser Umgang kann Auftakt eines gemeinsamen Spiels, die Artikulation des momentanen Gefühlzustandes oder etwa des Wunsches, bewundert zu werden, sein.

Mit anderen Worten legt die Säuglingsforschung eine Vorstellung über das Verhältnis zwischen Einssein mit Anderen und Selbstsein zugrunde, bei der diese von Anfang an als zwei klar von einander abgegrenzte und trotzdem durch einander existierende und ineinander übergehende Momente gegeben sind, und eben nicht in der Form einer „Vermischung" der beiden, die irgendwo in der Mitte zwischen ihnen stattfindet. Das so umrissene *dialektische* Verhältnis führt notwendigerweise zu einer ständigen Entwicklung der beiden Pole.[34]

Ich möchte behaupten, dass diese Vorstellung in Kohuts Konzept des bipolaren Selbst zumindest als implizites Potential angelegt ist. Nach Kohut besteht die Selbst-Selbstobjekte-Matrix aus den Polen des „Größen-Selbst", bei dem das Kleinstkind auf bewundernde Spiegelung durch seine Selbstobjekte aus ist (weshalb sein Verhalten ihnen gegenüber eine Art primären Exhibitionismus ausweist), und der „Eltern-Imago", bei der die Selbstobjekte idealisiert werden. Im Zuge der so genannten „umwandelnden Verinnerlichung" werden diese Interaktionsformen in psychische Strukturen des Selbst umgewandelt, und zwar so, dass aus dem exhibitionistisch-spiegelnden Moment der Selbst-Selbstobjekte-Matrix der Pol der Antriebe und der Strebungen entsteht und aus dem idealisierenden Moment der Pol der Ideale hervorgeht (vgl. Kohut 1979, S. 150ff.; Kohut 1976, S. 334ff.). Nun können wir Morris Eagle zwar Recht geben, dass die Formulierungen Kohuts in Bezug auf den Vorgang der „umwandelnden Verinnerlichung" nicht ganz klar seien, weil sie oft unscharf und spekulativ sind (vgl. Eagle 1988, S. 47). Dennoch lässt sich m. E. der Grundgedanke bzw. die zentrale Intuition rekonstruieren, die in diesen Formulierungen impliziert ist, und zwar folgendermaßen: Die umwandelnde Verinnerlichung vollzieht sich im Zuge der Entstehung eines „isolierten" Selbst durch seine Ablösung aus der Selbst-Selbstobjekte-Matrix bzw. durch die Überführung dieser Matrix in die gebrochene Intersubjektivität zwischen klar voneinander getrennten „Selbsten". Diese Ablösung bzw. diese Überführung geschieht dadurch, dass die Strebungen und die Ideale von ihrer unmittelbaren Selbstobjekt-Bezogenheit abgelöst – und so gewissermaßen „entpersonalisiert" – werden. Somit bekommen sie auf der einen Seite eine klare „Ich-Zentrierung", auf der anderen Seite lassen sie die transzendentale Vorstellung einer „objektiven Welt" allmählich entstehen: Es handelt sich um die Vorstellung einer von den konkreten Bezugspersonen unabhängigen Realität, zu der es unterschiedliche Perspektiven geben kann und tatsächlich gibt, wobei die eigene Perspektive eben als genuin „eigen" und zugleich als abstrakt, als verallgemeinerungsfähig

---

34 Hierbei handelt es nicht um eine Dialektik im reinen Hegelschen Sinne, insofern die Differenz zwischen den beiden Polen nicht aufgehoben, bzw. nicht zu einer Synthese geführt wird. Vielmehr entwickeln sich die beiden Pole ständig und wechselseitig bei Beibehaltung ihrer gegenseitigen Nicht-Identität. Über die Unzulänglichkeiten des Hegelschen Dialektik-Modells bei der Beschreibung der Intersubjektivität vgl. Benjamin 1990, S. 34ff.; 63f.

und -würdig, d. h. als abgekoppelt von den Interaktionen mit den Bezugspersonen, erlebt wird. Diese „Ich-Zentrierung" und gleichzeitige „Welt-Eröffnung" markiert den Punkt, an dem individualisierte und nicht mehr unmittelbar bezugspersonengebundene Vorstellungen über das „gute Leben", über die eigenen Lebensziele als Grundlage für die spätere und allmähliche Entwicklung eines allgemeinen Menschenbildes, einer Idee vom „generalisierten Anderen", generell: eines Weltbezugs, entstehen.[35]

Die Betonung dieser „Ich-Zentrierung", des „isolierten" Charakters des gesunden Selbst verleitet manche Interpreten zum Trugschluss, das Kohutsche Konzept sei der Denkfigur der Intersubjektivität fremder als der objektbeziehungstheoretische Ansatz, insofern für Kohut eher die Verwirklichung von Ambitionen, Werten und Idealen das Leben lebenswert zu machen schiene als die Schaffung befriedigender Objektbeziehungen (vgl. Eagle 1988, S. 245). Gegen solche Interpretationen spricht die nachdrückliche Behauptung Kohuts, dass jeder Mensch während seines gesamten Lebens die Beziehung zu Selbstobjekten brauche (vgl. Kohut 1987, S. 79; S. 84). Diese Behauptung scheint irreführend und vor dem Hintergrund der bisherigen Ausführungen auch widersprüchlich, solange man nicht versucht, die dazugehörige, allerdings sehr allgemein formulierte Differenzierung interpretativ einzuholen. Ich meine hier die Anmerkung Kohuts, dass die Beziehung des Selbst zu seinen Selbstobjekten von einer sich ständig wandelnden Natur ist und genau durch diese Wandlungen die Entwicklungen initiiert werden, die „normales psychologisches Leben" kennzeichnen (vgl. ebd., S. 79).

Mir scheint, man kann diese These nur dann verstehen, wenn man davon ausgeht, dass es sich hier um eine Verdoppelung des Sinnes des Begriffs „Selbstobjekt" handelt. Die „Selbstobjekte", die das psychisch gesunde erwachsene Individuum braucht, sind strukturell nicht identisch mit den Selbstobjekten der frühen Kindheit, die als Grundlage der Vorgänge der umwandelnden Verinnerlichungen dienten. Vielmehr werden die ersteren „Selbstobjekte" als getrennte Andere wahrgenommen – was eine Voraussetzung für psychische Reife ist (vgl. Eagle 1988, S. 47) –, wobei, wie ich zu zeigen versucht habe,

---

[35] Albert Ilien zeigt überzeugend, dass genau das der Punkt ist, an dem „Bildung" im eigentlichen Sinne beginnt. Ein universales, kontrafaktisches Humanitätsideal, so wie es als wesentliches Konstitutionselement im Bildungsbegriff enthalten ist, kann sich nach Ilien im Individuum nur auf der Grundlage der umwandelnden Verinnerlichung der idealisierten, sich zu ihm empathisch verhaltenden Selbstobjekte ausbilden (vgl. Ilien 2002, S. 49f.).

diese Wahrnehmung selbst einerseits die Kehrseite der Ausbildung eines entpersonalisierten Weltbezugs ist und andererseits die Verfestigung der Strebungen und der Ideale des Individuums unterstützt. Es ist unschwer zu sehen, dass wir in diesem Spannungsfeld in den Beziehungen zu (frühkindlichen) Selbstobjekten und (reiferen) „Selbstobjekten" jene doppelte Ausrichtung der identitätsstiftenden Anerkennung einerseits auf den Vorgang der umwandelnden Verinnerlichung von Strebungen und Idealen und andererseits auf deren Artikulation als Persönlichkeitsmerkmale wieder entdecken können, die im vorgängigen Abschnitt als Quelle der Dynamik der Anerkennungsverhältnisse vermutet wurde. Wenn die hier offerierte Interpretation des selbstpsychologischen Ansatzes nicht ganz unstimmig sein sollte, umfasst diese zweite Dimension der Anerkennung immer auch die *Weltbezüge* einer Person. Bezogen konkret auf die Anerkennungsform der Liebe bedeutet dies etwa, dass der Gegenstand dieser Form nicht nur – wie Honneth behauptet – die Bedürfnis- und Affektnatur der geliebten Person betrifft (vgl. Honneth 1992, S. 211), *sondern auch ihre Ideale und Lebensprojekte.*

3.3.2.2 Recht und moralischer Respekt

Der Aspekt der Allgemeinheit der kognitiven Selbstachtung, bei der ein abstraktes Konzept vom menschlichen Individuum entsteht, das allen anderen menschlichen Individuen mit ihren je einzigartigen Lebensprojekten und Wertungen gleichgestellt ist, entwickelt sich im Rahmen der Anerkennungsform des modernen Rechts, die daher einerseits aus der der Liebe hervorgeht, sie jedoch zugleich überschreitet. Der genetische Bezug der Ersteren zu Letzterer besteht darin, dass das Anerkennungsverhältnis der Liebe erst die Entwicklung einer Vorstellung von der eigenen Individualität und von der Individualität der Bezugsperson ermöglicht, und zwar als von zwei voneinander getrennten und aufeinander angewiesenen Subjekten. Die Vorstellung vom einzelnen Menschen als Person, als Zweck an sich, ist die grundlegende Voraussetzung der rechtlichen Anerkennung, die sich allerdings in zwei Hinsichten entscheidend von der Anerkennungsform der Liebe abhebt. Während die Anerkennung der Unabhängigkeit der geliebten Person in der Liebesbeziehung von der wechselseitigen emotionalen Bindung und vom Vertrauen in deren Kontinuität getragen wird (vgl. Honneth 1992, S. 173) und sich somit auf die einmalige, emotional gefärbte Erfahrung mit dieser Person stützen und nur auf diese beziehen kann, enthält die rechtliche Anerkennung den entscheidenden Aspekt der wechselseitigen *kognitiven* Achtung der Mitglieder eines Gemeinwesens, das auf formelle Regeln gebaut ist. Das rechtliche Anerkennungsverhältnis überschreitet zum ersten Mal den Bereich der primären Sozialbeziehungen und hängt mit der Entstehung einer Vorstellung vom „generalisierten Anderen" beim Individuum und mit der Einnahme der Perspektive des Anderen zu sich selbst zusammen. Sie erlaubt ihm, sich – wie auch alle Mitglieder des Gemeinwesens – als Träger von Rechten zu sehen (vgl. ebd., S. 174), welche im Zuge der Modernisierungsprozesse allmählich von partikularen Bestimmungen entkoppelt werden. Unter den Bedingungen einer posttraditionalen Gemeinschaft, deren integrationsstiftenden Normen nicht als traditionsfundierte, dem Einzelnen vorgegebene Konventionen angesehen werden können und bei der eine Pluralität von individuellen Lebensprojekten und Weltbildern gegeben ist, bezieht sich die kognitive Achtung nicht auf einen partikularen, gewissermaßen „eingeborenen" Status des Einzelnen in der Gemeinschaft, sondern letztlich auf seine Autonomiefähigkeit. Das meint konkret die Fähigkeit, die Legitimität von Normen reflexiv zu akzeptieren und sich an ihren Bestimmungs- und Begründungsdiskursen von einem universalistischen Standpunkt aus zu beteiligen (vgl. ebd., S. 176f.). Die rechtliche Anerkennung bezieht sich somit letztlich auf die moralische Zurechnungsfähigkeit des Individuums, die ihn zu einem freien und den anderen Menschen gleichen Wesen macht (vgl. ebd., S. 184f.).

Eine Person als moralisch zurechnungsfähig anzuerkennen, bedeutet – um mit Rainer Forst zu sprechen – ihr das „Grundrecht auf Rechtfertigung" zuzusprechen (vgl. Forst 2002, S. 224ff.), d. h. das Recht (und die Fähigkeit), sich an reziproken und auf Allgemeingültigkeit abzielenden normativen Begründungsdiskursen zu beteiligen. Diese Beteiligung setzt wiederum voraus, die Partikularität und die Kontingenz der verschiedenen Lebensprojekte und die Vorstellung über das „gute Leben" zu erkennen, d. h. den individuellen (und den individualisierernden) Charakter der eigenen Weltperspektive in ihrer Differenz zu den Weltperspektiven der „getrennten" Anderen als unabhängige Wahrnehmungs- und Interpretationszentren der Welt zu erkennen.

Durch diese Erkenntnis finden eine Dezentrierung und eine negative Einbeziehung der eigenen Lebensprojekte und Vorstellungen über das gute Leben in den verallgemeinernden Begründungsdiskursen statt. Die Anerkennung des Rechts auf Rechtfertigung bedeutet letztlich, als eine Person anerkannt zu werden, die sich des ursprünglich subjektiven und kontingenten Charakters der eigenen Ideale und Wertevorstellungen bewusst ist, die die eigene Wirklichkeitsperspektive als eine partikulare, neben den jeweils unterschiedlichen Perspektiven der Anderen existierende begreift (und somit sie als eine *Welt*perspektive im präziseren Sinne des Wortes konstituiert) und deshalb zur Einsicht kommt, dass die Beteiligung an den o. g. Begründungsdiskursen die Transzendierung dieser eigenen Perspektive erfordert. Man darf jedoch hierbei „Transzendierung" nicht auf „Negierung" reduzieren, denn die eigenen Ideale und Gütervorstellungen sind die wichtigsten Grundlagen und die Ressourcen der eigenen Handlungen und moralischen Entscheidungen, die es eben zu rechtfertigen gilt. Sie zu rechtfertigen, erfordert, sie positiv und zugleich in universalistisch ausgerichteten Grammatiken zu artikulierten. Das bedeutet nichts anderes, als dass der Anspruch auf Anerkennung nicht nur der abstrakt-formellen Individualität, sondern auch der konkreten Persönlichkeit erhoben wird, wobei der Adressat dieses Anerkennungsanspruchs eine tendenziell universelle Gemeinschaft ist. So verstanden, grenzt sich das Prinzip des „Rechts auf Rechtfertigung" grundsätzlich von der Habermas'schen Dichotomisierung von moralischen und ethischen Diskursen ab. Der Anspruch einer tendenziell universalistischen Anerkennung der eigenen Persönlichkeit in ihren konkreten Weltbildern entspringt zwar letztlich aus der Form der rechtlichen Anerkennung, sprengt jedoch den egalitären Charakter dieser Form und kann in ihrem Rahmen nicht eingelöst werden: Er erfordert den Übergang zu der Anerkennungsform der sozialen Wertschätzung.

3.3.2.3 Soziale Wertschätzung

Bei der sozialen Wertschätzung, die den Kernmechanismus der Interaktionsform einer posttraditionellen Solidarität ausmacht, welche sich dadurch auszeichnet, dass die Subjekte wechselseitig an ihren unterschiedlichen Lebenswegen und -projekten teilnehmen (vgl. Honneth 1992, S. 208), kommen die konkreten Eigenschaften einer Person in der Form von gesamtgesellschaftlich relevanten Fähigkeiten zum Ausdruck (vgl. ebd., S. 196f.; S. 284f). „Zum Ausdruck kommen" bedeutet hier, dass diese Eigenschaften in Leistungen überführt werden, die als gesellschaftlicher Beitrag gelten können, in dem sich der jeweilige individuelle Weg der Selbstverwirklichung verkörpert (vgl. ebd., S. 203; S. 207). Nach Honneth kann diese Anerkennungsform nur unter der Voraussetzung begriffen werden, dass ein Werthorizont hinzugedacht wird (vgl. ebd., S. 196); ansonsten wäre es gar nicht möglich zu bestimmen, was als eine wertvolle Leistung bzw. als gesellschaftlicher Beitrag gelten könne.

Dieser Werthorizont muss einerseits konkret genug sein, um als Grundlage einer solchen Bewertung dienen zu können, auf der anderen Seite muss er unter posttraditionellen Bedingungen (wo keine konkreten Verhaltensmuster metasozial als wertvoll festgelegt sind) in dem Sinne individualisiert sein, dass er für unterschiedliche individuelle Lebensprojekte und Wertsetzungen offen ist. Honneth sucht diesen Widerspruch zu lösen, indem er in Anlehnung an Mead den jeweiligen individuellen Arbeitsbeitrag als Grundlage für die soziale Wertschätzung auffasst (vgl. Honneth 1992, S. 142ff.; S. 196ff.). Dieser ist abstrakt genug, um von der Bewertung von partikularen ethischen Vorstellungen weitgehend abgekoppelt zu sein und gleichzeitig ausreichend konkret, um als Verkörperung individualisierender Eigenschaften und Kompetenzen angesehen zu werden. Ob ich die Leistungen eines guten Arztes wertschätze, ist weitgehend unabhängig davon, ob für mich die individuelle Selbstbestimmung, der Fortbestand der ethnischen Gemeinschaft, die Familie, oder die Erhaltung der ökologischen Balance höchste Priorität haben. Durch diese ethische und weltanschauliche Neutralität und gleichzeitige Offenheit für personale Eigenschaften und Lebensprojekte erhofft sich Honneth offenbar, im Prinzip des Arbeitsverdienstes jene Basis gefunden zu haben, welche die Synthese zwischen dem konkret-partikularistischen Charakter der Anerkennungsform der Liebe und dem abstrakt-universalistischen Charakter der des Rechts gefunden zu haben.

Diese ethische und weltanschauliche Neutralität wird jedoch stark relativiert, wenn wir die Abhängigkeit des Prinzips des Arbeitsverdienstes von den Interpretationsleistungen der Akteure und der Dynamik der Interpretationsdiskurse über gesellschaftsnützliche Arbeit genauer bedenken. Wie Honneth selbst anmerkt, ist etwa die Anerkennung der häuslichen, unentgeltlichen Frauenarbeit in der Familie als Verdienst ein neues Phänomen, das sich noch nicht ganz durchgesetzt hat. Diese Anerkennung rührt überhaupt erst von Ansprüchen her, die im Rahmen feministischer Diskurse artikuliert und begründet worden sind (vgl. Honneth 2003a, S. 181ff.). Dieses Beispiel zeigt sehr klar, dass der Bemessungshorizont des Arbeitsbeitrags nicht nur ethisch-kulturell unterfüttert ist, sondern dass die Bestimmung und die Entwicklung dieses Horizonts unmittelbar von den kulturellen Artikulationsleistungen der Akteure abhängig ist. Soziale Wertschätzung setzt demnach die Fähigkeit des Einzelnen voraus, das, was bisher noch heuristisch als „entpersonalisierter Weltbezug" bezeichnet wurde – seine Ideale, Weltbilder, Wertsetzungen –, in den posttraditionalen Wertehorizont bzw. in den Wertediskurs hineinzustellen, um dadurch einerseits sein Lebensprojekt als eine gesamtgesellschaftliche Bereicherung behaupten zu können und sich andererseits an der Weiterentwicklung der Leistungsmaßstäbe zu beteiligen.

Die letztere Formulierung impliziert eine weitere Revision von Honneths Auffassung der dritten Anerkennungsform. Die Artikulation des eigenen Weltbezugs im Horizont (oder genauer: im Horizontverschmelzungsprozess) der posttraditionalen Gemeinschaft erscheint auch als eine eigenständige und unmittelbare – d. h. über die Rolle dieser Artikulation bei der Bestimmung der Bemessungskriterien für den Arbeitsverdienst hinausgehende – Quelle von sozialer Wertschätzung. Diese Artikulation kann unter Umständen nämlich *an sich* als Gesellschaftsbeitrag angesehen werden und somit einen eigenen Anspruch auf soziale Wertschätzung begründen. Ich denke hier etwa an politische Dissidenten, die durch ihre eigene Biographie einen immensen Beitrag für die Entwicklung und Humanisierung von bestimmten Gesellschaften leisten. Ich denke auch an die Missachtungsgefühle vieler Ostdeutscher, die oft vom Eindruck herrühren, ihre spezifischen biographischen Erfahrungen und Wertsetzungen, die sie als DDR-Bürger gemacht haben – sei es hinsichtlich eines passiven oder aktiven Widerstandes gegen die Diktatur, sei es hinsichtlich einer wirklichen oder vermeintlichen Solidarität und zwischenmenschlicher „Wärme" –, würden in der gesamtdeutschen Gesellschaft ignoriert bzw. seien nicht „artikulationsfähig". So gesehen differenziert sich die Anerkennungsform der sozialen Wertschätzung in zwei Dimensionen aus, wobei die Artikulation der eigenen Weltbilder in dem posttraditionellen gesamtgesellschaftlichen Werthorizont bzw. in dem Wertediskurs einerseits eigenständig die erste Dimension ausbildet und andererseits zur konkreten Bestimmung der zweiten Dimension – der des Arbeitsverdienstes – entscheidend beiträgt.

Diese Artikulation des individuellen Weltbezugs im posttraditionellen gesamtgesellschaftlichen Werthorizont bedeutet nichts anderes als seine Weiterentwicklung zum Status einer „subjektiven Theorie"[36], als seine transformierende Übersetzung in ein Kontinuum von falliblen und argumentationsbedürftigen Thesen, die mit kritisierbaren Ansprüchen auf universelle Geltung versehen werden. Das ist der Punkt, an dem Weltbezug im eigentlichen Sinne ent-

---

36 Ich benutze hier den Begriff „subjektive Theorie" in dem Sinne, in dem er im Rahmen der qualitativen Sozialforschung angewandt wird: nämlich als Bezeichnung für zusammenhängende, argumentative und revisionsfähige Annahmen der Individuen im Alltag über die Wirklichkeit und ihr eigenes Handeln. Somit unterscheiden sich subjektive Theorien strukturell von Narrationen (vgl. Flick 2002, S. 36ff.).

steht, denn „Welt" ist als das Universum aller möglichen Bedeutungen zu verstehen, das sich daher von den konkret wahrgenommenen innerweltlichen Objekten abhebt. Die Eröffnung der Welt für den Einzelnen ereignet sich demnach im Akt der Dezentrierung seiner Perspektive, im Versuch, die Wirklichkeit auch aus den Perspektiven der Anderen zu betrachten, und zwar mit dem Bewusstsein, dass dieser Prozess der Perspektivenübernahme prinzipiell nicht abschließbar ist und daher die Welt nur als regulative Idee denkbar ist. Ich werde nach einer zusammenfassenden Betrachtung der so beschriebenen Zusammenhänge zwischen Fremdperson-, Selbst-, und Weltbezug innerhalb der Dynamik der Anerkennungsverhältnisse den so angedeuteten Präzisierungsversuch in Bezug auf den Begriff des Weltbezugs und seiner intersubjektiven Genese wieder aufnehmen.

3.4 Zwischenergebnis der Argumentation

Die bisherigen Ausführungen in diesem Kapitel über die Dynamik der intersubjektiv vermittelten Selbstbeziehung bzw. über die Dynamik der Anerkennungsformen enthalten eine Erweiterung des Anerkennungskonzepts Honneths. Die Orientierung an selbstpsychologischen Konzepten bzw. deren Bevorzugung vor der Objektbeziehungstheorie bei der Herausarbeitung der Anerkennungsform der Liebe und die Deutung der kulturellen Interpretationsleistungen als eine eigenständige Quelle sozialer Wertschätzung führten zu einer Konzipierung der Weltbezüge der Person – d. h. des Kontinuums von Bedeutungen oder Propositionen, die als „objektiv" im Sinne von abgetrennt vom Bereich der konkreten interpersonalen Beziehungen konstituiert werden – als eine wesentliche Referenz der Anerkennungsverhältnisse. Mehr noch, es wurde behauptet, dass die Dynamik dieser Verhältnisse, in der die Selbstverwirklichungsprozesse ermöglicht und initiiert werden, kaum nachzuvollziehen ist, ohne diese Referenz konzeptuell zu berücksichtigen. Wie wir gesehen haben, setzt die Emergenz von Anerkennungsansprüchen, welche die Transzendierung der jeweils gegebenen Anerkennungsformen hervorruft, die Artikulation der in den Selbstbeziehungsformen konstituierten personalen Eigenschaften voraus. Bei dieser Artikulation wird erst klar, dass diese Eigenschaften bzw. Selbstbeziehungsformen eben keine vollständige intersubjektive Bestätigung im Rahmen der sie ursprünglich hervorgebrachten Anerkennungsmodi finden können. Eine solche Artikulation ist letztlich nur dann möglich, wenn sich das Individuum als ein In-der-Welt-Seiendes (Heidegger) begreift, wenn es gewissermaßen diese Eigenschaften in einer quasi-objektiven Bedeutungsstruktur zum Ausdruck bringen und sich so als ein getrenntes Subjekt beschreiben kann. Wenn ich etwa meine ursprünglichen Ideale und Strebungen als *meine persönlichen* Ideale und Strebungen artikuliere, gebe ich mich selbst als Subjekt zu erkennen, das das Recht beansprucht, als vernünftiges und allen anderen Menschen gleichgestelltes Wesen anerkannt zu werden; dieser Anspruch wird dadurch legitimiert, dass ich mein Bewusstsein der Kontingenz und des subjektiven Charakters dieser Ideale und Strebungen deutlich mache und zwar durch die Bereitschaft, sie propositional und damit „rechtfertigungsfähig" zu umschreiben[37] und mit Geltungsansprüchen zu versehen. Wenn wir nun diese Erkenntnis mit den aktuell kontrovers diskutierten Fällen von Kopftuch tragenden muslimischen Lehrerinnen veranschaulichen wollen, dann können wir Folgendes hypothetisch annehmen. Ihr Ideal der frei gewählten Unterordnung unter eine bestimmte religiöse Tradition und ein bestimmtes Ritualesystem wird dann rechtfertigungsfähig und kann dann mit einem Anerkennungsanspruch auf moralische Zurechnungsfähigkeit verbunden werden, wenn dieses Idcal propositional als Sachverhalt objektiviert und mit einem Anspruch auf moralische Legitimität versehen, d. h. in einem System von allgcmein anerkennten Werten und rechtlichen Prinzipien situiert wird, wobei seine Kompatibilität mit diesen Werten und Prinzipien, mit dem „moral point of view" aufgezeigt wird. Eine weitere Transformationsstufe dieses Ideals, die die Grenzen des Rechtverhältnisses sprengt, würde seinen Ausbau zu einer „subjektiven Theorie" erfordern. Dies wäre dann der Fall, wenn der konkrete *Inhalt* dieses Ideals argumentativ verteidigt würde, d. h. wenn es mit anderen Idealen verglichen (etwa mit dem einer laizistischen Lebensführung) und dabei seine Schlüssigkeit und Legitimität aus den Perspektiven der Anhänger von alternativen Wertevorstellungen aufgezeigt würde. Dies würde bedeuten, dieses Ideal als

---

37 Bei dem Begriff der Propositionalität bzw. der propositionalen Artikulation orientiere ich mich am Konzept von Ernst Tugendhat. Danach konstituieren sich in propositionalen Sätze situationsunabhängige Sachverhalte, auf die sich Sprecher und Hörer als auf ein Identisches bejahend oder verneinend beziehen können, wobei sie Gründe für diese Ja/ Nein-Stellungnahmen anführen müssen. Bei propositionalen Sätzen wird nicht auf situative Reize der Umwelt reagiert, sondern sie referieren auf einzelne Gegenstände, die in Raum und Zeit bzw. in einem Referenzsystem, in einem Universum von Gegenständen, objektiv identifiziert werden können, das sich wiederum seinerseits im Prozess der propositionalen Artikulation konstituiert: Der Bezug auf den einzelnen Gegenstand als propositionalen Sachverhalt und der Bezug auf eine Welt setzen sich wechselseitig voraus (vgl. Tugendhat 2003, S. 15ff.; S. 19ff.).

eine Position im moralischen und im weltanschaulichen Diskurs der entsprechenden Gesellschaft zu artikulieren, generell: es *diskursfähig zu machen*. Die bisherigen Ausführungen legen also einen Zusammenhang zwischen Anerkennungsformen, Selbstbeziehungsmodi und Weltbezügen nahe. Nach dem bisher Gesagten lässt sich dieser Zusammenhang schematisch so darstellen (vgl. auch Honneth 1992, S. 211):

Anerkennungsformen	Selbstbeziehungsmodi	Weltbeziehungsmodi
Liebe	Selbstvertrauen	Ideale
Moralischer Respekt	Selbstachtung	Propositionen
Soziale Wertschätzung	Selbstschätzung	subjektive Theorien

Die dritte Reihe dieser Tabelle ist in einem besonderen Maße erläuterungsbedürftig: und zwar sowohl angesichts des Umstandes, dass sie eine Neuerung hinsichtlich der Bezugstheorie Honneths darstellt, als auch angesichts der besonderen bildungstheoretischen Bedeutung, mit der die Thematik der Weltbezüge des Individuums traditionell versehen wird. Diese Thematik wurde in der bisherigen Darlegung gewissermaßen als ein „Nebenprodukt" der Befassung mit der intersubjektiven Struktur von Bildungs- bzw. Selbstverwirklichungsprozessen behandelt, deshalb konnten die Begriffe „Weltbezug" bzw. „Welt" keiner eigenständigen Analyse unterzogen werden. Dies soll nun im nächsten Abschnitt geschehen, bei dem der umgekehrte Weg eingeschlagen werden soll: nämlich vom Welt- und Weltbezugs-Begriff zu dem der intersubjektiven Anerkennung. Bei diesem Weg übernimmt die Beschreibung der Dynamik von Weltbezügen die Rolle des Dreh- und Angelpunkts für die Erfassung der Intersubjektivität von Bildungsprozessen.

3.5 Die Erfassung der Weltbezüge als Desiderat der Anerkennungstheorie

Bisher habe ich vom „Weltbezug" nicht in einem präzisen Sinne gesprochen, vielmehr wurde damit zunächst einmal negativ und eher diffus der gesamte Bereich von Bedeutungen, Gegenständen oder Objekten benannt, auf die sich das Individuum *nicht* als auf Eigenschaften von anderen Personen oder von sich selbst bezieht – so sind etwa die Ideale Entitäten, in denen das Individuum zwar stark mit seiner Persönlichkeit involviert ist, die jedoch nur insofern als Ideale zu bezeichnen sind, als sie vergegenständlicht, als sie mit überindividueller Bedeutung und Gültigkeit und einem gewissen Anspruch auf Objektivität versehen werden. Dabei erschien die Bezeichnung „Weltbezug" insofern zunächst einmal zufällig gewählt, als sie von Bezeichnungen wie „objektive Wirklichkeit" oder „Umwelt" nicht differenziert wurde. Allerdings deutet sich in dieser Wortwahl schon die Vorstellung an, dass, wenn wir die Bezüge eines Individuums zur „objektiven Wirklichkeit" oder zur „Umwelt" dynamisch auffassen – und dies müssen wir, wenn wir sie als Korrelate zu den intersubjektiven Anerkennungsverhältnissen betrachten –, dann diese in der Semantik des Weltbegriffs am besten untergebracht sind. Diese Vorstellung begriffslogisch zu artikulieren, ist die Aufgabe des vorliegenden Abschnitts.

3.5.1 Weltbezug und Intersubjektivität

Die Unterscheidung zwischen den Interaktionen des Subjekts mit anderen Subjekten einerseits und seiner Beziehung zur Welt andererseits bei der gleichzeitigen Betonung der Korrelation zwischen den beiden Beziehungsebenen ist ein bekanntes, ja nahezu triviales Postulat des sprachpragmatischen Ansatzes Habermas' und Apels. Darin wird zunächst einmal ausschließlich die Erkenntnis zum Ausdruck gebracht, dass Sprache bzw. Intersubjektivität immer Verständigungspraxis *zwischen* den Kommunikationspartnern *über* etwas in der Welt ist. Auf einer etwas anspruchsvolleren Terminologieebene werden diese Unterscheidung und Korrelation in die Beschreibung der Doppelstruktur der Rede überführt. Sie umfasst propositionale Gehalte einerseits, die Weltbezüge ausdrücken bzw. herstellen, und illukotionäre Kräfte andererseits, die die Kommunizierung dieser Weltbezüge ermöglichen, wobei sie mit kritisierbaren Geltungsansprüchen in der jeweiligen, an den konkreten Hörer orientierten Verständigungspraxis versehen werden (vgl. Habermas 1981/ 1, S. 413ff.).

Nun kann man jedoch behaupten, dass diese Differenzierung und gleichzeitige wechselseitige Koppelung von Weltbezügen und Intersubjektivität dann nicht mehr zwingend wäre, wenn man Intersubjektivität breiter und anthropologisch fundierter als die verständigungsorientierte Sprechpraxis auffassen würde: dann wäre nämlich zumindest logisch nicht auszuschließen, dass diese Differenzierung nur bei einer Sonderform der Intersubjektivität – nämlich der Sprache – Sinn macht.

In der Tat haben wir gesehen, dass diese Differenzierung bei der Umstellung des Intersubjektivitätsbegriffs auf anerkennungstheoretische Prämissen nicht mehr so leicht konzeptuell zu fassen ist: So sind etwa die Ideale, die als ein erster Platzhalter des Weltbezugs in der selbstpsychologisch durchleuchteten ersten Anerkennungsform der Liebe bzw. der primären Nahbeziehungen angenommen wurden, zunächst einmal Eigenschaften der eigenen Person, die durch „umwandelnde Verinnerlichungen" der Interaktionen mit den Bezugspersonen zustande gekommen sind. Sie können nur dann als eine erste Form von Weltbezug, oder vielleicht besser: als ein potentieller Weltbezug aufgefasst werden, wenn man ihnen einen immanenten Drang zur propositionalen Ausdifferenzierung unterstellt, d. h. wenn man davon ausgeht, dass die Ideale von ihrer inneren Struktur her dazu angetrieben werden, sich in Sachverhalten mit Anspruch auf objektive Gültigkeit zu *vergegenständlichen*. Bei der erweiterten anerkennungstheoretischen Auffassung von Intersubjektivität können wir diesen Drang nicht mehr bloß mit einem Hinweis auf die sprachliche Verfasstheit menschlicher Existenz erklären. Das notwendige Moment der Vergegenständlichung bzw. der propositionalen Ausdifferenzierung der Ideale wurde in dieser Studie bisher allerdings eher intuitiv erfasst und in eine noch zu spezifizierende Beziehung zur sich allmählich stabilisierenden Wahrnehmung der Bezugspersonen als getrennten Anderen gesetzt. So sind wir zu der noch abstrakt gefassten These gekommen, dass die Eröffnung eines je eigenen Weltbezugs der Interaktionspartner der Konstituierung einer wirklichen Inter-Subjektivität gleichursprünglich ist, wobei sich diese zwei Momente wechselseitig voraussetzen. Demnach ist der Eröffnung von Weltbezügen eine Entwicklungsdynamik zu unterstellen, welche mit der Entwicklungsdynamik der intersubjektiven Verhältnisse analog und mit dieser aufs innerste verzahnt ist. Nun ist diese Annahme zu konkretisieren, indem das Augenmerk auf die genauen Verlaufsmuster und Mechanismen der besagten Entwicklungsdynamik des Weltbezugs zu richten ist.

Um mich dieser Aufgabe zuzuwenden, möchte ich im Folgenden zunächst die Ursprünge des modernen Intersubjektivitätsdenkens im Intersubjektivitätskonzept des späten Edmund Husserl zu vergegenwärtigen versuchen. Diese Vergegenwärtigung hat nicht primär die Funktion einer historischen Vervollständigung der Darstellung, sondern eher eine systematische Bedeutung für das hier zu entwickelnde Konzept. Denn bei Husserl wird – gewissermaßen ähnlich wie bei Honneth – Intersubjektivität als ein basales Faktum menschlicher Selbst-Existenz gefasst, das in ihren vorkognitiven Schichten fundiert ist: nämlich in der Wahrnehmung der eigenen und fremden Leiblichkeit. So problematisch und „idealistisch" belastet die Vorgehensweise und die Ergebnisse der Husserlschen Analyse des Wechselverhältnisses zwischen Intersubjektivität und Weltkonstitution aus heutiger Sicht auch erscheinen mögen, so bieten sie dennoch nicht nur einen Denkanstoss, sondern vor allem durch die in ihrem Rahmen gewonnene kategoriale Differenzierung zwischen „Umwelt", „Welt" und „Lebenswelt" auch ein bis heute kaum zu überschätzendes begriffliches Gerüst für Anstrengungen, den Vorgang der Welterschließung für den Einzelnen und seine soziale Voraussetzungen zu rekonstruieren.

Ich möchte bei der Rekonstruktion dieser Analyse mit einem etwas längeren Zitat beginnen, in dem insbesondere die Abhängigkeit der Konstitution einer Weltperspektive des Einzelnen von der intersubjektiven Beziehung zum Vorschein kommt, um dann in einem zweiten Schritt die umgekehrte Abhängigkeit dieser Beziehung von der Konstitution von Weltbezügen der Akteure zu rekonstruieren:

„Der Seinsinn „objektive Welt" konstituiert sich auf dem Untergrunde meiner primordialen Welt in mehreren Stufen. Als erste ist abzuheben die Konstitutionsstufe des „Anderen" oder „Anderer überhaupt", das ist aus meinem konkreten Eigensein (aus mir als dem primordialen Ego) ausgeschlossenen Ego's. Damit in eins, und zwar dadurch motiviert, vollzieht sich eine allgemeine Sinnesaufstufung auf meiner primordialen „Welt", wodurch sie zur Erscheinung „von" einer bestimmten „objektiven" Welt wird, als der einen und selben Welt für jedermann, mich selbst eingeschlossen. Also, das an sich erste Fremde (das erste Nicht-Ich) ist das andere Ich. Und das ermöglicht konstitutiv einen neuen unendlichen Bereich von Fremden, eine objektive Natur und objektive Welt überhaupt, der die Anderen alle und ich selbst zugehören. Es liegt im Wesen dieser von den „puren" Anderen (die noch keinen weltlichen Sinn haben) aufsteigenden Konstitution, dass die für mich „Anderen" nicht vereinzelt bleiben, dass sich vielmehr (in meiner Eigenheitssphäre natürlich) eine mich selbst einschließende Ich-Gemeinschaft als eine solche miteinander füreinander seiender Iche konstituiert, letztlich eine Monadengemeinschaft, und zwar als eine solche, die (in ihrer vergemeinschaftet-konstituierenden Intentionalität) die eine und die selbe Welt konstituiert. In dieser Welt treten nun wiederum alle Iche, aber in objektivierender Apperzeption mit dem Sinn „Menschen" bzw. psychophysische Menschen als Weltobjekte auf." (Husserl 1977, S. 109f.)

Die erste tragende Schicht der Konstitution des Weltsinns ist also die Wahrnehmung des Anderen, die sich im Zuge der reflexiven Zuwendung des Subjekts zu seiner primordialen Sphäre der Eigenheit vollzieht. Diese Sphäre ist ihm unmittelbar und vor-objektiv in der Gestalt des eigenen Leibes gegeben. Es handelt sich hierbei um die Wahrnehmung eines fremden Leibkörpers, eines „Leibes im Dort", bei der das Bewusstsein zum ersten Mal sich selbst überschreitet (vgl. Husserl 1973, S. 9), was die Eröffnung einer Weltperspektive im Subjekt ermöglicht. Präziser formuliert, stützt sich diese Eröffnung auf die Wahrnehmung des doppelten Charakters des Leibes, der zugleich als primordiale Entität und als Objekt gegeben ist. In der Sphäre seiner innersten, nicht objektivierbaren, nur solipsistisch zugänglichen Eigenheit entdeckt das Ego in der Gestalt des fremden und dann auch des eigenen Leibes etwas, was sich von dieser Sphäre als ihr Gegen-stand abtrennt. Dadurch entsteht erst der Sinn eines Objekts, die Möglichkeit der Wahrnehmung von Objekten. Nach der vollständigen Entwicklung dieses Objektsinns wird dann das Erscheinen der Subjekte als „Menschen bzw. psychophysische Menschen als Weltobjekte" ermöglicht.

Erinnern wir uns daran, dass die Wahrnehmung des Alter Ego als das primäre, „archetypische" Objekt nur die Kehrseite seiner Wahrnehmung als eine fremde primordiale Sphäre ist, die in einem fremden Leibkörper zentriert ist. Diese fremde primordiale Sphäre ist selbst natürlich nicht innerweltlich – sie wird innerweltlich nur gewissermaßen symbolisch repräsentiert durch den physischen Körper. Vielmehr ist sie eine selbstständige Quelle der Weltkonstitution, zunächst jedoch eine Quelle der Konstitution ihrer partikularen gegenständlichen Umwelt. Der Leib, der nur eine andere Benennung dieser Sphäre ist, ist nach Husserl der „Nullpunkt der Orientierung" des Subjekts (vgl. Husserl 1973, S. 526), der Nullpunkt seines Koordinatensystems der Wirklichkeitswahrnehmung. Daher ist die Wahrnehmung des Anderen nur als sein Erkennen als Ausgang einer fremden Weltperspektive, als Appräsentation eines fremden Koordinatensystems der Wirklichkeitswahrnehmung möglich. Dieses Erkennen vollzieht sich im Zuge der Überschreitung der eigenen, zunächst als monologisch strukturiert erscheinenden Umwelt. Die Konstitution der Welt als ein Horizont, in dem Bedeutungen mit Anspruch auf Objektivität, d. h. auf universelle Gültigkeit sich überhaupt erst ausbilden können, geschieht durch diese Überschreitung der ursprünglichen eigenen Wirklichkeitswahrnehmungsperspektive und ihrer Koordinaten. So gesehen ist Welt als eine polyzentrische Struktur zu verstehen, die durch das intersubjektive Erkennen des und der jeweils Anderen als Konstitutionsquellen von fremden Umwelten und durch die darauf aufbauende wechselseitige Dezentrierung und Überschreitung dieser Umwelten hervorgebracht wird. Umgekehrt ist das Erkennen dieser Anderen als Subjekte gleichbedeutend dem Erkennen ihrer Weltlichkeit, oder vielleicht besser: Weltbezogenheit (vgl. auch Stojanov 1999a; Stojanov 2000).

Die Problematik dieser Husserlschen Denkfigur ist allerdings wohl bekannt. Sie weist entweder eine logische Kreisstruktur auf, wenn die reflexive Zuwendung zum eigenen Leibkörper als Träger einer primordialen Sphäre einer objektivierenden Anschauung zum Phänomen des Leibkörpers bedürfe, die schon eine Außenperspektive zu sich selbst und dadurch die Fremdwahrnehmung voraussetzen würde, welche jedoch erst durch diese Zuwendung hervorgebracht werden kann. Oder aber die transzendentale Reflexion des Ego, seine epoché, in der die primordiale Sphäre seiner Eigenheit konstituiert wird, ist auch ohne die Wahrnehmung des Alter Ego denkbar und geht dann dieser voraus, wobei das Alter Ego ausschließlich in Analogie zur Selbstwahrnehmung erkannt wird. In diesem Fall haben wir es letztlich wieder mit einem monologischen, vor seiner intersubjektiven Beziehung konstituierten Subjekt zu tun (vgl. stellvertretend für diese Kritik Kolakowski 1986, S. 84ff). Husserl bietet Anlass für die beiden Interpretationsweisen. Die sich in ihnen ausdrückenden Defizite des transzendentalphänomenologischen Ansatzes mögen die Unmöglichkeit bezeugen, das tiefe wechselseitige Durchdringen zwischen Selbstbezug und Intersubjektivität mit bewusstseinsphilosophischen Mitteln konzeptuell widerspruchslos zu erfassen. Aber die Beibehaltung und die konsequente intersubjektivistische Übersetzung der allgemeinen Denkfigur scheint mir wichtig, *wonach Erkennen und Anerkennen des anderen Subjekts immer ein Erkennen und Anerkennen von ihm nicht nur als ein intentionales, d. h. gegenstandsbezogenes Subjekt, sondern auch als ein Mitkonstituierender der Welt ist, insofern dieses wechselseitiges Erkennen und Anerkennen die jeweils gegebenen partikularen Wirklichkeitswahrnehmungshorizonte der Akteure transzendiert und dezentriert.*

Dass der anerkennungstheoretische, selbstpsychologisch untermauerte Ansatz den zuvor genannten grundlegenden Zusammenhang zwischen Selbstbezug und Intersubjektivität zu erfassen vermag, dürfte nach dem in den vorangegangenen Abschnitten Gesagten schon als nachgewiesen gelten. Es gilt nun, in diesen Zusammenhang ein neues Moment zu integrieren, nämlich die soeben angesprochene Denkfigur, die sich bei der selbstpsychologischen Unterfütterung dieses Ansatzes schon abgezeichnet hat und im vorliegenden Abschnitt exemplarisch geschichtsphilosophisch positioniert wird. Diese Denkfigur findet ihren konzentrierten Ausdruck in der Annahme, dass ein „gelungenes" intersubjektives Verhältnis sich durch die Eröffnung eines Welthorizonts der Akteure im Zuge der Überschreitung der Grenzen ihrer jeweils aktuell gegebenen Umwelten auszeichnet, sowie dass umgekehrt diese Eröffnung ein intersubjektives Geschehen ist. Um diese Annahme weiter zu erläutern und zu präzisieren sowie sie in ihrer Tragweite und in ihren (bildungstheoretischen) Konsequenzen adäquat zu erfassen, will ich die schon angedeutete Unterscheidung (und gewissermaßen sogar Entgegensetzung) zwischen „Welt" und

„Umwelt" etwas ausführlicher thematisieren. Dabei möchte ich diese ursprünglich Husserlsche Unterscheidung mit dem Weltbegriff der bildungstheoretischen Klassik in Verbindung setzten und zunächst mit einer Vergegenwärtigung des letzteren Begriffs beginnen.

3.5.2 Welt, Umwelt, Lebenswelt

Zu Beginn des vorigen Abschnitts habe ich schon erwähnt, dass in der heute immer noch am meisten verbreiteten Form intersubjektivitätstheoretischen Denkens – der Universalpragmatik – ein Zusammenhang zwischen Weltbezug und interaktiver Praxis hergestellt wird. In zwei Hinsichten unterscheidet sich jedoch die sprachpragmatische Auffassung dieses Zusammenhangs entscheidend von jener, die sich im Rahmen der oben offerierten Husserl-Interpretation ergibt. Erstens sind aus sprachpragmatischer Sicht intersubjektive Verständigung und Welterschließung zwei an sich empirisch gegebene Funktionen der Sprache, die als relativ unabhängig voneinander beschrieben werden können. Im Unterschied dazu fasst die phänomenologische Intersubjektivitätstheorie jenen Zusammenhang als dialektischen Vorgang eines wechselseitigen Durchdringens zwischen den beiden Beziehungsformen: Die Welt entsteht für das Ich im Zuge der Konstitution des intersubjektiven Verhältnisses und vice versa. Bezug zur Welt und Bezug zum Alter Ego setzen sich strukturlogisch wechselseitig voraus, daher kann man das Verhältnis zwischen diesen zwei Bezügen nicht einfach als eine empirisch vorgefundene Korrelation deuten. Zweitens wird die Welterschließung in der Sprachpragmatik als ein partikularistischer Vorgang aufgefasst: d. h. eben nicht als Umwelttranszendierung sondern als Projektion partikularer kultureller Vorverständnisse.

In seiner neueren Studie zur „Hermeneutischen und analytischen Philosophie" behauptet Jürgen Habermas, dass sich die vermeintliche Spannung zwischen einem „Partikularismus der sprachlichen Welterschließung" und dem „Universalismus einer an Sachen orientierten Verständigungspraxis" auch durch die ganze hermeneutische Tradition hindurchziehe (Habermas 1999, S. 67). Dabei macht Habermas diese Spannung zunächst an der Sprachtheorie Wilhelm von Humboldts fest. Wie jedoch schon bei der Befassung mit dieser Theorie im ersten Kapitel der vorliegenden Studie angedeutet wurde, entfaltet sich diese Spannung zwischen Partikularismus und Universalismus innerhalb des Welterschließungsprozesses selbst; daher können die beiden Pole des Spannungsverhältnisses nicht unterschiedlichen Handlungsbereichen des Subjekts zugeordnet werden, wie dies Habermas tut, indem er einem partikularistischen Weltbezug eine universalistische intersubjektive Kommunikation entgegensetzt. Das Missverständnis der Habermas'schen Humboldt-Interpretation besteht in der Darstellung der „Welt" als einer rein partikularistischen Entität, die sich ausschließlich in partikularen kulturellen Kontexten konstituiert und bewegt.

Die Welterschließung ist nach Humboldt allerdings in der Tat *zunächst* insofern partikularistisch, als sie im Rahmen einer konkreten Sprache geschehe, die immer Verkörperung eines Volksgeistes sei und auf grammatikalisch strukturierten kulturellen Vorverständnissen aufbaue. „Welt" bezeichnet aber bei Humboldt, wie wir schon im ersten Kapitel gesehen haben, auch die Symbolisierung der unbestimmbaren Einheit der Natur, des „Nicht-Menschen": Im Zuge dieser Symbolisierung entsteht auch die positiv nicht bestimmbare, sondern nur als Bildungsideal zu begreifende Einheit des menschlichen Geistes, zu dem sich jeder Volksgeist wie ein Teil zum Ganzen verhält. Die Welt bezeichnet somit den gemeinsamen Bezugspunkt aller Nationalsprachen, auf den sie alle ausgerichtet sind, den sie jedoch positiv nicht fassen können. Ohne die Existenz dieses gemeinsamen Bezugspunktes, d. h. ohne die Konstitution der Einzelsprachen als ausgerichtet auf die Welt, als Weltansichten, wäre auch die innere Ganzheit jeder dieser Sprachen nicht denkbar, welche sich letztlich in ihrer jeweiligen grammatikalischen Systematik verkörpert (vgl. Humboldt 1905a, S. 27ff.; Humboldt 1905b, S. 300ff.; auch Benner 1990, S. 120ff., insb. S. 132). Hierbei scheint die Entfernung der Humboldtschen Sprachtheorie von der Kantischen Auffassung der Welt als regulativer Idee, die systematisches Denken, d. h. das Denken von einheitlichen Prinzipien in der Vielfalt der Erscheinungen überhaupt erst möglich macht, nicht allzu groß zu sein.

Diese Ganzheit der Sprache, und damit auch ihre Welterschließungsfunktion, wird dann dem sich bildenden Sprecher bewusst, wenn er sich mit fremden, sogar ihm möglichst entfernten Sprachen – wie etwa Altgriechisch – beschäftigt. Dann entdeckt er die Einheit in der unmittelbar existierenden Mannigfaltigkeit auch in seiner Muttersprache, eine Einheit, die nicht objektivierbar ist, sondern sich in der Harmonie der einzelnen Sprachformen verkörpert.[38] Die

---

38 „Dass Individualität Einheit der Verschiedenheit ist, braucht kaum erwähnt zu werden. Sie wird nur da bemerkbar, wo man in der Beschaffenheit, durch welche sich eine Sprache von der andren unterscheidet, auf gleiche Weise bewirkte und zurückwirkende Einerleiheit erkennt." (Humboldt 1905c, S. 420f.).

Entdeckung dieser Einheit ist zugleich die Hervorbringung eines Bezugs zur Welt als dem allgemeinen Gegenstand aller menschlichen, symbolisch strukturierten Tätigkeiten, als ein allgemeines „Ideengebiet", zu dem sich alle Sprachen wie „convergirende Strahlen" neigen (Humboldt 1905a, S. 19). Und diese Entdeckung geschieht im Rahmen eines interkulturellen Dialogs, insofern sie zunächst die Aneignung von fremder sprachlicher Wirklichkeit und ein Sich-Versetzen in diese erfordert. Wie Habermas zutreffend feststellt, führen genau diese Aneignung und das Sich-Versetzen zur Bewusstmachung dessen, dass der „eigene" (mutter-)sprachlich-kulturelle Volksgeist nur eine partikulare und partielle Ansicht der Welt ist, welche als ein gemeinsamer universaler und in sich identischer Bezugspunkt aller spachlich-kulturellen Perspektiven ungeachtet deren unhintergehbarer Verschiedenheit fungiert: Die Welt erscheint allen Sprechern als ein und dieselbe (vgl. Habermas 1999, S. 69f.). Diese Entdeckung der Welt, das Etablieren einer „reinsten und tiefsten" Wechselwirkung mit ihr – welche, wie wir im ersten Kapitel gesehen haben, für Humboldt der Kern der Bildung des Menschen ist – geschieht also im Rahmen der interkulturellen Dezentrierung der eigenen spachlich-kulturellen Wirklichkeitsperspektive. Habermas hebt genau diesen Humboldtschen Gedanken hervor (vgl. ebd. S. 75ff.), scheint jedoch das Moment der Dezentrierung zwar als verbunden mit dem Prozess der Welterschließung zu interpretieren, aber nicht als direkt auf ihn, sondern auf das Verfahren des Diskurses (also auf die Verständigung über die Regeln des Sprechens über die Welt, aber nicht direkt auf die Welt) bezogen (vgl. ebd. S. 73).

Diese Interpretation rührt – wie es mir scheint – vom partikularistischen Weltverständnis des Habermas'schen Konzepts selbst her. Danach artikulieren sich sprachliche Weltansichten auf der Grundlage eines von der konkreten Sprachgemeinschaft geteilten Vorverständnisses der Welt. Diese Artikulation dient dann als Ressource für gemeinsame kulturelle Deutungsmuster (vgl. ebd., S. 76). Von der Herstellung eines (sprachlichen) Weltbezugs selbst gehen für Habermas, anders als für Humboldt, keine universalistischen Impulse aus; diese werden erst dann generiert, wenn „Rollen, Einstellungen und interpersonale Beziehungen" (ebd., S. 76) der Akteure in den Blick kommen, wobei Habermas offenbar strikt (wir können auch sagen: mechanisch) zwischen den beiden Ebenen der Welterschließung und der intersubjektiven Kommunikation trennt.

Diese Trennung bzw. die Erfassung der Welterschließung als ein partikularistischer Vorgang widerspricht auch Intuitionen, die dem alltäglichen Sprachgebrauch von „Welt" innewohnen. Wenn wir etwa von einem Ausflug in die „große weite Welt" reden, meinen wir das Verlassen des bisher Vertrauten und

Nahen im Zuge einer unvorhersehbaren Bewegung hin zum Fremden und Unbekannten. Der Prozess der Horizonterweiterung, der sich bei dieser Bewegung ereignet, wird vor allem durch die Begegnung mit zunächst unbekannten *Menschen* initiiert, die als „Nullpunkte" anderer, fremdartiger Perspektiven oder „Strahlen" zur Welt qua Allheit der Wirklichkeitsphänomene fungieren.

Vordergründig gesehen, scheint hingegen der Ausdruck „Das ist meine Welt" dieser Semantik des Weltbegriffs zu widersprechen. „Meine Welt" bezeichnet normalerweise eine Sphäre von Bedeutungen, die privater, vielleicht sogar intimer Natur sind und die die partikulare Besonderheit der individuellen Existenz auszeichnen. Dieser scheinbare Widerspruch löst sich allerdings in dem Moment auf, in dem wir genau auf den Anwendungskontext des Ausdrucks „Das ist meine Welt" hinschauen. Wir verwenden diesen Satz nämlich dann, wenn wir einer anderen Person zu erklären versuchen, was uns besonders wichtig ist, was die Ausrichtung unserer Existenz bestimmt – und zwar einer Person, bei der wir nicht davon ausgehen können, dass wir die gleichen intuitiven Vorverständnisse mit ihr teilen. Der Bezug zur Welt, der in diesem Satz zum Ausdruck kommt, ereignet sich also im Akt der Übersetzung meiner Wirklichkeitsdeutungsmuster und Wertüberzeugungen in eine fremde Perspektive.

Die Welt erscheint also letztlich als jener unbestimmbare Horizont, der die Übersetzbarkeit zwischen den verschiedenen partikular-kulturellen Wirklichkeitsperspektiven gewährleistet. Mit Humboldt lässt sich noch ein Schritt weiter gehen, indem man davon ausgeht, dass sich diese Perspektiven erst dann als kohäsive Entitäten konstituieren, wenn sie in Prozesse wechselseitiger Übersetzung einbezogen werden. Und mit Husserl lässt sich der Ort der Welterschließung durch die ständige Horizontaufschiebung und Horizonterweiterung der Akteure als „Lebens-Welt" im präziseren Sinne bezeichnen, die sich von der monologischen und umgrenzten Struktur der „Um-Welt" gründlich unterscheidet.

Die Lebenswelt ist nach Husserl als „Grund" und Horizont des Handelns des Subjekts aufzufassen. Dieser „Grund" bzw. Horizont ist jedoch nicht als eine statische, fest umgrenzte Entität zu deuten, sondern als dynamische „Struktur", die ständig über sich hinausweist, wobei sie in ihrer Bewegung auf die Einheit eines Sinnes ausgerichtet ist: „Jeder erreichte „Grund" verweist weiter auf Gründe, jeder eröffnete Horizont weckt neue Horizonte, und doch ist das unendliche Ganze in seiner Unendlichkeit strömender Bewegung auf Einheit eines Sinnes gerichtet." (Husserl 1954, S. 173). Diese Dynamik ist initiiert durch den Prozess des „Wechselverstehens", bei dem meine Erfahrungen und

Erfahrungsgewebe in einen ähnlichen Konnex mit den Erfahrungen der Anderen treten wie die einzelnen Erfahrungsreihen innerhalb meines Erfahrungslebens (vgl. ebd., S. 166). Genau durch diese intersubjektiv generierte Dynamik unterscheidet sich das lebensweltliche Apriori vom monologischen Objektivismus der „umweltlichen Einstellung" bzw. von der „endlich überschaubaren Umweltlichkeit" (vgl. ebd., S. 341). Und genau dieser dynamisch-universalistische Charakter der Lebenswelt geht verloren bei den heutzutage dominierenden Verwendungsweisen des Lebensweltbegriffs, bei denen Lebenswelt auf eine partikulare kulturelle Lebensform reduziert wird, welche von einem homogenen kollektiven Subjekt getragen wird. Hierbei wird das Moment der Umwelttranszendierung ignoriert, welches das lebensweltliche Handeln nach Husserl ganz wesentlich auszeichnet (vgl. exemplarisch dazu Nieke 2000, S. 511ff.).

In der so von Husserl aufgefassten Lebenswelt artikulieren die Subjekte vor allem sich selbst, *indem* sie die Welt *im Zuge* des intersubjektiven Übersetzungsvorgangs gemeinsam erschließen. Diesen dreigegliederten Zusammenhang, in dessen Rahmen sich Selbst-Artikulation zugleich als Selbst-Überholung und letztlich Selbst-Entwicklung erweist, gilt es nun etwas genauer zu erläutern.

3.5.3 Weltbezug, Bildungsfähigkeit und kulturelle Zugehörigkeit(en)

Die so beschriebene, intersubjektiv vermittelte Welterschließung kann man als die Stätte interpretieren, in der sich die Bildungsfähigkeit des Einzelnen konstituiert und verwirklicht. Es handelt sich hierbei um die Grundfähigkeit des Individuums, über seinen jeweils aktuell gegebenen Stand des Wirklichkeitsbezugs und der Selbstwahrnehmung hinauszugehen und somit die eigene Existenz primär auf die Zukunft auszurichten. Dies bedeutet für den Einzelnen, sich deterministischen Prägungen einer faktisch-gegenwärtigen „sozialen Umwelt" entziehen zu können. Wie wir in diesem Kapitel gesehen haben, wird diese – die Sphäre des Faktisch-Gegebenen transzendierende – Entwicklungsoffenheit im Rahmen intersubjektiver Anerkennungsverhältnisse hervorgebracht.

Die Anerkennungsbeziehung wird allerdings gewöhnlich ausschließlich auf die Dynamik des Selbstverhältnisses bezogen. Bei der Uminterpretation der Honnethschen Auffassung der einzelnen Anerkennungsformen und ihrer Domänen im letzten Abschnitt habe ich die These aufgestellt, dass sich diese

Dynamik und der Mechanismus ihrer intersubjektiven Vermittlung gar nicht vollständig begreifen lassen, ohne dass der Weltbezug der Akteure als eine dritte Dimension (neben dem Selbst und dem Anderen) des Anerkennungsverhältnisses mit in Betracht gezogen werden. Nachdem wir in diesem Abschnitt einen intersubjektivitätstheoretischen Weltbegriff in Umrissen gewonnen haben, stellt sich nun die Aufgabe, den noch ausstehenden, dritten Zusammenhang in der Matrix von Selbst, Welt und Intersubjektivität aufzugreifen, nämlich denjenigen zwischen Welt-Erschließung und Selbst-Entwicklung.

Hierbei ist zunächst festzuhalten, dass dieser Zusammenhang eine zentrale Domäne des Symbolbegriffs bzw. des Begriffs der Symbolisierungstätigkeit ist. In dieser Tätigkeit verschmilzt der subjektive Ausdruck mit den objektiven Bedeutungen. Daher ist das Symbolische – um mit Ernst Cassirer zu sprechen – eine dritte Realität zwischen subjektivem Bewusstsein und objektiver Realität, oder genauer: Das Symbolische ist derjenige Bereich, in dem eine Synthese zwischen den beiden existiert, in dem subjektives Bewusstsein und objektive Realität nicht von einander trennbar sind. Dabei ist diese Synthese nur eine andere Bezeichnung der Verbindung des „Einzelnen, Hier und Jetzt Gegebenen des Bewußtseins" mit einem „allgemeinen Gehalt" und „geistiger Bedeutung", nur eine andere Bezeichnung für das „Losringen" einer Gestalt, eines „Eidos" aus dem „bloßen Werden", aus dem „lebendigen Strömen" des Bewusstseins. In dieser Verbindung geschieht „das Wunder", dass sich die Kluft zwischen Sein und Werden, letztlich zwischen Sein und Bewusstsein schließt (vgl. Cassirer 1956, S. 177).[39]

---

[39] „Die Kluft, die sich hier vor uns auftut, scheint in der Tat unüberbrückbar; der Gegensatz scheint unaufheblich, sobald man ihn sich einmal auf die schärfste abstrakte Formel zu bringen sucht. Und doch begibt sich im Tun des Geistes beständig das Wunder, daß diese Kluft sich schließt; daß das Allgemeine sich mit dem Besonderen gleichsam in einer geistigen Mitte begegnet und sich mit ihm zu einer wahrhaften konkreten Einheit durchdringt. Dieser Prozeß stellt sich uns überall dort dar, wo das Bewußtsein sich nicht damit begnügt, einen sinnlichen Inhalt einfach zu *haben*, sondern wo es ihn aus sich heraus *erzeugt*. Die Kraft dieser Erzeugung ist es, die den bloßen Empfindungs- und Wahrnehmungsinhalt zum symbolischen Inhalt gestaltet. In diesem hat das Bild aufgehört, ein bloß von außen Empfangenes zu sein; es ist zu einem von innen her Gebildeten geworden, in dem ein Grundprinzip freien Bildens waltet. Dies ist die Leistung, die wir in den einzelnen „symbolischen Formen", die wir in der Sprache, im Mythos, in der Kunst sich vollziehen sehen. Jede dieser Formen nimmt vom Sinnlichen nicht nur ihren Ausgang, sondern sie bleibt auch ständig im Kreis des Sinnlichen beschlossen. Sie wendet sich nicht *gegen* das sinnliche Material, sondern lebt und schafft in ihm selbst. Und damit vereinen sich Gegensätze, die der abstrakten metaphysischen Betrachtung als unvereinbar erscheinen mußten." (Cassirer 1959, S. 177f.; hervorgehoben im Original).

Die Tätigkeit der Symbolisierung bedeutet demnach, die subjektiven innerpsychischen Erlebnisse zu vergegenständlichen, sie als Entitäten einer quasiobjektiven Realität auszudrücken. Hierbei erscheinen Wirklichkeitswahrnehmung und Selbst-Artikulation als zwei gegenläufige Richtungen ein und desselben Vorgangs. Die Wirklichkeit wird wahrgenommen anhand von psychischen Dispositionen, hinter denen subjektive Impulse und präreflexiv internalisierte Wertungen stehen, aber diese Impulse und Wertungen erheben sich zu sinnhaften psychischen Erlebnissen erst im Zuge ihrer Objektivierung, ihrer Ver-Wirklichung. Durch diese Objektivierung gewinnt das Individuum Distanz sowohl zu den Impulsen seiner inneren psychosomatischen als auch zu den Eindrücken der äußeren materiellen Natur.

Die Weiterentwicklung der Symbolisierungstätigkeit erfordert konsequenterweise eine weitere Distanzierung, nämlich diejenige zu den ursprünglichen anschaulichen Sinngebilden, so wie diese etwa für die Symbolform des Mythos charakteristisch sind. Bei diesen späteren Entwicklungsstadien bildet sich die symbolische Form des Begriffs, der spachlich-propositional ausdifferenzierten Aussagen aus, welche eine intersubjektive Objektivität beanspruchen und somit eine welterschließende Funktion erfüllen. Hier wird die Symbolisierungstätigkeit insofern reflexiv, als die Eingeschränktheit der anfänglichen symbolischen Gebilde bewusst wird, und zwar im Zuge der Antizipation eines nicht erreichbaren Objektivitätsideals. Diese Antizipation ermöglicht die *Darstellung* des innerpsychischen Lebens.[40] Genau diese Antizipation macht die Bewusstmachung des Symbols als Symbol, also als eine Darstellung einer „objektiven" Realität, die sich als solche von dieser Realität abgrenzt – wobei diese reflexive Abgrenzung ein zentrales konstitutives Moment des Symbolischen ist.

Die Ausbildung der Ideale eines Individuums lässt sich am besten als eine solche Symbolisierungstätigkeit beschreiben. Bei dieser Tätigkeit werden die

---

40 Diese reflexive Distanzierung von der „zweiten Natur" des Menschen, die für die höheren, begrifflichen Formen der Symbolisierung charakteristisch ist, wird besonders in der Cassirer-Interpretation von Habermas hervorgehoben: „Der Mensch bewältigt die auf ihn einstürmenden Naturgewalten durch Symbole, die seiner produktiven Einbildungskraft entspringen: So gewinnt er Distanz von unmittelbaren Druck der Natur; freilich zahlt er für diese Befreiung mit der geistigen Abhängigkeit von einer semantisierten Natur, die in der verzaubernden Kraft mythischer Bilder wiederkehrt. Jener Akt der ersten Distanzierung muß sich deshalb innerhalb der Kulturentwicklung wiederholen. Der Bruch mit der ersten Natur setzt sich in der zweiten, symbolisch erzeugten Natur fort – und zwar mit der Eröffnung symbolischer Welten. Diese Objektivierung verdankt sich, wie gezeigt, dem welterschließenden Logos der Sprache." (vgl. Habermas 1997, S. 37)

anfänglichen Impulse und Antriebe, welche ursprünglich aus den Interaktionen mit den Bezugspersonen stammen, zunächst in sinnhaften Bildern artikuliert und dann propositional dargestellt. Der Wunsch nach empathischer Gemeinsamkeit mit den Bezugspersonen etwa bzw. nach der Wiederholung von schon gemachten Erfahrungen mit solch einer Gemeinsamkeit, entwickelt sich dann zu einem Ideal, wenn er zunächst bildhaft vergegenständlicht wird – z. B. in der Form eines Traums von Situationen einer zukünftigen harmonischen und verständnisvollen Partnerschaft –, um dann in der Darstellung der Empathie als ein hohes Gut in den zwischenmenschlichen Beziehungen objektiviert zu werden. Diese Darstellung schließt auch einen argumentativ einlösbaren und insofern universalistischen Geltungsanspruch mit ein. Wie ich im letzten Abschnitt ausgeführt habe, verdichten sich die Ideale auf dieser Stufe der propositional-argumentativen Darstellung in subjektiven Theorien. Da die Dynamik der Anerkennungsverhältnisse die so skizzierte – welterschließende – Entwicklung der Ideale mit einbezieht, konstituiert sie auch die quasi-"natürliche" Motivation des menschlichen Individuums, sich der Welt mittels Verstehen und Aneignung von argumentativen Zusammenhängen zu nähern, insofern es sich selbst in diesen Zusammenhängen wieder erkennen kann.

Es ist nahe liegend, dass ohne diese bildende Darstellung der anfänglichen Wünsche und Impulse in Idealen (und dann in subjektiven Theorien) diese Wünsche und Impulse sich nicht stabilisieren könnten und letztlich verloren gehen würden; ja, dass ohne eine Entwicklung der Ressourcen für diese symbolische Darstellung keine Ausbildung von Identität und letztlich von Subjektivität möglich ist. Der Beginn der so umrissenen Symbolisierungstätigkeit ist zugleich der Geburtsort der Subjektivität bzw. der Beginn des Handelns des Einzelnen als ein Partner im intersubjektiven Verhältnis. Diese darstellende und bildende Artikulation ist *zugleich* ein Prozess der Welterschließung, die wiederum durch die Einnahme der Perspektiven der Alter Egos zum Selbst und zur Wirklichkeit möglich ist: Die darstellende Artikulation ist nur als Übersetzung möglich.

Wir können mit Wolfgang Nieke den Bereich der symbolischen Formen bzw. der Symbolisierungstätigkeit, in dem sich diese darstellende Artikulation vollzieht, ohne weiteres mit dem Bereich der menschlichen Kultur gleichsetzen (vgl. Nieke 2000, S. 42). Wir können „Symbol" auch als „kulturelle Objektivation" bezeichnen, d. h. als eine sinnlich-konkrete und zugleich Objektivität beanspruchende Darstellung subjektiver Zustände, in deren Zuge das Individuum sich von seiner ersten Natur abkoppelt und sich in einer zweiten, „semantisierten" Natur situiert. Diese stellt sich zunächst einmal aus kulturspezifischen Mustern der Symbolisierung zusammen, wobei die sozialisatorische Aneignung von solchen Mustern durch den Einzelnen im wesentlichen das ist, worauf der Begriff der „kulturellen Zugehörigkeit" fokussiert (vgl. ebd. S. 44f., auch Esser 2001, S. 4f.; S. 371f.). Aber wir sollten dabei nicht vergessen, dass der Symbolisierungstätigkeit auch eine reflexive Distanzierung zu dieser zweiten Natur immanent ist, und zwar deshalb, weil diese Tätigkeit weltbezogen ist: d. h. bezogen auf einen universalen, aber unbestimmbaren Horizont, der sich im Akt des Darstellens der eigenen identitätsstiftenden Sinngebilde und Wertungen für die irreduziblen Anderen – also im Akt der interkulturellen Übersetzung – zeigt.

Die letzte Formulierung legt den auf dem ersten Blick paradoxen Schluss nahe, dass die Kulturhaftigkeit des Menschen notwendig interkulturell strukturiert sei. Die bildende Bedeutung der „urspünglich-sozialisatorischen", der „muttersprachlichen" Kultur lässt sich in der Semantik der „Enkulturation" oder der deterministisch verstandenen „Prägung" nicht adäquat beschreiben. Die Bedeutung dieser Kultur besteht eher in der Bereitstellung von anfänglichen symbolischen Ressourcen für die Selbst-Artikulation, die sich im Rahmen der gebrochenen Intersubjektivität des Anerkennungsverhältnisses vollzieht, und in deren Zuge diese Ressourcen als kontingent und eingeschränkt erkannt und permanent transzendiert werden. Vor dem Hintergrund dieses Verständnisses erscheint die Praxis der „Aneignung" von Kultur – welche traditionell als „Bildung" bezeichnet wird – als ein Sich-Bewegen in einem „Zwischen-Raum", als ein ständiges „Darüber-Hinausgehen": als ein Hinausgehen über das aktuell Wahrgenommene und Erlebte, wenn ich mich an dieser Stelle der Begrifflichkeit von Homi Bhabba bedienen darf (vgl. Bhabba 2000, S. 1ff.).[41]

---

41 Auch Patchen Markell formuliert eine Auffassung von „Kultur" als ein gebrochenes („striated") und heterogenes Medium von Praxis und Interaktion und setzt diese Auffassung essentialistischen Kulturvorstellungen entgegen, welche Kultur als ein „self-enclosed whole", als eine separierte und in sich kohärente Totalität darstellen (vgl. Markell 2002, S. 154). Markell fragt sich auch, warum die letzteren Vorstellungen der „classic anthropological conception of culture" (ebd., S. 154) weitgehend kritikresistent und immer noch so „attraktiv" und wirkungsvoll sind (vgl. ebd., S. 154). Das ist in der Tat eine hochinteressante und auch für die vorliegende Studie sehr relevante Frage, jedoch teile ich die Antwortrichtung Markells nicht, wonach diese Essentialisierung von Kultur als ein Nebenprodukt der Muster sozialer Anerkennung als solcher zu deuten sei. Dies wäre nur dann der Fall, wenn man von „Anerkennung" in der multikulturalistischen Semantik der „identity politics" spricht – nicht aber wenn dieser Begriff im hier dargelegten individualistisch-intersubjektivistischen Sinn ausbuchstabiert wird.

Um die intersubjektive Vermittlung und die intersubjektiven Voraussetzungen dieser bildungsstiftenden Praxis der *Hervorbringung von Kultur* durch den Einzelnen als einen polyzentrischen und dynamischen symbolischen Raum seiner Selbst-Artikulation genauer und unter Berücksichtigung auch empirischer Befunde erläutern zu können, widme ich mich im nächsten Kapitel der aktuellen Diskussion über „kulturelle Anerkennung".

3.6 Zusammenfassung

Die Ausführungen in diesem Kapitel finden vor dem Hintergrund des zuvor herausgearbeiteten Verständnisses von Bildung als ein paralleler Vorgang von Selbst-Entwicklung und Welt-Erschließung statt, und sie befassen sich mit der Frage nach der intersubjektiven Struktur dieses Vorgangs. Im Mittelpunkt dieser Ausführungen stand zunächst die Frage nach der intersubjektiven Vermittlung sowohl der Entstehung von konkreten Persönlichkeitseigenschaften als auch der Entwicklung einer Ich-Identität: Entstehung und Entwicklung, die auch als Hervorbringung der Grundfähigkeit zur Subjektautonomie verstanden werden können. Hierbei wurde aufgezeigt, dass sowohl die ersteren Eigenschaften als auch die letztere Identität durch Selbstbeziehungsakte des Einzelnen hervorgebracht werden, die zum einen durch die Erfahrung der intersubjektiven Anerkennung initiiert werden, und zum anderen zugleich eine Selbst-Artikulation, eine Selbst-Vergegenständigung, ein Selbst-Hineinprojizieren in die Welt erfordern und zugleich induzieren. Dabei ist „Welt" als ein interperspektivischer symbolischer Raum zu verstehen, der die partikularen Umwelten der Einzelnen übergreift.

Demzufolge besteht der „Gegenstandsbereich" der Anerkennung nicht nur in den Selbst-Eigenschaften, sondern auch in den dazu komplementären Welt-Referenzen des Einzelnen. Liebe ermöglicht etwa nicht nur das Selbstvertrauen der geliebten Person, sondern auch die Entstehung und die Verfestigung ihrer Ideale, die dann auf der Grundlage der Erfahrung mit moralischem Respekt propositional artikuliert werden, und damit Selbstachtung des Einzelnen als jemand mit aufbauen können, der zur Einnahme des Standpunktes der Allgemeinheit fähig ist. Diese Ideale werden schließlich aufgrund der Anerkennungsform der Wertschätzung zu subjektiven Theorien des Einzelnen verdichtet, durch welche er sich als Teilnehmer einer universalistisch entgrenzten Diskursgemeinschaft positionieren und sich schätzen lernen kann. In dieser Formulierung wird übrigens das generelle Verlaufsmuster gelungener Bil-

161

dungsprozesse umrissen, wonach sie als Entstehung von Selbstvertrauen einsetzten, das sich dann über Selbstachtung zur Selbstschätzung entwickelt, wobei komplementär dazu sich der erwähnte Vorgang der propositionalen Artikulation der Ideale des Einzelnen und ihre Verdichtung zu Systemen argumentativ prüfbarer diskursiver Festlegungen vollzieht. Diese parallele Entwicklung wird durch die Erfahrung mit den Anerkennungsformen der Liebe, des moralischen Respekts und der sozialen Wertschätzung ermöglicht, die in der genannten Reihefolge eine ontogenetische Ordnung ausbilden.

Die konsequente bildungstheoretische Umsetzung des anerkennungstheoretischen Ansatzes erfordert allerdings, Weltreferenzen des Einzelnen nicht nur als Korrelate seiner Selbstbeziehungsformen ausschließlich indirekt zu thematisieren, sondern sie zu einem gleichberechtigten Objektbereich anerkennungstheoretischer Erkundungen zu machen. Ein erster Schritt wurde in der zweiten Hälfte dieses Kapitels vollzogen, als der Begriff der Welt bzw. der Welterschließung in seiner intersubjektiven Konstitution einer ähnlich detaillierten Reflexion wie derjenigen auf das Selbst bzw. den Selbstbezug zum Beginn des Kapitels unterzogen wurde. Die Frage, die sich nun stellt, ist, ob diese erweiterte Betrachtungsweise auf den Gegenstandsbereich der Anerkennungsformen nicht auch zu einer veränderten Beschreibung ihrer Architektonik führen würde, bzw. ob nicht einzelne Anerkennungsformen konzeptualisiert werden müssen, bei denen eben die Welterschließungsprozesse des Einzelnen – und nicht seine Selbstbeziehungen – in den Vordergrund rücken. Wegen des zuletzt umrissenen Zusammenhangs zwischen Welterschließung und „Kulturhaftigkeit" des Einzelnen bietet sich hierzu die Annahme an, dass dieser Frage am ehesten anhand einer hypothetischen Form der „kulturellen Anerkennung" nachgegangen werden könnte, so wie sie in den letzten Jahren kontrovers in einschlägigen sozialphilosophischen Diskursen diskutiert wird.

4 Kulturell-biographische Anerkennung als bildungsstiftende Intersubjektivitätsform

Im vorletzten Abschnitt des vorigen Kapitels wurde die Frage nach dem Verhältnis zwischen Welterschließung und kultureller Zugehörigkeit bzw. kultureller Situierung aufgegriffen. Insbesondere in pädagogischen Kontexten wird sehr oft die „Weltbezogenheit" des Menschen mit seiner „Kulturhaftigkeit" gleichgesetzt. In der Tat lässt sich kaum leugnen, dass ein enger Zusammenhang zwischen den beiden Modi menschlichen Seins besteht, selbst wenn er nicht linear, und schon gar nicht einer der Identität ist. Um diesen spannungsreichen Zusammenhang ein Stück weit klären zu können, gilt es nun, die oben schon angesprochene Dialektik der „Kulturhaftigkeit" zwischen der ursprünglichen Situierung der Selbst- und der Wirklichkeitsvorstellungen des Einzelnen in partikularen, primär ansozialisierten Kontexten auf der einen Seite und der Überschreitung dieser Kontexte durch die transformierende Artikulation der Selbst- und Wirklichkeitsvorstellungen im Zuge der Welt-Erschließung auf der anderen, mit anerkennungstheoretischen Mitteln zu rekonstruieren.

Im Folgenden wird diese Rekonstruktion durch eine kritische Erörterung der neueren Diskussion über den Begriff der „kulturellen Anerkennung" anvisiert. Im Zuge dieser kritischen Erörterung werde ich die These aufstellen, dass die Domäne der „kulturellen Anerkennung" nicht die kollektiven Identitäten sind, sondern die individuellen Prozesse einer innovativen und weltbezugskonstituierenden Artikulation von ursprünglich ansozialisierten, kontextuell-partikularistischen Mustern der Wirklichkeitswahrnehmung (4.1). Um diese These auch durch empirische Erkenntnisse zu unterfüttern, wende ich mich in einem nächsten Schritt an explizite und implizite Erkundungen der Migrationsforschung, hier insbesondere an qualitativ-empirische Forschungen über Verläufe von Bildungsprozessen bzw. über Bildungsblockaden bei Personen mit Migrationshintergrund (4.2). Die so zu gewinne Rekonstruktion der kulturell-biographischen Dimension der Anerkennung, welche auf Welterschließungsprozesse abzielt, wird abschließend systematisch zusammengefasst (4.3), um sie dann als Grundlage für die Konzeptualisierung der sozialen Mechanismen und Voraussetzungen der Wissensgenerierungsprozesse des Einzelnen anzuwenden, die im nächsten Kapitel im Angriff genommen wird.

4.1 Der Begriff der „kulturellen Anerkennung" – eine kritische Betrachtung

Die Notwendigkeit einer Befassung mit dem Begriff der „kulturellen Anerkennung" ergibt sich an dieser Stelle aus zwingenden theorieimmanenten Gründen. Bei der Entfaltung der Argumentationslinie dieser Studie sind wir an einem Punkt angelangt, an dem sich die Notwendigkeit herausstellt, den Umgang des Individuums mit seiner „Kulturhaftigkeit" – verstanden als Quelle oder „Grund" seiner Welterschließung – als ein notwendiges Moment des Vorgangs der Selbst-Verwirklichung oder der *Herausbildung der individuellen Autonomie* zu erfassen.

Die so formulierte Fragestellung und die darin begründete Perspektive zum Begriff der „kulturellen Anerkennung" unterscheiden sich grundlegend von den heute dominierenden Herangehensweisen an diesen Begriff, bei denen als primäre Domäne der „kulturellen Anerkennung" nicht Individuen und deren Bildungsprozesse erscheinen, sondern kollektive kulturelle Identitäten von Gruppen, wobei die Individuen ausschließlich auf ihre „kulturellen Zugehörigkeiten" reduziert werden. So gesehen, setzt sich die hier offerierte bildungstheoretische Perspektive, der Begriff der „kulturellen Anerkennung" und insgesamt der Anerkennungsbegriff, der Optik der „identity politics" entgegen, die diesen Begriff mit Identitätskämpfen von kulturellen Gruppen kurzschließt.

Meines Erachtens ist dieser Kurzschluss insofern auch für die bisher eher spärliche und fragmentierte Rezeptionsgeschichte der Anerkennungstheorie in der Erziehungswissenschaft weitgehend prägend – selbst wenn er hier nur selten in einer expliziten Nachfolgerschaft des Paradigmas der „identity politics" vollzogen wird –, als sich diese Rezeptionsgeschichte zum großen Teil in der Semantik der „kulturellen Differenz" vollzieht. Wie ich im zweiten Kapitel auch anhand von Fallbeispielen zu zeigen versucht habe, steht aber das Prinzip der kulturellen Zugehörigkeit bzw. der „kulturellen Differenz" in einem paradoxalen, oft auch in einem antagonistischen Verhältnis zu jenem der individuellen Autonomie. Der erwähnte Kurzschluss führt zu einer Nicht-Beachtung dieser Paradoxität bzw. dieses Antagonismus, was wiederum dazu führt, dass der spezifisch bildungstheoretischen Perspektive im Anerkennungskonzept kaum eine systematische Rolle bei der Strukturierung des analytischen Blickfeldes zukommt. Diese müsste gewissermaßen einen „dritten Weg" zwischen der Vorstellung einer abstrakten, formellen Autonomie und einem Verständnis vom Menschen als „kulturell geprägtes Wesen" markieren und sich auf die Frage konzentrieren, wie der *Umgang* mit den eigenen kulturellen Zugehörigkeiten und kulturellen Horizonten *als eine wesentliche Dimension des Selbstverwirklichungsprozesses* konzeptuell erfasst werden könne.

Aus diesem Grund möchte ich bei meinen Ausführungen über „kulturelle Anerkennung" in diesem Abschnitt mit einer kritischen Betrachtung der erziehungswissenschaftlichen Rezeption des anerkennungstheoretischen Ansatzes beginnen und dabei zeigen, dass diese Rezeption die wesentliche und zwingende Verbindung eines nicht trivialen Anerkennungsbegriffs mit dem der Selbstverwirklichung tendenziell übersieht bzw. nicht systematisch nachvollziehen will (4.1.1). Dann werde ich mich mit dem expliziten konzeptuellen Vorschlag kritisch auseinandersetzen – so wie dieser vor allem von Nancy Fraser artikuliert wird –, den Anerkennungsbegriff von dem der individuellen Selbstverwirklichung abzukoppeln und den ersteren Begriff ausschließlich für kulturelle Wahrnehmungs- und Bewertungsmuster in Hinblick auf gesellschaftliche Gruppen zu reservieren. Mit Honneth werde ich demgegenüber darauf insistieren, dass bei einer solchen Abkoppelung der Anerkennungsbegriff zwangsläufig massiv an konzeptueller Schärfe und explanatorischer Kraft verliert (4.1.2). Mein eigener konzeptueller Vorschlag wird darauf hinauslaufen, die „kulturelle Anerkennung" im Modus der individuellen Selbstverwirklichung bzw. der Herausbildung individueller Autonomie zu fassen: und zwar als Voraussetzung für Welterschließungsprozesse im bisher herausgearbeiteten Sinne. Dadurch soll die bisher schon angedeutete Erweiterung der Beschreibung Honneths der Anerkennungsformen bzw. der Form der sozialen Wertschätzung um die Dimension der „kulturellen Anerkennung" weiter an Plausibilität gewinnen (4.1.3). Im nächsten Abschnitt werde ich dann einige Ergebnisse der empirischen Migrantenforschung darlegen, die dafür sprechen, diese Dimension in ihrer Selbständigkeit bei der Erfassung von Bildungsprozessen zu berücksichtigen.

4.1.1 Ein irreführender Weg in der erziehungswissenschaftlichen Rezeption: „Anerkennung der Differenz"

In den letzten Jahren ist ein sich kontinuierlich verstärkendes Interesse an der Anerkennungsproblematik innerhalb des erziehungswissenschaftlichen Diskurses zu beobachten. Es fällt jedoch dabei auf, dass die bisherigen Rezeptionsversuche des anerkennungstheoretischen Paradigmas in der Erziehungswissenschaft kaum in den Bereichen der Grundlagenforschung – wie Bildungstheorie bzw. Bildungsphilosophie – stattfinden. Zwar bürgert sich seit kurzem die Bezeichnung „Pädagogik der Anerkennung" ein[42], die jedoch hauptsächlich aus einer *Anwendung* des Anerkennungsbegriffs in erziehungswissenschaftlichen „Teilbereichen", wie etwa Interkulturelle Pädagogik, Jugendforschung oder auch Schulpädagogik besteht. Dass dieser Anwendung manchmal auch allgemeine – und bisweilen recht verstreute – philosophiegeschichtliche und gesellschaftstheoretische Überlegungen zum Anerkennungsbegriff vorausgeschickt werden, ändert grundsätzlich nichts an dieser Einschätzung. Was bisher fehlt, ist eine genuin bildungstheoretische Perspektive auf den Anerkennungsbegriff. Dieses Defizit verhindert in den meisten Fällen die konzeptuell zwingende Fokussierung auf den grundlegenden Zusammenhang zwischen Anerkennungsverhältnissen und Bildungsprozessen.[43]

Nach meinem Kenntnisstand kommt der (im zweiten Kapitel schon erwähnten) „Pädagogik der Vielfalt" Annedore Prengels das Verdienst zu, den ersten wirklich systematischen und theoriebildenden Rezeptionsversuch des Anerkennungskonzepts zu unternehmen (vgl. Prengel 1993). Prengel gründet

---

42 Vgl. den gleichnamigen Sammelband, herausgegeben von Benno Hafeneger, Peter Henkenborg und Albert Scherr (Hafeneger/ Henkenborg/ Scherr 2002).

43 Diesbezüglich sind zwei partielle Ausnahmen aus den letzten Jahren zu vermerken: Neben der im letzten Kapitel schon erwähnten Studie von Eva Borst (vgl. Borst 2003), die allerdings eine eher externe Verknüpfung zwischen den Kategorien der Anerkennung und der Bildung avisiert, ist die Position Albert Scherrs zu erwähnen, der eine „Pädagogik der Anerkennung" dezidiert als „Subjekt-Bildung in Anerkennungsverhältnissen" versteht (vgl. Scherr 2002, S. 26). Allerdings bleiben bei Scherr der dynamisch-kreierende Charakter der Anerkennungsformen und die oft spannungsreichen Übergänge zwischen ihnen weitgehend unberücksichtigt, was mit einer m. E. kognitivistisch verkürzten Betrachtungsweise des Prozesses der Subjekt-Bildung einhergeht. Scherr sieht Subjektivität durch vier Dimensionen gekennzeichnet – Selbstwahrnehmung, Selbstbewertung, Selbstbewusstsein bzw. Selbstwissen und Selbstbestimmungsfähigkeit –, die nicht primär intersubjektivitätstheoretisch abgeleitet, sondern mit Hinweisen aus den Bereichen der Hirnforschung und der Systemtheorie bzw. des Radikalkonstruktivismus untermauert werden (vgl. ebd., S. 32f.). Demnach erscheinen diese Dimensionen gewissermaßen als schon vor der intersubjektiven Praxis gegeben, und die Aufgabe der (pädagogischen) Anerkennungsverhältnisse ist, zur Entfaltung zu bringen, indem diese Verhältnisse die *Wissenshorizonte* der Individuen über Gesellschaft, Natur, die Anderen und über sich selbst erweitern (vgl. ebd. S. 38ff.). So fungieren die Anerkennungsverhältnisse nicht als Quelle der Selbstverwirklichung, d. h. der Entstehung von neuen Eigenschaften des Selbst, sondern als Ermöglichung der Selbstobjektivierung.

ihren Versuch, eine solche Pädagogik der Vielfalt zu konzeptualisieren, explizit auf Honneths Konzept, das sie differenziert und verlässlich rezipiert. Prengel interpretiert auch – dem Anliegen der vorliegenden Studie nicht unähnlich – die drei Anerkennungsformen der Liebe, des Rechts und der sozialen Wertschätzung als normative Muster des pädagogischen Handelns unter Bedingungen soziokultureller Pluralität (vgl. ebd., S. 60ff.; S. 184ff.). Dabei setzt sie einen besonderen Akzent auf die dritte Form, die sie sogleich als Ausdruck einer „egalitären Differenz", als „Anerkennung zwischen soziokulturell unterschiedlich individuierten Personen" (ebd., S. 61) deutet. So erscheint diese Form letztlich als die Dimension der „Anerkennung der Zugehörigkeit zu (sub-)kulturellen Gemeinschaften" (ebd., S. 184).[44]

Nun ist es genau diese Wendung, die m. E. den Sinn des Anerkennungskonzepts verzerrt und sein bildungstheoretisches Potential weitgehend verfehlt. Wie die Erörterung der Fallbeispiele im zweiten Kapitel der vorliegenden Arbeit gezeigt hat, befinden sich kulturelle Zugehörigkeit und Individualität in keinem harmonischen Verhältnis zueinander, so dass die beiden als Synonyme verwendet werden könnten. Im Gegenteil, als Angehörige einer kulturellen Gemeinschaft treten die Einzelnen gerade nicht als Individuen, sondern als Träger einer kollektiven kulturellen Identität auf. Die Gegenstände der Anerkennung sind hier nicht die einzigartigen Eigenschaften der Persönlichkeit, durch die sie sich von allen anderen Menschen – einschließlich den anderen „Bundesgenossen" – unterscheidet, sondern Kollektivmerkmale. Wie wir schon im zweiten Kapitel der vorliegenden Arbeit gesehen haben, geht Prengel in der Tat vom Postulat einer ursprünglichen kulturellen Prägung des Menschen, ja sogar einer ethnozentrischen Bestimmtheit und Bedingtheit des menschlichen Seins, Denkens und Verhaltens aus (vgl. ebd., S. 90f.), was dazu führt, dass das Prinzip der sozialen Wertschätzung in einen höchst engen Überschneidungszusammenhang mit dem der Anerkennung der Verschiedenheit der Kulturen gebracht wird (ebd. S. 90).

---

44 Auch Isabell Diehm interpretiert die Form der sozialen Wertschätzung als ein Prinzip der egalitären Differenz, das den wechselseitigen Respekt vor ethnischer Differenz einschließe. Allerdings weist sie explizit auf die Ambivalenz des Postulats der Anerkennung von Gruppenidentitäten bzw. auf die Risiken (Essentialisierung, Ethnisierung) hin, die dieses Postulat für das Individuum mit sich bringt (vgl. Diehm 1999, S. 25f.). Sie stellt auch eine mangelnde Sensibilität des Programms der „Interkulturellen Pädagogik" für diese Ambivalenz fest, das sich vorwiegend an sozial erzeugten und relevant gemachten Differenzen orientiere (vgl. ebd., S. 28ff.).

Die Zugehörigkeit zu einer kulturellen Gemeinschaft oder die kulturellen Prägungen eines Individuums sind jedoch keine Leistungen, und deshalb können sie nach Honneth auch kein Gegenstand der Anerkennungsform der sozialen Wertschätzung sein. Es gibt keinen normativen Anspruch auf die Anerkennung der eigenen kulturellen Zugehörigkeit, genauso wie es keinen normativen Anspruch auf Wertschätzung der Mitgliedschaft in einem Fußballverein oder in einem Musik-Fanclub gibt. Diese Anerkennung kann höchstens als pädagogisch gebotenes, nicht jedoch als normativ verbindliches Postulat betrachtet werden.

Wir können allerdings durchaus dann von Leistung sprechen, wenn das Individuum seine kulturelle Zugehörigkeit bzw. seine „ansozialisierten" kulturspezifischen Horizonte und Wertevorstellungen als wertvoll für die gesamte Gesellschaft *artikulieren* kann. Diese Artikulation setzt jedoch schon eine Dezentrierung dieser Horizonte und einen reflexiven Umgang mit der „eigenen" kulturellen Zugehörigkeit voraus, der übrigens auch von Prengel als Bildungsziel hervorgehoben wird (vgl. ebd., S. 90f.). Nur: Dieser Umgang ist schon ein Merkmal individuellen autonomen Handelns, das mit dem Postulat der ethnozentrischen Bestimmtheit und Bedingtheit „all unseren Denkens und Verhaltens" (vgl. ebd., S. 91) nicht kompatibel ist.

Die so skizzierte Ausdeutung des Anerkennungskonzepts in der „Semantik der Differenz" ist charakteristisch auch für erziehungswissenschaftliche Ansätze, die sich nicht vorwiegend in den Bereichen der interkulturellen, der feministischen und der integrativen Pädagogik bewegen: z. B. auch für den Versuch Heinz-Hermann Krügers, das Projekt einer Kritischen Erziehungswissenschaft unter anderem auf der Basis des Konzepts Honneths zu erneuern (vgl. Krüger 1999). Bei diesem Versuch wird Anerkennung als Bezeichnung für eine Lebensform interpretiert, die sich durch eine „inkonsistente Pluralität" auszeichnet und in die *Bildung einführen muss*. Demnach muss Bildung für die Anerkennung von Geschlechterdifferenzen und kulturellen Differenzen sensibilisieren (vgl. ebd., S. 178f.).

Gewiss weisen die Anerkennungsverhältnisse eine Struktur nicht-hintergehbarer Pluralität auf. Aber der Gegenstand der Anerkennung ist nicht die wechselseitige Andersheit der Subjekte an sich, sondern der Selbstverwirklichungsprozess der Einzelnen, der sich im Rahmen des Verhältnisses wechselseitiger Anerkennung zwischen jeweils Anderen vollzieht. So gesehen, sind die Anerkennungsverhältnisse nicht das Ziel von Bildung, zu dem diese hinführen muss, sie sind keine objektive gesellschaftliche Gegebenheit, die durch Bildung angeeignet werden soll, sondern vielmehr Voraussetzung und Triebwerk von

Bildung. Diese Auffassung, die erst den originellen bildungstheoretischen Beitrag des Anerkennungsansatzes zum Ausdruck bringt, kann nur dann konzeptuell herausgearbeitet werden, wenn die Anerkennungsverhältnisse in einem engen und wesentlichen Zusammenhang mit der Entwicklung der individuellen Autonomie betrachtet werden. Dies ist letztlich nicht möglich, wenn sie vorwiegend durch die Optik der Anerkennung von kulturellen Differenzen wahrgenommen werden.[45]

Nun kann man natürlich behaupten, dass das Prinzip der individuellen Autonomie bzw. der Selbstverwirklichung selbst kulturspezifisch sei, und daher die Struktur einer nicht-hintergehbaren Pluralität untergrabe und die „Andersheit des Anderen" nivelliere, welche die intersubjektiven Anerkennungsverhältnisse gerade in der Spätmoderne auszeichnen soll. Mit diesem Argument habe ich mich schon in einem etwas anderen Zusammenhang im zweiten Kapitel befasst, und dabei habe ich einen gewissermaßen „weichen" Autonomiebegriff offeriert, wonach Autonomie nicht in einer allmächtigen Kontrolle und Herrschaft über die eigene Umwelt und über sich selbst besteht.[46] Während die Vorstellungen von Kontrolle und Herrschaft vom „westlichen" Prinzip der Dominanz der instrumentellen Vernunft herrühren, besteht die „weiche" Autonomie ausschließlich in der Fähigkeit zur Selbstentwicklung auf der Grundlage

---

45 Diese Optik ist natürlich nicht bei allen erziehungswissenschaftlichen Rezeptionen des Anerkennungskonzepts dominant. So z. B. interpretiert Werner Helsper (vgl. Helsper 2001; Helsper/ Lingkost 2002) die Form der sozialen Wertschätzung in pädagogischen Kontexten als Anerkennung von individualisierten Selbstdarstellungen, die im Rahmen von symbolischen Kämpfen um die Definition von Prestige erfolgt, und nicht im Rahmen einer Gleichheit des Differenten (vgl. Helsper 2001, S. 42; Helsper/ Lingkost 2002, S. 136). Allerdings benutzt Helsper das Modell der Anerkennungsformen ausschließlich als ein Rater für die Untersuchung der Schulkultur – welche ihrerseits auf die Problematik der Partizipation schulischer Akteure fokussiert – und bringt diese Formen nicht unmittelbar in einen Zusammenhang mit Bildungs- und Lernprozessen. Diese Vermeidung der Thematik letztlich von Subjektkonstitutionsprozessen als eine interne Dimension (gelungener) schulischer Anerkennungsverhältnisse lässt das *eigenständige* Erkenntnispotential des anerkennungstheoretischen Ansatzes in Bezug auf Bildung und Lernen unbenutzt.

46 Auf die (erziehungswissenschaftliche) Problematik der Vorstellung eines allmächtigen Subjekts hat Meyer-Drawe schon Anfang der 90er Jahre hingewiesen (vgl. Meyer-Drawe 1990). Ihre Ausführungen legen die These nahe, dass der Begriff der individuellen Autonomie nur dann sinnvoll ist, wenn er von dieser Vorstellung abgekoppelt wird. M.E. vollzieht der in dieser Studie aufgenommene Begriff einer dezentrierten, intersubjektiv vermittelten Autonomie diese Abkopplung, wodurch Meyer-Drawes eigene Konsequenz aus ihrer Subjektkritik – nämlich die Degradierung des Autonomieprinzips zu einer notwendigen Fiktion (vgl. ebd., S. 11ff.) – vermieden wird.

interkontextueller Mobilität bzw. auf der Grundlage der Transzendierung der Limitierungen und der Prägungen der jeweiligen partikularen soziokulturellen Kontexte der Wirklichkeits- und der Selbstwahrnehmung. Allerdings, selbst wenn man davon ausgeht, dass im Zeitalter der Spätmoderne diese Transzendierungsfähigkeit eine globale Verbreitung findet, hat man den Einwand noch nicht vollständig entkräftet, dass auch diese Auslegung der Autonomie qua Relativierung der individuellen „Enkulturation" eine partikularistische „westlich-kapitalistische" Grundlage habe, welche die Pluralität der Vorstellungen über das gute Leben letztlich aufhebe. Deshalb scheint es mir sinnvoll, an dieser Stelle den Einwand des kulturpartikularistischen und „pluralitätsfeindlichen" Charakters des Autonomie- bzw. des Selbstverwirklichungsprinzips noch einmal aufzugreifen, der speziell im gegenwärtigen anerkennungstheoretischen Diskurs in der Form einer Abkoppelung des Anerkennungsbegriffs von dem der Selbstverwirklichung vorgebracht wird. Dabei möchte ich zeigen, dass diese Abkoppelung den Anerkennungsbegriff in einem beträchtlichen Maße trivialisiert, indem sie ihm seine Möglichkeiten versperrt, Einsichten in die tief greifenden Motivationsstrukturen nicht nur für Bildungsprozesse, sondern auch für praktische Gesellschaftskritik seitens der sozialen Akteure zu entwickeln. Die entsprechenden Motivationsstrukturen können – so die These – anerkennungstheoretisch nur dann erschlossen werden, wenn die Selbstverwirklichung als ein universelles, formal-anthropologisches Prinzip aufgefasst wird, das zwar sozial situiert ist, aber aus der Faktizität vorhandener partikularer soziokultureller Verhältnisse nicht restlos abgeleitet und deshalb nicht einfach als „kulturspezifisch" abgetan werden kann.

4.1.2 *Kollektive Identitäten und individuelle Selbstverwirklichung als zentrale und entgegengesetzte Bezugspunkte der Diskussion über „kulturelle Anerkennung"*

Die oben angesprochene Abkoppelung des Begriffs der Anerkennung von dem der Selbstverwirklichung wird explizit in dem Anerkennungskonzept Nancy Frasers angestrebt, das sie zuletzt im Rahmen einer scharfen polemischen Auseinandersetzung mit dem Ansatz Honneths dargelegt hat (vgl. Fraser 2003a, Fraser 2003b.).

Der generelle Einwand Frasers gegen diesen Ansatz ist, dass Anerkennung von Honneth nicht primär als eine sozial-empirische Realität, sondern „psychologisierend" im Lichte der individuellen Identitätsentwicklung aufgefasst werde (vgl. Fraser 2003a, S. 46ff.). Dadurch sei der Begriff der Anerkennung „bis zur Unkenntlichkeit aufgebläht" (vgl. Fraser 2003b, S. 270), insofern er nicht die tatsächlich stattfindenden normativen Diskurse und Anerkennungskämpfe als seinen primären Bezugspunkt nehme, sondern sich gewissermaßen anmaße, die Motivationsstrukturen der sozialen Subjekte zu rekonstruieren und als einen solchen Bezugspunkt zu benutzen. Das sei nur auf einer anthropologischen Argumentationsebene möglich, welche die sozialgeschichtliche Kontingenz bzw. die Pluralität der Werte, der Lebensziele und -projekte der Individuen hintergehe (vgl. ebd., S. 237ff.). Nur durch diese psychologisierend-anthropologisierende Wendung sei der anerkennungstheoretische Monismus Honneths in Bezug auf die Mechanismen der sozialen Integration möglich. Nur weil in der Vorstellung einer durch Anerkennungsbeziehungen herzustellenden intakten personalen Identität eine universale, kontextinvariante ethische Vorstellung über das gute Leben als eine einheitliche Basis aller sozialen Interaktionen konstruiert werde, könnten letztlich alle sozialen Konflikte als explizite oder implizite Kämpfe um Anerkennung, bzw. Kämpfe gegen erfahrene Missachtung rekonstruiert und diese Kämpfe wiederum als die einzige vorwissenschaftliche Instanz dargestellt werden, auf die sich eine Neubegründung der kritischen Theorie stützen soll.

Fraser stellt – neben dem vermeintlichen Hintergehen des Pluralitätsprinzips – zwei zentrale Defizite in diesem Theorieprogramm fest, die bereits angedeutet wurden. Erstens würde der Honnethsche Ansatz durch seine primäre „moralpsychologische" Ausrichtung die tatsächlich stattfindenden Anerkennungskämpfe, genauer: die im politischen Raum der gegenwärtigen Gesellschaften öffentlich artikulierten Anerkennungsansprüche, weitgehend ignorieren oder sie zumindest konzeptuell degradieren, anstatt sie zum Ausgangspunkt der theoretischen Rekonstruktion von praktischer Gesellschaftskritik zu nehmen. Nicht zu Unrecht merkt Fraser an, dass im Hauptwerk des Ansatzes Honneths, „Kampf um Anerkennung", solche politisch-diskursiv artikulierten Anerkennungsansprüche, die heute vor allem von kulturellen Gruppen, von ethnischen und kulturellen Minderheiten formuliert werden, kaum Berücksichtigung finden (vgl. Fraser 2003b, S. 253).

Zweitens würde nach Fraser dieser anerkennungstheoretische Monismus die Eigenständigkeit von materiellen Umverteilungskämpfen – letztlich die Eigenständigkeit der primär auf die Wirtschaft bezogenen „Systemintegration" – untergraben. Darin steckt der Vorwurf, der anerkennungstheoretische Monismus sei kulturalistisch verkürzt (vgl. Fraser 2003b, S. 242ff.).

Diesem Monismus setzt Fraser ihr Programm eines „perspektivischen Dualismus" entgegen, der die Mechanismen der gesellschaftlichen Integration zugleich als (materielle) Verteilung und (kulturelle) Anerkennung auffassen will (vgl. Fraser 2003a, S. 84ff.). Für unseren Argumentationszusammenhang ist vor allem wichtig, dass genau im Zuge der Kritik am Monismus Honneths bzw. im Zuge der Darlegung des „perspektivischen Dualismus" der Anerkennungsbegriff vom ethischen Ideal einer intakten individuellen Identität losgelöst wird. Dabei wird er nicht auf Selbstverwirklichungsprozesse, sondern ausschließlich auf Statushierarchien und institutionalisierte kulturelle Muster bezogen, die solche Hierarchien konstruieren (vgl. Fraser 2003a, S. 43ff.). Weil die Anerkennungsmuster und -ansprüche nur *ein* Prinzip der sozialen Ordnung seien und nicht deren letztes Fundament, könnten sie nicht mit universalistischen anthropologischen Annahmen in Verbindung gebracht werden, bei denen das kontingente Feld des Politischen transzendiert wird.

Die (vermeintlichen) Vorteile einer ethischen Neutralität bestünden erstens in der Einbeziehung einer möglichst großen Bandbreite von (empirisch feststellbaren) Anerkennungsansprüchen und -kämpfen, welche zweitens einzig und allein als Dimensionen von faktisch geführten, übersubjektiven Diskursen betrachtet würden, wobei eine Einbeziehung von „(post-)metaphysischen Resten" sowie formal-anthropologischen Annahmen überflüssig erscheine. Die normative Kraft, sowie umgekehrt der normative Maßstab für die Bewertung solcher Kämpfe würden ebenfalls ohne Zuhilfenahme von anthropologischen oder psychologischen Argumenten in der Form des Prinzips der „partizipatorischen Parität" rekonstruiert, dessen ausschließliche Domäne wiederum die Praxen solcher Diskurse seien. Demnach würden Anerkennungskämpfe ausschließlich auf die Beseitigung von kulturellen Mustern ausgerichtet, die Barrieren für eine gleichberechtigte Partizipation bestimmter gesellschaftlicher Gruppen errichten, und umgekehrt erschienen nur solche Anerkennungskämpfe legitim, die diese Funktion erfüllen (vgl. Fraser 2003a, S. 43ff.: Fraser 2003b, S. 250ff.; S.256ff.).

Diese, aus der Perspektive einer politischen Theorie zweifelsohne vorteilhafte, konzeptuelle Strategie wird mit mindestens zwei bedeutsamen gesellschaftstheoretischen Defiziten erkauft, die auch von Honneth angemerkt werden.

Zum einen beschränkt die Reduzierung der Anerkennungsproblematik auf Statushierarchien, die ausschließlich von kollektiven kulturellen Wahrnehmungsmustern herrühren, die Anerkennungsproblematik gänzlich auf Muster der symbolischen Darstellung von sozialen Gruppen bzw. auf Konstruktionsmechanismen von kollektiven Identitäten. Fraser bringt diese Beschränkung unter anderem auch in der These zum Ausdruck, dass sich Anerkennung auf die Sphäre der „Kultur" beziehe, wohingegen Umverteilung der Sphäre der Ökonomie vorbehalten bleibe (vgl. Fraser 2003b, S. 242ff.). In dieser These, die tragende Bedeutung für den „perspektivischen Dualismus" besitzt, verbindet sich bezeichnenderweise eine politisierend-reduktionistische Auffassung der Anerkennungskategorie mit einer ebenso reduktionistischen Ausdeutung des Kulturbegriffs. In ihr steckt nämlich die Vorstellung, dass sich die kulturelle Dimension des menschlichen Lebens ausschließlich in der Semantik der Gruppenzugehörigkeiten und ihren Konstruktionsmechanismen ausdrückt.

Indem jedoch „Kultur" so als ein lokalisierbarer „Teilsektor" der Gesellschaft verstanden wird, verliert man den Tatbestand aus den Augen, dass *alle* Wahrnehmungen und Handlungen der sozialen Akteure in Bezug auf die „objektive" Wirklichkeit, sich selbst und den anderen symbolisch vermittelt sind. Das bedeutet, dass „Kultur" nicht für den Teilbereich der Konstruktion und Entwicklung von kollektiven Identitäten reserviert werden kann, sondern dass sie das gesamte Gewebe von sozialen Handlungen und Interaktionen durchdringt – einschließlich der Vorgänge ökonomischer Verteilung und Umverteilung. Daher ist „Kultur" nicht gleichbedeutend mit „Status"; vielmehr bezieht sich der Kulturbegriff insgesamt auf die Dynamik des interaktiv vermittelten subjektiven Erlebens der sozialen Wirklichkeit, wozu auch die Entstehung und Entwicklung des Empfindens gehören (mögen), bei der Umverteilung von ökonomischen Gütern ungerecht behandelt zu werden.

Schon diese Formulierung an sich bringt den Begriff der Kultur bzw. der Kulturtätigkeit in einen engen, im bisherigen Verlauf der vorliegenden Studie schon mehrmals angedeuteten Zusammenhang mit dem der Selbstverwirklichung als eine sich ständig anreichende Selbstbeziehung, die sich nur im Rahmen der symbolischen Deutungshorizonte artikulieren und dadurch konstituieren kann. Diese Horizonte verdienen wiederum nur dann das Prädikat „kulturell", wenn sie einen persönlichen Sinn für den Einzelnen haben, d. h. wenn er sich *selbst* in diese Horizonte hineinprojizieren kann. Wie schon ausgeführt, ist diesen symbolischen Deutungshorizonten eine Selbstbezüglichkeit und permanente Erweiterung inhärent, insofern die Subjekte an geglückten Anerkennungsverhältnissen partizipieren, in deren Rahmen sich das Selbst entwickelt und anreichert. Die reflexiv strukturierte Dynamik dieser Horizonte erscheint als die „Kehrseite" der Dynamik des Selbstverhältnisses der Akteure. Demnach kann die erstere Dynamik nur im Kontext der Prozesse individueller Selbstverwirklichung adäquat rekonstruiert werden. Losgelöst von diesem Kontext verdinglicht sich „Kultur" in statischen, quasi-objektiven, partikularen Formationen wie „Statusgruppen" oder „kollektive Identitäten". Im Lichte des bisher erreichten Entwicklungsstandes der Argumentation dieser Studie kann diese verdinglichte Form von Kultur nicht als Seite von (sozial vermittelten) Bildungsprozessen fungieren. Ebenso wenig kann ein Anerkennungsbegriff, der sich auf diese Kulturvorstellung stützt, die Ebene der Bildungsprozesse wirklich erreichen, die im wesentlichen einer *vorpolitischen* Sphäre zuzuordnen sind – gleichzeitig aber ein Triebwerk der gesellschaftlichen Dynamik darstellen, insofern sie die Deutungsmuster der sozialen Realität verändern und zur Entstehung von neuen normativen Erwartungshorizonten führen.

Damit gelangen wir zu dem zweiten zentralen gesellschaftstheoretischen Defizit des Anerkennungskonzepts Frasers. Dieses Konzept greift nämlich nur solche Anerkennungsansprüche und Missachtungserfahrungen auf, die im politischen Raum schon artikuliert sind. Demnach ist seine Reichweite identisch mit den Grenzen dieses Raums. Meines Erachtens ist dies vor allem der Punkt, an dem Frasers Version der „kulturellen" Anerkennung diese Kategorie weitgehend trivialisiert und ihr das analytisch-rekonstruktive Potential im Hinblick auf tiefer liegende Quellen praktischer Gesellschaftskritik raubt. Denn – wie Honneth zurecht anmerkt – die Quellen der Gesellschaftskritik finden sich zum großen Teil auf der Ebene vorpolitischen Leidens, auf der Ebene diffuser, nicht artikulierter Missachtungserfahrungen und Anerkennungsansprüche (vgl. Honneth 2003a, S. 136ff.).[47] Was für unseren Argumentationszusammenhang vielleicht noch wichtiger ist – in dieser Sphäre des Vorpolitischen liegen auch die Voraussetzungen für die Fähigkeit zur Artikulation der zunächst diffusen Identitätsansprüche im öffentlichen Raum. Diese Voraussetzungen sind wiederum einer der wichtigsten Forschungsgegenstände einer kritischen Gesellschaftstheorie, die darauf ausgerichtet ist, die vortheoretischen Instanzen der innerweltlichen Transzendenz zu rekonstruieren. Diesen Forschungsgegenstand verfehlen jedoch sowohl Frasers Begriff der kulturellen Anerkennung als auch jener der materiellen Umverteilung. Während der letzte-

---

[47] Honneth bezieht sich bei der Erläuterung dieser These auch auf Ergebnisse von empirischen Untersuchungen – z. B. auf die Darstellungen Pierre Bourdieus in „Elend der Welt" von solchen Erfahrungen sozialer Degradierung wie etwa Langzeitarbeitslosigkeit, alltäglicher Entbehrungen kinderreicher Familien etc., die mit einem ständigen sozialen Kampf der Betroffenen verbunden sind, der jedoch die Schwelle der politischen Öffentlichkeit nicht überschreiten und von dieser als ein solcher Kampf nicht wahrgenommen wird (vgl. Honneth 2003a, S. 140ff.).

re Begriff von Fraser als weitgehend synonym zu dem der „Systemintegration" verwendet wird, und ihm somit ein Zugang zu der Teilnehmerperspektive der sozialen Subjekte, zu ihren Interpretations- und Artikulationsleistungen strukturell versperrt bleibt, operiert der erstere Begriff ausschließlich mit schon politisch artikulierten Identitäten – also gewissermaßen mit den fertigen Produkten einer Identitätsarbeit und -entwicklung, die selbst für den analytischen Blick verborgen bleiben.

Gewiss ist Frasers Konzept weit entfernt von den statischen und hypostasierten Vorstellungen von „kultureller Identität", die viele konventionelle Versionen der „Identitätspolitik" auszeichnen. Fraser wendet sich ja explizit gegen essentialistische Identitätsvorstellungen und betont mit Nachdruck die Auffassung, dass (kollektive) Identität eine dynamische, sozial konstruierte Entität sei (vgl. Fraser 2003a, S. 80ff.). Allerdings bietet ihr Ansatz keine zufrieden stellende konzeptuelle Optik für die Rekonstruktion der Grundlagen, der Logik und der Mechanismen dieser Dynamik und insbesondere für die Quellen des Transzendierungs- und Widerstandspotentials der Identitätskonstitution in Bezug auf diskursive Bewertungsschemata und Rollenzuweisungen. Ein solcher Rekonstruktionsversuch kann sich nämlich nicht mit dem Hinweis auf die Konstruiertheit von Identitäten durch externe Statuszuschreibungen begnügen, insofern Identitätsansprüche als eine Instanz gesellschaftlicher Kritik angesehen werden. Er wird sich darüber hinaus mit Fragen befassen müssen, wie: Unter welchen Bedingungen können soziale Subjekte auf sie bezogene Statuszuschreibungen öffentlich als ungerecht verwerfen oder umdeuten? Wie entsteht das Empfinden der Subjekte, dass sie Eigenschaften besitzen, die die entsprechenden kulturellen Wertungsmuster transzendieren? Wie verschaffen sie sich überhaupt Zugang zu solchen Eigenschaften ihres Selbst, für die symbolische Ausdruckmittel in den öffentlich-politischen Diskursen zunächst fehlen? Unter welchen Bedingungen werden diese Selbsteigenschaften dann in politisch relevanten Identitätsansprüchen artikuliert? Umgekehrt: Unter welchen Bedingungen und aufgrund von welchen Mechanismen konstituieren sich essentialistische kollektive Identitäten, die gerade eine solche „abweichende" Selbstentwicklung bei den Betroffenen abwürgen – selbst wenn sie dem Prinzip der „partizipatorischen Parität" nicht widersprechen? Es gibt ja nicht wenige Bespiele für kulturelle Gemeinschaften, die gerade durch homogenisierende Maßnahmen nach innen eine partizipatorische Parität nach außen als kollektives Subjekt einklagen können, und gleichzeitig keine Räume für die Formulierung von Ansprüchen auf politische Partizipation von Angehörigen außerhalb ihrer Mitgliedschaft in der Gemeinschaft und womöglich noch in Dissens zu ihr gewähren.

Ein nicht-triviales Anerkennungskonzept soll genau die Bedingungen und Mechanismen für solche Bildungsprozesse bzw. für die Barrieren für die Letzteren erklären können, insofern ihm die Funktion einer Neubegründung der kritischen Gesellschaftstheorie aufgetragen wird – also die Aufgabe der Rekonstruktion der vorwissenschaftlichen Instanz der sozialen Kritik in den Erfahrungen des alltäglichen Lebens, in dem die Sphäre des Politischen nur ein Ausschnitt ist.

Die aufgezählten Fragen sind allerdings nur dann beantwortbar, wenn als letzte Domäne der „kulturellen Anerkennung" die Prozesse der interaktiv vermittelten Selbst-Verwirklichung, der Entwicklung personaler Identität der sozialen Akteure, und eben nicht schon politisch artikulierte kollektive Identitäten aufgefasst werden, was selbstverständlich die Verdichtung der auf solchen Entwicklungsprozessen basierenden Selbst-Ansprüche in kollektiven sozialen Bewegungen und praktisch-politischen Diskursen nicht aus dem analytischen Blickfeld verbannen darf. *Die tiefgehende Frage in Bezug auf die „kulturelle Anerkennung" ist jedoch, wie sich ein intersubjektiver Umgang mit den kulturellen Deutungshorizonten der Akteure normativ beschreiben lässt, der die notwendige Dynamik und Innovation bei diesen Horizonten auslöst, damit die Entstehung von neuen die Faktizität der gegebenen Rollendefinitionen und diskursiven Zuschreibungen transzendierenden Selbsteigenschaften und Identitätsansprüchen durch die Subjekte symbolisch artikuliert und dann im öffentlichen Raum dargestellt werden kann.*

Die systematische Befassung mit dieser Frage bleibt allerdings auch im Rahmen des Honnethschen Konzepts weitgehend aus. Zwar behauptet Honneth, dass kulturelle Deutungsmuster mit allen Anerkennungsformen eng verzahnt und die jeweiligen Prinzipen der einzelnen Formen (Liebe, Recht, Wertschätzung) kulturabhängigen Deutungen unterzogen seien, wobei die Interpretationskämpfe, die diesbezüglich geführt wurden und werden, ein Triebwerk für die semantische Entwicklung dieser Prinzipien darstellen würden (vgl. Honneth 2003a, S. 162ff.; insb. S. 187f.) Er unternimmt jedoch m. E. keinen systematischen Versuch die spezifischen sozialen Voraussetzungen für die Entwicklung der Artikulationsressourcen der symbolischen Deutungshorizonte der Akteure zu rekonstruieren. Erst diese Entwicklung würde ihre Partizipation an den oben erwähnten Interpretationskämpfen ermöglichen können. Es wäre vollkommen im Sinne des „anerkennungstheoretischen Monismus", wenn diese Voraussetzungen auf Erfahrungen mit spezifischer intersubjektiver Anerkennung (bzw. Missachtung) zurückgeführt würden, die die genannten Artikulationsressourcen zu ihrem unmittelbaren Gegenstand hat und sich zugleich in einem inhärenten Zusammenhang mit den anderen Anerkennungsformen befindet.

4.1.3 „Kulturelle Anerkennung" als Ermöglichung von Bildung

Als Fazit der im letzten Abschnitt aufgestellten Überlegungen lässt sich die These formulieren, dass „Anerkennung" nur dann als eine nicht-triviale, die Begründung einer Kritischen Gesellschaftstheorie tragende Kategorie aufgefasst werden kann, wenn sie mit der Funktion betraut wird, die intersubjektiven Voraussetzungen von Selbstverwirklichungsprozessen zu erfassen. Dabei wird Selbstverwirklichung verstanden als Transzendierung der diskursiven Statuszuschreibungen und Rollenzuweisungen im Zuge des Hervorbringens von Selbst-Eigenschaften, welche über den jeweiligen Stand der Spiegelung durch den „generalisierten Anderen" hinausgehen. Somit ist dieses Hervorbringen als emanzipativ in Bezug auf sozialisatorische „Prägungen" und vorgegebene Identitätsmuster zu verstehen. In der Meadschen Terminologie ausgedrückt, verkörpert es sich in dem „I", das in dessen dialektischer Abweichung vom „Me" zu verstehen ist (vgl. Mead 1959, S. 174ff.).

Nach den Ausführungen im vorletzten Teil dieses Kapitels muss dieser Vorgang des permanenten (Sich-)Selbst-Hervorbringens durch Selbst-Überschreitung symbolisch vermittelt sein, d. h. es muss ein Korrelat im Weltbild des Subjekts haben, in das dieses sein Selbstverhältnis hineinprojiziert und in dem es jenes zum Ausdruck bringt. Genau dieses Weltbild macht die „Kulturhaftigkeit", die kulturelle Dimension der Existenz des Einzelnen, aus. Diese Dimension ist zwar in der kollektiven Lebensform verwurzelt, in der das Individuum geboren und einsozialisiert ist, aber sie konstituiert sich als „Kultur" im Prozess der Überschreitung bzw. des Überformens der vorgegebenen und symbolisch konstituierten Wirklichkeitswahrnehmungsmuster eben dieser Lebensform.

So gesehen sind nicht die kollektiven kulturellen Identitäten der primäre Gegenstand der „kulturellen Anerkennung", sondern die (dynamischen) Weltbezüge der Subjekte, und zwar als ein immanentes Moment ihrer Selbstverwirklichung *als Subjekte*.

Nun stellt sich die Frage, welchen Ort die so skizzierte „kulturelle Anerkennung" in der Architektonik der Anerkennungstheorie einnehmen solle. Wie wir schon gesehen haben, werden die Weltreferenzen der Subjekte bei allen drei Anerkennungsformen bzw. bei allen drei Typen von Anerkennungsansprüchen mit einbezogen, wobei die Berücksichtigung dieses Sachverhaltes eine erweiternde Revision der Auffassung Honneths von diesen Formen und Ansprüchen erfordert, die sich in diesem Punkt als interaktionistisch verkürzt erweist. Damit ist allerdings noch nicht entschieden, ob sich diese konzeptuelle Mitberücksichtigung der kulturellen Horizonte der Subjekte ausschließlich in veränderten Auffassungen über die Gegenstandsbereiche und über die Prinzipien der schon beschriebenen drei Anerkennungsformen ausdrücken sollte, oder ob sie nach der Begründung einer eigenständigen, konzeptuell noch nicht erfassten Form der „kulturellen Anerkennung" verlangte, die ein originelles normatives Prinzip hervorbringen würde.

Eine ähnlich gelagerte Frage stellt sich auch Honneth in seiner Erwiderung. Dabei übernimmt er allerdings stillschweigend die Auffassung, wonach die primäre Domäne der „kulturellen Anerkennung" eben distinktive gemeinschaftliche Lebensweisen und Ansichten seien. Diese Auffassung wird noch einmal dadurch zugespitzt, dass Honneth denjenigen Ansprüchen auf „kulturelle Anerkennung" jede Eigenständigkeit abspricht, die „verdeckt" individualistisch sind: bei denen es also etwa um die Abschaffung von Diskriminierung von Individuen aufgrund ihrer Zugehörigkeit zu bestimmten kulturellen Gruppen geht (vgl. Honneth 2003a, S. 193f.). Diese Forderung ist nämlich eine der rechtlichen Anerkennung – genau wie auch diejenige, die sich auf die Sicherung des Fortbestands einer Minoritätskultur vor dem Hintergrund ihrer benachteiligten Stellung gegenüber der Mehrheitskultur richtet (vgl. ebd., S. 195f.). Demnach kann letztlich für Honneth die „kulturelle Anerkennung" als selbständiges soziales Phänomen ausschließlich in der Forderung bestehen, eine Gemeinschaftskultur um ihrer selbst willen sozial wertzuschätzen (vgl. ebd., S. 198), oder anders ausgedrückt, dass wir uns wechselseitig auch als Mitglieder von kulturellen Gemeinschaften – *und nicht nur als gleichgestellte Rechtssubjekte und als Mitglieder eines posttraditionellen Gemeinwesens* – anzuerkennen haben (vgl. ebd., S. 200). In Bezug auf die *so verstandene* „kulturelle Anerkennung" merkt er zutreffend an, dass mit ihr der normative Horizont sowohl des Gleichheitsgrundsatzes des rechtlichen Respekts als auch des Leistungsprinzips der sozialen Wertschätzung überschritten würde (vgl. ebd., S. 198). Das bedeutet wiederum, dass der Anspruch auf eine solche Anerkennung der kulturellen Differenz nur dann als legitim angesehen werden könne, wenn es gelänge nachzuweisen, dass diese Anerkennungsform ein neues normatives Prinzip enthalte, das sich dann als eine abgrenzbare Quelle der sozialen Integration darstellen würde.

Honneth äußert sich freilich über die Möglichkeit eines solchen Nachweises sehr skeptisch:

„Aber das zentrale Problem in diesem Zusammenhang liegt sicherlich nicht in den geeigneten Formen der institutionellen Durchsetzung, sondern in dem normativen Charakter der Forderung selber: Eine soziale Wertschätzung der Art, wie sie in der Anerkennung einer Kultur als etwas Wertvolles enthalten wäre, stellt nicht ein öffentliches Reaktionsmuster dar, das sich einklagen oder einfordern ließe, weil es nur nach Maßgabe evaluativer Überprüfungen spontan oder freiwillig entstehen könnte. Im Gegensatz zu jener Wertschätzung, die normativ vom institutionalisierten Prinzip der Leistungsgerechtigkeit verlangt wird, entfällt bei der positiven Bewertung kultureller Lebensformen jede Möglichkeit der normativen Einforderung; hier läßt sich bestenfalls nur von der Bereitschaft sprechen, die anderen Kulturen so in ihren besonderen Eigenschaften zur Kenntnis zu nehmen, daß sie überhaupt erst auf ihren Wert hin überprüft werden können." (ebd., S. 199).

Weiterhin behauptet Honneth, dass man allenfalls von einem indirekten, sekundären Anspruch kultureller Minderheiten sprechen könne, von der Mehrheit wohlwollend zur Kenntnis genommen zu werden, so dass sie den Status von Anwärtern einer sozialen Wertschätzung bekommen könnten (vgl. ebd., S. 200). Die Pointe ist hier offenbar, dass Minoritätskulturen nicht per se einen Anspruch auf Anerkennung als solche haben, sondern es muss über die Legitimität dieses Anspruchs im Rahmen eines Urteilsbildungsprozesses entschieden werden, der sich am Kriterium der Leistung orientiert, d. h. letztlich danach, ob diese Minoritätskulturen als Bereicherung für die Gesamtgesellschaft angesehen werden können.

Aber selbst in diesem Fall wären wir mit der Schwierigkeit konfrontiert, dass das Leistungsprinzip individualistisch zugeschnitten ist, wie übrigens insgesamt die Anerkennungsprinzipien, die eine Ordnung der Sozialintegration anvisieren, welche sich zugleich durch soziale Inklusion und Individualisierung der Gesellschaftsmitglieder auszeichnet und somit die sozialen Bedingungen für Entwicklung individueller Autonomie bereitstellt (vgl. Honneth 2003b, S. 297ff.). In den letzten Abschnitten habe ich ausgeführt, dass wir gute Gründe dafür haben, einen solchen individualistischen Zuschnitt auch bei der Problematik der „kulturellen Anerkennung" zu bevorzugen, zumal insbesondere diejenigen Ansprüche auf „kulturelle Anerkennung", die im Rahmen der „Identitätspolitik" normalerweise thematisiert werden, sich insofern durch eine kollektive Verdichtung individueller Autonomisierungsprozesse auszeichnen, als diese Ansprüche gegen gängige, stigmatisierende Status- und Rollenzuweisungen ausgerichtet sind. Bei diesem individualistischen Zuschnitt stellt sich dann allerdings nicht primär die Frage, ob Minoritätenkulturen als kollektive Subjekte Bereicherung für die Gesamtgesellschaft sein können, sondern ob Individuen, die diesen Kulturen primär angehören oder angehört haben, deren symbolischen Potentiale als eine solche Bereicherung artikulieren und übersetzen können.

Wenn ich nun von „Artikulation" und „Übersetzung" spreche, dann habe ich gemäß den Ausführungen im letzten Abschnitt einen Vorgang der Transformation der primär einsozialisierten kulturellen Narrative vor Augen. Sie ist als eine Leistung aufzufassen, die individueller und auch individualisierender Natur ist, insofern diese Artikulation zugleich eine Überschreitung der kontextuellen Grenzen der Wirklichkeitsdeutungsmuster der entsprechenden kulturellen Gruppe darstellt.[48] Dabei suggeriert hier der Begriff „Leistung", dass es sich bei der so verstandenen „kulturellen Anerkennung" nicht um eine Form des rechtlichen Respekts, sondern eher um eine solche der sozialen Wertschätzung handelt. Dies hat zwei wichtige Konsequenzen für die Beschreibung der Architektonik der Anerkennungsformen: Erstens werden kulturelle Interpretationshorizonte zwar in jede der drei Formen mit einbezogen, sie werden aber auf der Ebene der Anerkennungsweise der sozialen Wertschätzung zu einem selbstständigen und expliziten Anerkennungs- oder Missachtungsgegenstand. Damit kann man, zweitens, die von Honneth aufgeworfene Frage, ob „kulturelle Anerkennung" eine vierte Anerkennungsform begründet, verneinend beantworten. Vielmehr erfordert „kulturelle Anerkennung" eine Re-Interpretation der sozialen Wertschätzung bzw. die Einführung einer „Unterform" dieser Wertschätzung, die dann als stabilisierend auch für die beiden anderen Typen von Anerkennungsbeziehungen (der Liebe und des Rechts) angesehen werden kann,

---

48 Dieses Verständnis der Artikulation als Transformation lehnt sich an einen konzeptuellen Vorschlag Stuart Halls an, wonach „artikulieren" einerseits „zum Ausdruck bringen" bedeute, andererseits aber jede Artikulation als eine Verknüpfung verschiedener Entitäten in eine temporäre Einheit zu verstehen sei, wodurch neue, fragile Diskursstränge entstehen (vgl. Hall 2000, S. 65f.). Ich möchte diese Auffassung von Artikulation dahingehend spezifizieren, dass *Selbst*-Artikulation „zum Ausdruck bringen" der „eigenen" Anliegen, Wertvorstellungen und Weltbilder in die „fremden" Wirklichkeitswahrnehmungsperspektiven der „Anderen" bedeutet. Daher überschreitet jede Artikulation den Kontext, in den sie eingebettet ist, bzw. jede Artikulation ist interkontextuell strukturiert, wobei sie notwendigerweise einen Standpunkt der Allgemeinheit als regulative Idee antizipieren muss.

insofern deren Reproduktion und Entwicklung mit der Artikulation der zu diesen Typen komplementären, kulturell vorgeprägten Weltbezüge eng verzahnt ist.

Ich gehe also im Folgenden auf die Frage ein, inwieweit die Berücksichtigung dieser Unterform der sozialen Wertschätzung eine neue Interpretation des Leistungsprinzips erfordert, das dieser Anerkennungsweise zugrunde liegt, wobei sich diese Interpretation gegen die Engführung Honneths von Leistung auf Arbeitsbeitrag richten wird. Vorher möchte ich aber das in den letzten Zeilen markierte Profil der „kulturellen Anerkennung" noch ein Stück weiter konkretisieren.

Es ist nahe liegend, dass diese Anerkennungsweise aus zwei zentralen Komponenten bestehen muss, die sich in einem dialektischen Spannungsverhältnis zueinander befinden: Sich auf eine Person im Modus der „kulturellen Anerkennung" zu beziehen, bedeutet zuerst ihre „Herkunftskultur", ja ihre alltagsweltlich-partikularen Muster der Wirklichkeitswahrnehmung ernst zu nehmen, und zwar als eine mögliche kulturelle Bereicherung für die Gesellschaft. Der eigentliche Gegenstand der so verstandenen „kulturellen Anerkennung" ist jedoch die Fähigkeit dieser Person, ihre Weltwahrnehmung und deren kulturellen Kontexte als individuelle und individualisierende Merkmale in der allgemeinen Perspektive einer virtuellen, entgrenzten posttraditionellen Gemeinschaft darzustellen. Damit ist zugleich gesagt, dass es sich um eine Fähigkeit handeln muss, die Partikularität jener kulturellen Kontexte überschreiten zu können.

Etwas vereinfacht und zugespitzt ausgedrückt bedeutet dies, dass, während die erste Komponente der kulturellen Anerkennung die „kulturelle Zugehörigkeit" des Individuums, oder besser: seine Sozialisation in partikularen präreflexiven Lebensformen, anvisiert, sich die zweite Komponente auf seinen individualisierenden Umgang mit seiner kulturellen Zugehörigkeit und seiner Sozialisationsgeschichte bezieht, wobei dieser Umgang als eine wesentliche Dimension seiner Selbst-Verwirklichung erscheint. Dementsprechend können wir auch von „kultureller Missachtung" in einem zweifachen Sinn sprechen: einerseits im Sinne der Ignoranz gegenüber – oder gar der Unterdrückung von – kollektiven kulturellen Lebensformen und deren Ausdrucksweisen, andererseits aber auch im Sinne von kulturalisierender Stigmatisierung von Individuen, d. h. im Sinne ihrer primären Betrachtung als Vertreter einer kulturellen Gemeinschaft, als Träger und singuläre Konkretisationen einer kulturellen Substanz, wobei es nicht einmal eine entscheidende Rolle spielt, ob diese kulturelle Substanz an sich als minderwertig betrachtet wird oder nicht.

Ich möchte die Ausführungen über diese Anerkennungs- und Missachtungsweise mit einem Beispiel verdeutlichen, das ich bei der allgemeinen Darstellung der Anerkennungsformen und deren Dynamik schon kurz erwähnt habe.

Es ist allgemein bekannt, dass viele Ostdeutsche, die noch in der ehemaligen DDR sozialisiert worden sind und dort gelebt haben, sich in Bezug auf ihre dort gemachten spezifischen Erfahrungen missachtet fühlen. Zu diesen Erfahrungen zählen oft sowohl das Erleben einer gemeinschaftlichen Solidarität – etwa in der Form nachbarschaftlicher Hilfe – als auch Strategien eines aktiven oder passiven Widerstands gegenüber dem totalitären Regime, oder zumindest Strategien der Wahrung der eigenen moralischen Integrität unter den Bedingungen dieses Regimes. Als eine noch größere Missachtung wird allerdings die Konstruktion einer kollektiven „ostdeutschen" Mentalität anhand vermeintlich typischer Erfahrungsverläufe und Sozialisationsmuster empfunden.[49]

Wir können uns nun zunächst fragen, ob diese Missachtungsgefühle (bzw. die in ihnen negativ implizierten Anerkennungsansprüche) legitim seien, wobei wir uns hierbei an den Prinzipen der Selbstverwirklichung und der sozialen Inklusion als übergreifende Kriterien orientieren sollten. Die Antwort dürfte uns nicht schwer fallen: Es ist evident, dass sowohl das Fehlen eines Artikulations- und Anerkennungsraumes für die oben erwähnten biographischen Erfahrungen und für die Wertvorstellungen, die sich in ihrem Rahmen herausgebildet haben, als auch die kollektivierend-essentialistische Wahrnehmung von Personen mit einer DDR-Biographie ein ungehindertes und kreatives Selbstverhältnis bei ihnen erschweren und ihrer Inklusion in die bundesdeutsche Gesellschaft entgegenwirken müssen. Im ersteren Fall wird die transformierende Artikulation von soziokulturell situierten biographischen Erfahrungen in Selbst-Eigenschaften wie etwa Solidaritätsfähigkeit und Nonkonformismus verhindert, die sonst als wertvoll auch für die neue gesamtdeutsche Gesellschaft geltend gemacht werden könnten. Im letzteren Fall wird die Möglichkeit einer individualisierenden Transformation dieser Erfahrungen verneint und generell die Einzigartigkeit jeder Person als gesellschaftliches Subjekt missachtet.

---

49 Ich bin mehrmals mit der Artikulation von solchen Missachtungsgefühlen als Dozent in Seminargruppen konfrontiert worden, in denen ein quantitativ bedeutender Anteil ostdeutscher Studenten gegeben war – und dies obwohl diese Studenten die DDR kaum bewusst erleben konnten.

Die nächste Frage ist, wie solche Missachtungsgefühle und Anerkennungsansprüche einzuordnen sind. Es ist ganz offensichtlich, dass sie sich nicht primär unter der Anerkennungsform des Rechts subsumieren lassen. Es handelt sich bei den beschriebenen Missachtungserfahrungen weder direkt noch indirekt um rechtliche Diskriminierung. Diese Missachtungsgefühle und Anerkennungsansprüche begründen auch nicht eine vermeintliche neue Anerkennungsform der „kulturellen Differenz"; ganz im Gegenteil erscheint die Konstruktion einer kollektiven kulturellen ostdeutschen Identität als vermeintlicher Gegenstand dieser Anerkennungsform gerade als eine Quelle der Missachtung. Vielmehr möchten die Subjekte dieser Ansprüche ihre biographischen Erfahrungen und ihre Wertvorstellungen, die sich durch diese Erfahrungen konstituiert haben, als einen möglichen Beitrag für den Werthorizont der Gesamtgesellschaft anerkannt wissen. Ihre Missachtungsgefühle rühren aus der Unmöglichkeit her, diese biographischen Erfahrungen und Wertvorstellungen als Leistungen zu artikulieren. Es handelt sich hierbei also letztlich um einen Anspruch auf soziale Wertschätzung.

Die soziale Wertschätzung, die hier beansprucht wird, ist jedoch ganz offensichtlich von einer anderen Natur als das Prinzip des Arbeitsverdienstes. Im Unterschied zur Anerkennung des Arbeitsverdienstes kristallisiert sich in dem beschriebenen Beispiel ein Muster von sozialer Wertschätzung heraus, das sich unmittelbar auf die Formung und Transformation von Weltreferenzen bezieht, welche die Hervorbringung und Entwicklung von Selbst-Eigenschaften ermöglichen. Auch diese *kulturell-biographische* Anerkennung hat die Einzigartigkeit einer Person als ihren generellen Gegenstand, aber sie identifiziert diese Einzigartigkeit nicht primär in dem spezifischen Arbeitsbeitrag dieser Person, sondern in dem Charakter und in der Dynamik ihres Weltbezugs. Somit spricht diese Form der sozialen Wertschätzung primär jenen Persönlichkeitsanteil an, der in den Vorgängen des Selbst-Entwurfs des Einzelnen in der Welt, der propositional ausdifferenzierten, wissensförmigen Selbst-Artikulation, der Bildung von subjektiven Theorien zum Ausdruck kommt.

Neuere empirische Studien über biographische Bildungsprozesse bieten ein inzwischen relativ umfangreiches Material für die empirische Konkretisierung und Plausibilisierung des Zusammenhangs zwischen diesen Prozessen einerseits und der Erfahrung der kulturellen Anerkennung bzw. Missachtung andererseits an.

4.2 „Kulturelle Anerkennung" als (implizites) Thema der empirischen Erforschung biographischer Bildungsprozesse bei Migranten

Bisher habe ich versucht, das Profil der „kulturellen Anerkennung" auf einem rein deduktiv-analytischen Weg zu gewinnen, der im wesentlichen aus zwei Schritten bestand: Erstens aus einer Erweiterung des Gegenstandsbereichs der Anerkennungskategorie insgesamt um die Weltbezüge der miteinander kommunizierenden Subjekte; und zweitens aus der Begründung der Notwendigkeit, diese Bezüge als spezifische Domäne einer besonderen Anerkennungsform der sozialen Wertschätzung aufzufassen. Im Zusammenhang der beiden Schritte ist übrigens die These impliziert, dass die explizite „Arbeit" an der Herstellung und Artikulation der Weltbezüge einer Person, die eben im Rahmen dieser spezifischen Anerkennungsform überhaupt erst ermöglicht wird, auch die Partizipation dieser Person an den Anerkennungsverhältnissen der Liebe und der Freundschaft sowie des Rechts unterstützt, insofern sie eine stabilisierende Wirkung auf die Ideale und die Fähigkeit der Person hat, die eigene Perspektive der Wirklichkeitsdeutung propositional und argumentativ auszudrücken.

Nun möchte ich das Profil dieser Anerkennungsform durch die Berücksichtigung einiger Hinweise aus empirischen Studien konkretisieren, plausibilisieren und präzisieren. Dafür eignen sich insbesondere solche Studien, die (biographische) Bildungsprozesse im Kontext von Migration, bzw. bei Personen mit Migrationshintergrund vorwiegend mit Methoden der qualitativen Sozialforschung untersuchen – also Studien, die einen Bereich umfassen, den wir grob als bildungs- und biographiebezogene Migrationsforschung bezeichnen können. Zwar hat sich die Form der kulturell-biographischen Anerkennung in den bisherigen Ausführungen als eine allgemeine Voraussetzung der Selbstverwirklichung *aller* sozialen Subjekte herausgestellt, jedoch kristallisieren sich bei der erwähnten Personengruppe die spezifische Bedeutung und das Profil dieser Anerkennungsform mit besonderer Klarheit heraus. Migranten sind in der Regel zwangsläufig mit der Notwendigkeit einer *expliziten* „Identitätsarbeit" in der Form einer transformierenden Artikulation von Weltbildern und Wertvorstellungen konfrontiert, und sie sind daher auf entsprechende, dieser transformierenden Artikulation entgegenkommende, intersubjektive Kontexte angewiesen. Zugleich sind sie potentiell besonders stark sozialer Missachtung vor allem in der Form kulturalisierender Zuschreibungen ausgesetzt. Daher lassen sich bei Migranten die beiden bisher deduktiv abgeleiteten Dimensionen der Identitätsansprüche auf kulturell-biographische Anerkennung bzw. die Dimensionen von kultureller Missachtung zumeist in einer expliziten und besonders „reinen" Form beobachten.

Im Folgenden möchte ich mich zunächst an solche Studien wenden, die die subjektive Verarbeitung von Migration als biographischen Bildungsprozess aufzeigen, der sich im günstigsten Fall in der Entstehung innovativer, „kulturhybrider" Identitäten verkörpert (4.2.1). Zugleich möchte ich zeigen, dass die konzeptuelle Annahme der Möglichkeit eines solchen Bildungsprozesses eine wichtige theoretische Optik für die empirischen Migrationstudien insgesamt darstellt, ohne die sie eine stark verkürzte und gegenüber dem eigenen empirischen Material voreingenommene Sicht von Migrationserfahrung als Identitätsdefizit entwickeln müssen, womit sie zuweilen selbst ein Teil der Praktiken der kulturell-biographischen Missachtung werden (4.2.2). Schließlich werde ich die Hinweise auf die sozialen und interaktiven Bedingungen des Gelingens solcher Bildungsprozesse systematisierend darstellen, die sich aus den beiden Untersuchungstypen positiv und negativ gewinnen lassen, woraus ich mir eine empirische Konkretisierung der Form der kulturell-biographischen Anerkennung bzw. Missachtung erhoffe (4.2.3).

4.2.1 Migration als Bildungsprozess?

Die Interpretation der Migrationserfahrung und ihrer Verarbeitung als biographischer Bildungsprozess wird in den letzten Jahren vor allem von Hans-Christoph Koller mittels theoretischer Überlegungen und einschlägiger empirischer Studien entwickelt und begründet (vgl. Koller 2002a; Koller 2002b). Selbst wenn Koller eine explizite normative Ausbuchstabierung des Bildungsbegriffs vermeidet, richtet sich seine Interpretation gegen die gängige defizitäre Auffassung von Migrationserfahrung, die sich etwa in der Deutung dieser Erfahrung in erster Linie als Akkulturation verkörpert, d. h. als ein Vorgang der Assimilation qua Nachholen von Basisvoraussetzungen für die Partizipation in einer soziokulturellen Gemeinschaft. Diese Deutung setzt Migranten per se in eine benachteiligte Stellung gegenüber den einheimischen Mitgliedern der betreffenden Gemeinschaft, die nämlich diesen Vorgang nicht zu vollziehen brauchen, da sich bei ihnen jene Basisvoraussetzungen durch eine frühkindliche, quasi-automatisch verlaufende Sozialisation ausgebildet haben (vgl. etwa Esser 2001, S. 372). An die Stelle einer solchen defizitären Beschreibung tritt bei Koller ein Verständnis von Migrationserfahrung, wonach diese sich nicht in einem (mehr oder weniger ausgeprägten) Aneignungsprozess von vorhandenen kulturellen Standards und Identitätsmustern der „Mehrheitsgesellschaft" erschöpft, sondern ein kreatives, bildungsstiftendes Potential enthält, das sich im günstigen Fall in der Artikulation von neuartigen Standards, Mustern und Diskursarten verkörpert.

Wie schon im ersten Kapitel der vorliegenden Studie erläutert, versteht Koller im Anschluss an Lyotard „Bildung" als Erfindung von neuen Arten des Widerstreits zwischen unterschiedlichen Sprachspielen, als Entstehung von neuen Sätzen und Diskurssträngen, sowie von neuen Formen der Verkettung zwischen ihnen (vgl. Koller 2000, S. 311f.; Koller 2002a, S. 95f.). Koller zeigt durch eigene qualitativ-empirische Untersuchungen, dass Biographien von Migranten besonders fruchtbare „Nährböden" von solchen diskursiven Erfindungs- und Entstehungsprozessen sind, indem er die konkreten Formen und Mechanismen dieser Prozesse anhand von Fallanalysen rekonstruiert. Eine solche, besonders aussagekräftige Fallanalyse möchte ich im Folgenden zusammenfassend wiedergeben (zu den folgenden Ausführungen vgl. Koller 2002a, S. 104ff.)

Kathrin (der Name ist selbstverständlich geändert) ist zum Zeitpunkt des mit ihr durchgeführten biographischen Interviews eine junge Medizinstudentin, die als Tochter eines Iraners und einer Deutschen im Iran geboren wurde, wo sie die ersten zehn Jahre ihres Lebens verbracht hat. Nach dem Tod des Vaters und nach den politischen Ereignissen im Iran Anfang der 80er Jahre, siedelte sie mit ihrer Mutter und mit ihren zwei Geschwistern nach Deutschland über. Obwohl sie zweisprachig aufgewachsen war und ihr Deutschland auch vor der Übersiedlung nicht völlig fremd war, machte sie nach der Migration einschneidende Erfahrungen mit kulturellen Diskrepanzen zwischen den beiden Gesellschaften. Allerdings habe sie bei den Reisen mit ihrer Mutter nach Deutschland noch vor der endgültigen Übersiedlung zwischen den beiden Sprachen und alltagskulturellen Kontexten hin und her umzuschalten gelernt, und zwar nach dem Stichwort „du bist immer das, wo du gerade bist" (vgl., ebd., S. 108).

Die qualitativ neue Erfahrung, die sie nach der Übersiedlung offenbar als wirklich problematisch empfunden hat, waren die ethnisierenden Zuschreibungen an sie als „Ausländerin", die Konfrontation mit einem Fremdbild, das sich in einer vollständigen Diskrepanz zu ihrem Selbstverständnis befand (vgl. ebd., S. 106). Ihre Strategie des Umgangs mit dieser Problematik fasst Koller als „Hervorkehren der eigenen Zugehörigkeit zur jeweils anderen Kultur" (ebd., S. 109) zusammen: Nach dem zum oben genannten Stichwort diametral entgegengesetzten Motto „Du bist eigentlich immer genau das, was du gerade in dem Land nicht bist" (ebd., S. 108), versucht Kathrin gerade ihre „iranische"

Seite in Deutschland als etwas Wertvolles zu artikulieren: und zwar nicht nur als Gegenwehr zu den kulturalisierenden Zuschreibungen, sondern auch aus dem Bedürfnis heraus, ein individualisierendes, bereicherndes Merkmal der eigenen Identität nicht zu verlieren. Kathrin bringt dies so zum Ausdruck: „Denn du wirst überflutet plötzlich, obwohl du vorher immer 'n gutes Gleichgewicht findest, wirst du plötzlich nur von einer Seite deines Ichs überflutet, und das andere kommt 'n bisschen kurz. Und das heißt, du wirst extremer in die Richtung, um es nicht ganz zu verlieren. Denn du setzt dich selber vom Gefühl her aus beiden zusammen. Wenn das eine Überhand gewinnt, drückst du mit der andern Seite dagegen." (ebd., S. 109).

Die Selbstinszenierungen Kathrins als „Deutsche" und als „Perserin", die sie sowohl parallel, wie auch - und vor allem - konträr zum jeweiligen national-kulturellen Interaktionskontext vollzieht, sind deshalb möglich, weil sich Kathrin selbst als „Mischling" identifiziert (vgl. ebd., S. 111f.). Dabei ist diese „Mischlings-Identität" nicht als eine bloße Addition einer „deutschen" mit einer „persischen" Identifikation zu verstehen, vielmehr stellt sie eine neue, „dritte" Instanz dar, die gewissermaßen den beiden Identifikationen übergeordnet ist, was sich zunächst darin zeigt, dass Kathrin mit diesen Identifikationen frei, oder sogar spielerisch umgehen kann. Eine solche „Mischlings-Identität" ist nämlich keine mechanische Zusammensetzung unterschiedlicher kultureller Zugehörigkeiten, vielmehr entsteht sie im *Prozess der Übersetzung* zwischen verschiedenen kulturellen Kontexten der Wirklichkeitswahrnehmung und Handlungskontexten und sie ist ihrer Tendenz nach kosmopolitisch ausgerichtet.[50] Dieser innovative Prozess der Übersetzung, der Artikulation einer kultu-

---

50 Die These, dass ein souveräner, spielerischer Umgang mit differierenden kulturellen Zugehörigkeiten auf eine kosmopolitische Identität hinweist, wurde zuerst von Jeremy Waldron zum Ausdruck gebracht (vgl. Waldron 1995, insb. S. 110ff.). Die Fähigkeit zu diesem Umgang hat nämlich zur Voraussetzung die Identifizierung mit einer universalen menschlichen Eigenschaft – der individuellen Freiheit – sowie die virtuelle Mitgliedschaft in der universellen Gemeinschaft aller Menschen, die als freie Individuen handeln, insofern sie zu einem „Umschalten" zwischen unterschiedlichen kulturellen Kontexten fähig sind (vgl. Stojanov 2002, S. 10f.). Dies besagt natürlich nicht, dass *alle* Personen mit pluralen (ethnisch-)kulturellen Zugehörigkeiten notwendigerweise eine kosmopolitische Identität besitzen müssen. Viele befinden sich in der Tat in einem Zustand der „Zerrissenheit", der Inkohärenz der eigenen Selbst- und Weltbilder; wiederum andere praktizieren ein situativ-funktionales „Umschalten" zwischen den Zugehörigkeiten, das eher der Anpassung an externe Rollenerwartungen, denn der Ausübung individueller Freiheit dient. Wie ich unten ausführen werde, hängt die Verwirklichung des kosmopolitischen Identitätspotentials entscheidend von seiner Spiegelung durch die Anderen, von seiner intersubjektiven Anerkennung ab.

rellen Zugehörigkeit *mit* einer anderen (vgl. Koller 2002b, S. 197f.) ist insofern als Bildung zu verstehen, als sie zur Entstehung neuer Muster der Selbst- und der Weltwahrnehmung führen, die jenseits der vorherrschenden Diskursart der nationalen Selbstverständigung sind und einen Widerstreit mit dieser Diskursart bilden (vgl. Koller 2002a, S. 113).

Auch eine andere aufwändige empirische Untersuchung, bei der je eine Schule in Paris, Berlin, London und Rotterdam mit Methoden der ethnologischen Feldforschung ein Jahr lang beobachtet wurden (vgl. Schiffauer/ Baumann/ Kastoryano/ Vetrovec 2002) stellt „kreative Selbstverortungen gleichzeitiger kultureller Zugehörigkeiten" (Mannitz 2002, S. 319) bei Schülern mit Migrationshintergrund fest, die in den Peer-Groups für unspektakulär und beinahe selbstverständlich gehalten wurden (vgl. ebd., S. 319), und die zu einer eindeutigen Zurückweisung des Images führen, man habe infolge der Herkunft einen Bedarf an nachholender Entwicklung (vgl. ebd. , S. 316), oder man sei zerrissen zwischen den verschiedenen „Kulturen" (ebd., S. 320). Die Autoren dieser Untersuchung bewerten als eine besondere soziale Kompetenz das permanente Sich-Wehren gegen dieses Image, das die Jugendlichen im Unterrichtsgeschehen und in den Interaktionen mit den Lehrern insbesondere der Berliner Schule stets gespiegelt bekommen (vgl. ebd., S. 318ff.).

Weitere Hinweise auf den Charakter und die Entstehungsmechanismen von kulturell-hybriden Identitäten und Handlungspraxen und deren kreatives Potential finden sich in den neuerdings veröffentlichten Ergebnissen eines Forschungsprojekts über Jugendliche aus türkischen Einwandererfamilien in einem Berliner Bezirk, das Ende der 90er Jahre durchgeführt und von Ralf Bohnsack geleitet wurde (vgl. Bohnsack/ Nohl 2001, Nohl 2001, Nohl 2003a, Nohl 2003b). Bohnsack und Arnd-Michael Nohl stellen zunächst eine Diskrepanz zwischen den zentralen Handlungssphären der untersuchten Jugendlichen mit Migrationshintergrund fest: zwischen dem „inneren" Bereich der Interaktionen in der Familie, der Verwandtschaft und der ethnischen Community einerseits und dem „äußeren" Bereich der gesellschaftlichen Öffentlichkeit mit ihren Institutionen und Rollenerwartungen andererseits. Zum letzteren Bereich zählen nicht nur die typischen Ablaufmuster in Schule, Ausbildung und Beruf, sondern auch die Muster der ethnisierenden Fremdidentifizierung, mit denen die Jugendlichen konfrontiert sind (vgl. Bohnsack/ Nohl 2001, S.21ff.; Nohl 2001, S.112).

In einem nächsten Schritt identifizieren die Forscher vier Typen des Umgangs mit dieser Sphärendifferenz, die sie jeweils als „Exklusivität der inneren Sphäre", „Primordialität der inneren Sphäre", „Sphären(dif)fusion" und „Suche nach (bzw. Konstitution von) einer dritten Sphäre" bezeichnen (vgl. Bohnsack/ Nohl 2001, S. 24). Bei dem ersten Typus handelt es sich um eine starke Bindung an einen familiär tradierten Habitus, der als ethnisch fundiert, d. h. ethnozentrisch gedeutet wird, wobei diese Bindung mit einer Abwertung andersartiger Werte und Handlungsmuster einhergeht. Eine der zentralen Figuren dieses Habitus sind traditionalistische Vorstellungen über die „Ehre des Mannes", bei denen postkonventionelle Geschlechterverhältnisse explizit abgelehnt werden (vgl. ebd., S. 25). Der zweite Typus der „Primordialität der inneren Sphäre" zeichnet sich durch eine primäre Orientierung an familiär tradierten Wertvorstellungen bei gleichzeitiger Tolerierung von externen, der Außensphäre zugeschriebenen Handlungsweisen und moralischen Normen (vgl. ebd., S. 25f.) aus. Beim Typus der „Sphären(dif)fusion wird eine (nicht immer gelingende) Balance zwischen den beiden Bereichen versucht, indem man sich z. B. um einen verständnisvollen und innigen Umgang mit den Eltern und ihren traditionalistisch-herkunftskulturellen Vorstellungen etwa in Bezug auf Heiratsarrangements und Eheschließungspraktiken bemüht, ihre hierarchische Stellung nicht offen problematisiert und ihre Ratschläge respektiert, zugleich aber sich in den außerfamiliären Beziehungen nach den Normen einer individualistischen Moral und nach personalisierenden Handlungsmustern richtet (ebd., S. 26f.; auch Nohl 2001, S. 131ff.).

Obwohl die Autoren selbst diesen Schluss nicht ziehen, kann die Sphärenfusion letztlich nur dann gelingen, wenn sie in die Entstehung einer neuen Handlungspraxis und Identitätsformation mündet, bei der die offensichtlichen Antagonismen zwischen den beiden Sphären aufgehoben werden. Der Konstitution einer „dritten Sphäre jenseits ethnischer Zuschreibungen und Zugehörigkeiten" (Nohl 2003a, S. 85), in der mit neuen Handlungspraktiken und Lebensorientierungen experimentiert wird (vgl. Nohl 2003b, S. 315), bescheinigt insbesondere Nohl ein hohes (migrationbedingtes) Kreativitätspotential (vgl. Nohl 2001, S. 11; S. 192). Sie wird von ihm weitgehend als getrennt vom Vorgang der Sphärenfusion dargestellt. Es ist aber nahe liegend, diese Konstitution als eine Bewältigung der Problematiken zu betrachten, die sich aus dem prekären Balanceversuch der Sphärenfusion ergeben.

Die hier vorgeschlagene Betrachtungsweise wird auch durch die Analyse der konkreten Fälle unterstützt, an denen Nohl die „dritte Sphäre" festmacht, nämlich eine semi-professionelle Breakdance-Gruppe vorwiegend von Jugendlichen der „zweiten Migrantengeneration" und eine informelle islamische Schule („Medrese"), die von türkischstämmigen Studenten selbsttätig betrieben wird (vgl. im folgenden Nohl 2001, S. 168ff.; S. 192ff.; S. 212ff.). Nohl beschreibt zwar die beiden Fälle als Beispiele für zwei unterschiedliche Varianten der „dritten Sphäre", bei einer näheren Betrachtung kommen jedoch qualitative Unterschiede in den Strukturen und in den Konstitutionsmechanismen dieser Fälle zum Vorschein. Während der (sub-)kulturelle Raum der Breakdancer im Rahmen einer gleichmäßigen Abgrenzung zu den Sphären sowohl der Familie und der ethnischen Community als auch der institutionalisierten Rollenerwartungen, biographischen Ablaufmustern und ethnisierenden Zuschreibungen der Öffentlichkeit entsteht – sich also durch eine *Negation* vorgängiger kultureller Zugehörigkeiten bzw. Zuschreibungen konstituiert –, setzt hingegen die kulturelle Praxis der Medrese *positiv* das Programm der Sphärenfusion (erfolgreich) fort.

Das Hauptanliegen der Gruppe der Medrese-Schüler sind das Praktizieren und die Verbreitung eines Islam, der sich einer (naturwissenschaftlichen) Rationalität verbunden fühlt und daher der Moderne nicht widerspricht, sondern eng mit ihr zusammenhängt (vgl. ebd., S. 215). Daher wird ein „authentischer Islam" den traditionalistischen Praktiken im Herkunftsland – etwa denen der Heiratsarrangements – entgegengesetzt, und er wird in einer für die „Außensphäre" charakteristischen Semantik artikuliert – nämlich in der Semantik einer philosophischen, personalisierenden Weltanschauung.[51]

Daher ist es nur konsequent, dass die Praxis der Medrese-Schüler keineswegs den gängigen Vorstellungen einer ethnischen Abschottung oder der Ent-

---

51 Hier einige Auszüge aus der Diskussionen mit den Vertretern der Gruppe: „Und wenn das nicht so wäre oder wie sollte dann die Sache mit dem Heiraten sonst sein halt um (...) die andere Seite nicht kenn- kennenzulernen, ah um zu heiraten mit ihr halt (...) um zu wissen was sie für eine Persönlichkeit ha- hat muss man (wiederum) einmal (...) sich kennenlernen kennen sonst (...) kommt wieder so ein Gedanke auf halt bei den Türken gibt es doch das wurde doch früher in den Dörfern gemacht (...) ha Brautschaummethode; diese ist derzeit weit verbreitet (...) (als) ob es im Islam so etwas (...) gäbe" (Nohl 2001, S. 215) „ ... man muss die Sache in ihrer Ganzheit sehen halt der Islam hat eine allgemeine Sichtweise auf den Menschen eine Sichtweise; er hat auf die Welt eine Sichtweise auf das gesellschaftliche Leben eine Sichtweise (und) ohne dass diese erklärt werden, (...) ist es sehr schwer nur die Frauenfrage oder ein anderes Problem zu erklären wie der Freund das Beispiel (mit) der Maschine genommen hat (:) halt ohne die ganze Maschine zu kennen ist es ein wenig absurd einen Knopf verstehen zu versuchen (-) es bleibt unvollständig; und das ist auch in den anderen Gesellschaften so halt um die westliche Gesellschaft zu verstehen (...) muss man wohl die griechische Philosophie kennen; es ist so ein(e) Ganzheit (...) vielleicht muss man auch die indische Philosophie ken- kennen sie hat Einflüsse, solange wir nicht schauen (...) ist es sehr schwer möglich, dass wir ein Thema verstehen, das zu einer Gesellschaft oder einer Lebensweise oder einer Sichtweise gehört und es bleibt auf jeden Fall unvollständig; eh deshalb weiß ich nicht so lange wir auch über diese Themen sprechen würden eh müssen wir uns vor Augen halten dass es unvollständig bleibt zumindest vermute ich dies." (ebd., S. 226).

stehung von „Parallelgesellschaften" entspricht; ganz im Gegenteil zeichnet sich diese Praxis durch die Suche nach einer intensiven Auseinadersetzung mit gruppenfremden Personen aus. Dies dient nicht einer Bekehrungs- oder Missionierungsstrategie, sondern soll versuchen, alltägliche Theorien der Außenstehenden über die eigene religiöse Identifizierung zu korrigieren, weshalb diese Identifizierung in einer posttraditionellen Semantik artikuliert wird. Erst durch diese Artikulation konstituiert sich eine solche Sphäre einer „dritten Kultur". Der Bezug auf die „Außen-"Gesellschaft bildet somit den Katalysator für ihre Entstehung aus (vgl. ebd., S. 227). Daraus folgt übrigens, dass die Entstehung einer „dritten Kultur", die Entstehung von „kulturhybriden" Identitäten mit ihrem Kreativitätspotential insgesamt dann sehr erschwert bis unwahrscheinlich ist, wenn die Gesellschaft diesen Bezug auf Dauer verweigert, wenn also keine Artikulationsräume in der Öffentlichkeit für diese Identitäten vorhanden sind. Dann bleiben in der Tat als Alternativen entweder die selbstethnisierende Abschottung oder aber der Rückzug in jugendliche Subkulturen, die zwar ihren Akteuren interne Spiegelungs- und Artikulationsmöglichkeiten bieten, sich aber ansonsten durch eine amoralisch-gleichgültige Haltung gegenüber der Gesellschaft auszeichnen (vgl. ebd., S. 168ff.).

Darin ist schon die These impliziert, dass kein automatischer Zusammenhang zwischen tatsächlich gemachter Migrationserfahrung und dem Ansetzen eines biographischen Bildungsprozesses in der Form der Erfindung von neuen Sprachspielen und Diskursarten oder der Transformation und Anreicherung der Welt- und Selbstbezüge unterstellt werden kann. Es ist aber gleichwohl anzunehmen, dass bei einem beträchtlichen Teil insbesondere der Jugendlichen mit Migrationshintergrund dieser Zusammenhang gegeben ist, und dass bei einer noch größeren, wahrscheinlich überwiegenden Anzahl solcher Jugendlichen der Bedarf und das Potential für eine Loslösung von diskursiven ethnotrophen Positionierungen vorhanden ist, selbst wenn sich dieser Bedarf und dieses Potential nicht immer in gesellschaftlicher Partizipation verkörpert.

Vor dem Hintergrund der vorangegangenen theoretischen Überlegungen ist dies natürlich keineswegs überraschend. Diese Überlegungen haben gewissermaßen als ein anthropologisches Merkmal der sozialen Existenz der Menschen eine permanente Transzendierung der schon vorhandenen „ansozialisierten" Muster der Wirklichkeits- und der Selbstwahrnehmung und der internalisierten Rollenerwartungen herausgestellt, insofern die Individuen an intersubjektiven Anerkennungsverhältnissen partizipieren bzw. insofern sie schon – wenn auch partielle – Erfahrungen mit solchen Verhältnissen gemacht haben. Vor diesem Hintergrund dürfen der Vorgang der Transformation der „kulturellen Zugehörigkeit" eines Individuums, sein „Umschalten" zwischen unterschiedlichen kulturellen Identifizierungen und die Übersetzungsarbeit zwischen ihnen nicht als Ausdruck einer Krise und insgesamt nicht in einer Semantik des Nachholens und des Ausgleichs von Defiziten interpretiert werden.

Die sozialisatorische Positionierung „zwischen zwei Kulturen" wird allerdings nicht nur in publizistischen und pädagogisch-praktischen Diskursen, sondern auch in vielen wissenschaftlichen Studien über die „zweite Generation" ausschließlich als Erschwernis betrachtet. Diese Betrachtungsweise wird oft zu einer zentralen theoretischen Vorannahme bei empirischen Untersuchungen stilisiert, die dann die Feldforschung weitgehend gegen die Wahrnehmung der kreativen Bildungs- und Identitätsentwicklungspotentiale dieser Positionierung immun macht.

4.2.2 Biographische Bildungsprozesse aufgrund von Migrationserfahrung als notwendige Orientierungsannahme empirischer Migrationsforschung

Schon zum Beginn des Bandes, der die Ergebnisse der öffentlich viel beachteten Untersuchung über fundamentalistische Orientierungen bei Jugendlichen türkischer Herkunft in Deutschland präsentiert, die von der Forschungsgruppe um Wilhelm Heitmeyer durchgeführt wurde (vgl. Heitmeyer/ Müller/ Schröder 1997), distanzieren sich die Autoren von der Metapher des Kulturkonflikts bzw. des „Lebens zwischen zwei Kulturen", durch die man bislang die Sozialisation dieser Jugendlichen vorwiegend beschrieben habe (vgl. ebd., S. 24). Nichtsdestotrotz bricht das vorgestellte Theoriekonzept nicht wirklich den semantischen Rahmen dieser Metapher auf. Die Autoren sprechen etwa von einer notwendigen Bewältigung der Anforderungen, die sich aus dem Leben „zwischen zwei Kulturen" ergeben würden (ebd., S. 53). Es handelt sich hierbei in erster Linie um Anforderungen, einen „Identitätsspagat" zu „verkraften" (ebd., S. 26), was eine zusätzliche Identitätsarbeit erfordere, die zum ohnehin starken allgemeinen Druck auf *alle* Jugendlichen hinzukäme, mit Ambivalenzen und Unsicherheiten ihrer (spät-)modernen Lebenswelten zurechtzukommen (vgl. ebd., S. 36ff.).

Diese Identitätsarbeit wird zunächst als ein Ausbalancieren zwischen einer personalen und einer sozialen Identität bestimmt: also zwischen Individualität und sozialer Zugehörigkeit, die auf Verinnerlichung vorgegebener Rollendefinitionen und Normen beruht. Damit ist die Bewältigung der Aufgabe eines

Übergangs von einer Rollenidentität zu einer autonomen Ich-Identität verbunden (vgl. ebd., S. 57f.). Die Autoren machen allerdings klar, dass sie die Bewältigung dieser Aufgabe insbesondere bei sozial benachteiligten und Diskriminierungserfahrungen ausgesetzten Jugendlichen eher für unwahrscheinlich halten, weil sie mit kaum überwindbaren objektiven Zwängen konfrontiert sind, welche die Realisierbarkeit und die Sinnhaftigkeit des autonomen Handelns in Frage stellen. Als Alternative bleibt dann ausschließlich das Handeln entlang an Rollenidentitäten bzw. das situationsgebundene „Pendeln" zwischen diesen Identitäten bzw. zwischen Rollen- und Ich-Identität (vgl. ebd., S. 58). Anders als Bohnsack und Nohl schließt offenbar das Forschungsteam um Heitmeyer eine kreative Form der Identitätsentwicklung aufgrund dieses „Pendelns" aus. Synthetische Selbst- und Weltbezugsgrammatiken, in denen multiple kulturelle Zugehörigkeiten bzw. Rollenerwartungskomplexe in einer „dritten Sphäre" aufgehoben werden, können in ihrer Sicht nicht entstehen. Vielmehr betrachtet dieses Team das oben erwähnte „Pendeln" ausschließlich als eine Überlastungsquelle, die tendenziell zu einem vollständigen Rückzug auf überkommene Rollenidentitäten führt, die sich auf traditionsgebundene, nichtreflexive, eines Interpretationszwangs entbehrende Gewissheiten stützt (vgl. ebd., 58): ein Rückzug, der eben den Fundamentalismus „verlockend" macht.

An diesem Bild ändert auch die deklarierte Annahme wenig, „dass ein Großteil der türkischen (!) Jugendlichen aus der dritten Generation" (ebd., S. 26) die Kraft habe, mit den Anforderungen des „Identitätsspagats", des „ständigen Wechsels zwischen den Erwartungen der kulturellen Referenzgruppen" etc. zurechtzukommen (vgl. ebd., S. 26). Denn diese Annahme impliziert die These, dass auch diese Jugendlichen ein in der Tatsache ihrer „fremdkulturellen" Herkunft *an sich* gewissermaßen quasi-ontologisch verwurzeltes Defizit auszugleichen haben, womit sie per se ein Mehr an Identitätsanstrengungen im Vergleich zu ihren einheimischen Gleichartigen zu leisten haben. Vielleicht ist übrigens mit dieser identitätstheoretischen Essentialisierung der ethnischkulturellen Herkunft auch die unverblümte Bezeichnung von in Deutschland geborenen und aufgewachsenen Personen als „türkisch" zu erklären.

Dabei sprechen eine beträchtliche Zahl der im Forschungsband selbst veröffentlichten Aussagen der interviewten Jugendlichen für eine erfolgreiche und als unproblematisch empfundene Fusion der unterschiedlichen kulturellen Zugehörigkeiten, die oft in einer Selbstverortung jenseits solcher Zugehörigkeiten mit ihrer jeweiligen Partikularität mündet.

So z. B. kommentiert ein Hauptschüler die vorgegebene Aussage „Ich weiß nicht so richtig, wozu ich gehöre" folgendermaßen: „Ich fühle mich so wie

Türken, oder so wie Deutsche hier in Deutschland. Also ich fühl' mich keines von beiden hier. Ich denke, daß ich nur ein Mensch bin, so wie die anderen auch sind. Das macht mich gar keine Probleme." (ebd., S. 225). Auf die Frage „Wieviel Wert legen Ihre Eltern darauf, daß Sie anders leben als die meisten Deutschen, die Sie kennen?" (ebd., S. 223) kommen durchwegs Antworten zum Ausdruck, die ebenfalls in die Richtung der vorigen Aussage gehen und keineswegs Vorstellungen über selbst-ethnisierende und -abschottende Wirkungen der Erziehungspraktiken in den Familien der türkischstämmigen Einwanderer belegen. Hierzu einige Auszüge: „Es geht nicht darum, daß man, äh, wie ein Türke oder wie ein Deutscher lebt, sondern ob man gewisse menschliche Merkmale in sich hat oder nicht. Sagen wir mal, daß man nicht, äh, egoistisch ist, äh, ja, und daß man für seinen Lebensunterhalt arbeiten sollte." „Sie [die Eltern - K.S.] haben halt vor allem Wert darauf gelegt, daß ich, sagen wir mal, negative Eigenschaften der Deutschen auf keinen Fall übernehmen sollte, und wenn, dann von Deutschen möglicht das Positive. (...) Sie [die Eltern - K.S.] meinten auch, ich sollte auf keinen Fall so kalt, so, äh, so egozentrisch, so selbstorientiert sein, wie es die Deutschen zuweilen sind, also, ich sollte immer auch mich sozial verhalten, mich in der Gesellschaft auch entsprechend betätigen und gesellschaftlich mich auch integrieren, was heißt integrieren, aber mich in der Gesellschaft halt auch einbringen und der Gesellschaft zum Nutzen sein, also eben nicht nur für mich selber da sein, sondern auch für das Umfeld, für die Umwelt.". „Also für sie [die Eltern - K.S.] ist ganz egal, ob ich wie die Deutschen lebe, oder, äh, nach türkischen Regeln, also für die ist das überhaupt nicht wichtig, also für sie zählt nur, daß ich ein Mensch bin, und nicht, nach welchen, äh, wie soll ich sagen, nach welchen Regeln ich lebe, aber die finden es sogar gut, wenn ich wie die Deutschen lebe, wenn ich deutsche Freunde habe, für die spielt das keine Rolle." (ebd., S. 224f.).

Für unseren Argumentationszusammenhang ist es zweitrangig, wie groß der quantitative Anteil der Jugendlichen der zweiten und der dritten Generation ist, die im Sinne der zitierten Aussagen ihr gesellschaftliches Umfeld und sich selbst wahrnehmen bzw. interpretieren. Wichtig für diesen Zusammenhang ist ausschließlich, dass die theoretische Optik des Forschungsteams um Heitmeyer so beschaffen ist, dass sie offenbar die Wahrnehmung einer dritten Gruppe solcher Jugendlichen – neben der Gruppe derjenigen, die mit mühsamer „Identitätsarbeit" ein Sozialisationsdefizit bewältigen, und der Gruppe derjenigen, die sich hinter fraglose traditionelle Gewissheiten der ethnischen Gemeinschaft zurückziehen – nicht ermöglichen kann. Diese Optik ist nämlich von vornherein nicht auf die Registrierung einer kreativen, *identi-*

täts(entwicklungs)stiftenden Verschmelzung kultureller Horizonte der Welt- und der Selbstwahrnehmung eingestellt. Wie dargelegt, würde eine solche Verschmelzung in die Entstehung einer „dritten Sphäre" oder einer „dritten Kultur" münden, die sich oft (wenn auch nicht zwangsläufig) an der Selbst-Identifizierung mit dem Menschsein überhaupt bzw. als Mitglied an der universellen Gemeinschaft der Menschheit orientiert.

Wie es mir scheint, ist dieser „Defekt" in der theoretischen Optik im Identitätskonzept der genannten Untersuchung begründet, das ausschließlich sozialisationstheoretisch fundiert ist, ohne bildungstheoretisch angereichert zu sein. Ähnlich wie bei den früheren identitätstheoretischen Arbeiten von Habermas, die am Anfang dieses Kapitels erwähnt wurden, unterscheiden Heitmeyer und seine Co-Autoren zwischen einer konventionellen, rollengebundenen Identität und einer autonomen und zugleich abstrakten Ich-Identität. Während die Erstere die Zugehörigkeit zu einer klar umgrenzten partikularen kulturellen Gemeinschaft voraussetzt, zeichnet sich die Letztere durch die Loslösung von jeder Art von präreflexiven kulturellen Kontexten aus, die sich in der Form von kognitivistisch verstandenem Reflexivwerden vollziehen soll. Es ist ersichtlich, dass in diesem Schema kein Platz für die zum Beginn dieses Kapitels diskutierte Vorstellung einer „dezentrierten Autonomie" bleibt. Diese wiederum stützt sich auf eine polyzentrische Identität, bei der das Subjekt von seinen konkreten Eigenschaften nicht abstrahiert, welche durch Internalisierungen auch disparater Interaktionsmuster mit seinen Bezugspersonen zustande kommen. Vielmehr übersetzt es diese Muster ineinander, und zwar indem es sein Selbst und seine Biographie als narrativ kohärent konstituiert, d. h. indem es sein Selbst und seine Biographie narrativ, nach außen hin, vor den Anderen als Einheiten darstellen kann. Dieser Vorgang stützt sich wiederum auf das symbolische Sich-Projizieren in ein Weltbild, das die partikularen Grenzen der vorgegebenen kulturellen Horizonte der Handlungen und Wirklichkeitswahrnehmungen des Subjekts durch die Verschmelzung dieser Horizonte transzendiert. Die Autonomie des Subjekts gründet sich daher nicht in der Abstraktion von diesen Horizonten, sondern in deren Übersetzung ineinander, die als ein Bildungsvorgang im engeren Sinne von Bildung zu verstehen ist.

Nun ist es klar, dass dieser Vorgang nur dann vollzogen werden kann, wenn die Übersetzung auf der Ebene des Weltbildes bzw. die narrative Kohärenz auf der Ebene des Selbstbildes intersubjektiv artikuliert werden kann, d. h. wenn sie in einem spezifischen Sinne als personalisierte (und personalisierende) Leistungen *anerkannt* werden. Damit verschiebt sich die Domäne der Defizitdiagnose: Das Problem der „Identitätsstörungen" bei Jugendlichen der zweiten und der dritten Migrantengeneration wurzelt demnach nicht primär in der Tatsache des „Aufwachsens zwischen verschiedenen Kulturen", sondern in der Missachtung des Übersetzungspotentials zwischen diesen Kulturen bei diesen Jugendlichen, des Potentials der Herstellung von neuen „kulturhybriden" (oder „kultursynthetischen") Welt- und Selbstbezügen. Untersuchungen, die dieses Potential systematisch übersehen, bieten somit nicht wirklich eine Diagnose des Problems und seiner Genese an, sondern werden eher selbst zu einem Teil von ihm.

4.2.3 Sozial-interaktive Voraussetzungen für biographische Bildungsprozesse auf der Grundlage von Migrationserfahrung und im Allgemeinen

In einer neu erschienenen Studie mit dem bezeichnenden Titel „Der Dritte Stuhl" (vgl. Badawia 2002) berichtet der Autor über eine Reihe von Rückfragen der von ihm interviewten Jugendlichen mit Migrationshintergrund wie: „Warum versteht man in Deutschland nicht, wenn man sagt: Ich bin beides?", „Was soll immer die Frage: Willst du hier bleiben, oder lieber in deine Heimat zurück?", „Warum immer die Frage bei jungen Menschen, bist du deutsch oder was anderes, man kann doch beides sein, oder?" (vgl. Badawia 2002, S. 11). Es braucht kaum näher erläutert zu werden, dass diese Fragen tief sitzende und intensive Missachtungsgefühle zum Ausdruck bringen, die von der Erfahrung herrühren, in der eigenen Individualität und in den eigenen biographischen Leistungen nicht wahrgenommen zu werden. Dabei untersucht diese Studie ausschließlich bildungserfolgreiche Jugendliche, die diese Missachtungsgefühle *artikulieren* können. Dies setzt eine besondere Reflexionsleistung voraus – insbesondere wenn man vom Postulat einer angeblichen inneren und äußeren Zerrissenheit infolge des Aufwachsens „zwischen zwei Kulturen" ausgeht. Die Artikulation der kulturell-biographischen Missachtung ist nur die Kehrseite der Artikulation eines eigenen „bikulturell" oder polyzentrisch strukturierten Selbstentwurfs (vgl. ebd., S. 11). Es ist nahe liegend, dass gerade diese zweidimensionale Artikulation und die durch sie eingeleitete Anbahnung des angesprochenen Auswegs den Bildungserfolg dieser Jugendlichen überhaupt erst ermöglicht.

Hinweise für eine indirektere, die Schwelle der Artikulation nicht erreichende und deshalb sich nicht in Bildungsprozesse umwandelnde Missachtungserfahrung finden sich in der schon erwähnten Studie von Bohnsack und

Nohl. Bei ihren Überlegungen zur Soziogenese der Sphärendifferenz bei Jugendlichen mit Migrationshintergrund kommen sie zum Schluss, dass diese Differenz infolge der Fremdzuschreibungen und Ethnisierungen seitens der äußeren Sphäre einerseits und der fehlenden Möglichkeiten einer Thematisierung der Diskrepanz zwischen Familie und Gesellschaft innerhalb der inneren Sphäre andererseits zustande kommt, aus deren Interaktionen die Erfahrungen und die Verhaltensweisen der Jugendlichen in der „Außensphäre" systematisch ausgeklammert werden (vgl. Bohnsack/ Nohl 2001, S. 29f.). Die „Zerrissenheit zwischen den Kulturen" ist also nicht als ein essentielles Merkmal „bikultureller" Sozialisation zu verstehen, sondern als durch den Umstand fehlender Möglichkeiten bedingt, sich als ein Individuum mit einer personalen „kulturhybriden" Identität gegenüber den konkreten Bezugspersonen und dem „generalisierten Anderen" zu artikulieren bzw. als ein solches Individuum von den konkreten und von den generalisierten Andern gespiegelt zu werden. Kurzum: *Die „Zerrissenheit zwischen den Kulturen" ist ein Effekt der Missachtung der kulturellen Übersetzungsleistungen, welche die angesprochenen Jugendlichen vollbringen, und welche das Potential eines kreativen und zugleich kohärenten Weltbildes enthalten.*

Wie schon erwähnt, stellt auch die schulethnologische Untersuchung des Forschungsteams um Werner Schiffauer dieses Potential fest und beschreibt zugleich die Selbstverständlichkeit, mit der die Jugendlichen mit Migrationshintergrund innerhalb der peer-groups die angesprochenen kulturellen Übersetzungsleistungen vollziehen (vgl. Mannitz 2002, S. 316ff.). Diese Selbstverständlichkeit steht allerdings in einem klaren Gegensatz zu der Art und Weise, wie diese Jugendlichen von der Institution Schule wahrgenommen werden – und dies in allen vier untersuchten Ländern, wenn auch sich dieser Gegensatz in Berlin, Paris, London und Rotterdam jeweils anders gestaltet. In der Berliner Schule werden die Kinder und Jugendlichen aus Einwandererfamilien entlang eines monokulturellen Erziehungsverständnisses – basiert auf einem subtilen und hintergründigen „ethnotrophischen Prinzip der nationalen Vergemeinschaftung" (Mannitz/ Schiffauer 2002, S. 100) – als Vertreter einer in diesem Kontext als defizitär erscheinenden „Minderheitskultur" wahrgenommen. Demgegenüber vertritt die französische Schule explizit das normative Programm, wonach man von den kulturellen Sozialisationskontexten der Schüler bewusst abstrahiert muss, um diese als *abstrakte* Individuen (gleich) zu behandeln. Das wiederum unterscheidet sich kontrastiv vom positiv besetzten normativen Prinzip der Multi-Kulturalität der englischen Schule, das die Schüler dazu veranlasst, sich vor allem als Vertreter ihrer Herkunftscommunities an den schulischen Interaktionen zu beteiligen, und steht andererseits auch in einer gewissen Differenz zum holländischen Modell einer eher negativen Tolerierung und Relativierung ethnisch-kultureller Differenzen (vgl. ebd., S. 98ff.). Unter den Bedingungen *keiner* dieser vier institutionalisierten Wahrnehmungsmuster in Bezug auf Kinder und Jugendlichen mit Migrationshintergrund kann eine systematische Praxis der Artikulation und der Anerkennung ihrer Leistungen interkultureller Übersetzung anvisiert werden. Allerdings generiert die deutsche Schule eine zusätzliche Missachtungserfahrung für diese Kinder und Jugendlichen, indem sie diese essentialistischen defizitären Verortungen unterzieht. Das, was in den peer-groups spontan und unbeschwert geschieht – nämlich alltägliche Überschreitungen und Synthesen unterschiedlicher (ethno-)kultureller Kontexte und Zugehörigkeiten – wird nicht in die institutionalisierten Interaktionsstrukturen der öffentlichen Erziehung aufgenommen. Dabei ist die öffentliche Erziehung auf diese Aufnahme strukturell angewiesen – und dies nicht nur bei den Schülern mit Migrationshintergrund –, wenn ihr Auftrag wirklich in der Initiierung und Beförderung von Bildungsprozessen bestehen soll. Denn unter den Bedingungen des schon zu Beginn der vorliegenden Studie angesprochenen Prinzips der kulturellen Inkongruenz der Perspektiven, das insgesamt für die Verhältnisse soziokultureller Pluralität charakteristisch ist, konstituieren und entwickeln sich die *Welt*bezüge der Einzelnen ausschließlich in diesem Prozess der Überschreitungen und Übersetzungen zwischen verschiedenen, aufeinander nicht reduzierbaren kulturellen Horizonten: etwa zwischen dem der Familie, der peer-group, der jugendlichen Pop-Kultur, des schulischen Lernens. Dem letzteren kommt allerdings insofern eine zentrale Funktion bei der Konstitution und der Entwicklung der Weltbezüge zu, als es die Heranwachsenden dazu befähigen soll, die gemachten heterogenen Erfahrungen bzw. die darin entstandenen Vorstellungen, Impulse, Gefühle und Ansichten in subjektiven Theorien zu artikulieren: d. h. in einer Sprache, die eine transkontextuelle, allgemeine Gültigkeit beanspruchen kann. Umgekehrt lässt sich sagen, dass dann eine Motivation zum Erwerb dieser Fähigkeit bei den Heranwachsenden vorausgesetzt werden kann, wenn sie allgemein die Erfahrung der Anerkennung für ihre Leistungen interkultureller bzw. interkontextueller Artikulation in Lehr-Lern-Prozessen gemacht haben.

4.3 Zusammenfassung

„Kulturell-biographische Anerkennung" wurde in diesem Kapitel als eine bildungstheoretisch immens wichtige Unterform von sozialer Wertschätzung rekonstruiert. Dies geschah zum einen im Rahmen einer immanent-kritischen Auseinandersetzung mit der aktuellen Debatte über den Begriff der „kulturellen Anerkennung" und zum anderen mit einer Analyse von Befunden empirischer Untersuchungen über biographische Bildungsprozesse bei Personen mit Migrationshintergrund. Das Ergebnis dieser kritisch-analytischen Arbeit ist, dass diese Unterform von sozialer Wertschätzung sich zugleich auf die partikularansozialisierten Selbst- und Wirklichkeitsdeutungsmuster des Einzelnen *und* auf seine Fähigkeit bezieht, diese Muster in einem entgrenzten, interperspektivisch strukturierten Raum transformierend zu artikulieren. Dementsprechend sind als zu dieser Anerkennungsform korrelative bildungsbehindernde Missachtungserfahrungen auf der einen Seite die Nicht-Wahrnehmung und die Nicht-Beachtung der erwähnten partikular-ansozialisierten Selbst- und Wirklichkeitsdeutungen des Einzelnen zu bezeichnen, und auf der anderen Seite – seine oder ihre *Fixierung* auf diese Deutungen, so wie dies bei der Betrachtung von Personen mit Migrationshintergrund durch die Brille der kulturellen Zugehörigkeit geschieht. Hierbei wird dem Einzelnen das Potential abgesprochen, seine „enkulturierten" Selbst- und Wirklichkeitsdeutungsmuster interperspektivisch transformierend zu artikulieren, oder sie mit „fremden" Horizonten von Selbst- und Weltwahrnehmung zu synthetisieren.

Wie wir im nächsten Kapitel sehen werden, umreißt diese interperspektivische Artikulation bzw. diese Horizont-Synthese die Grundstruktur des Wissenskonstitutionsprozesses des Einzelnen. Die intersubjektive Vermittlung von Wissen, die als der schulpädagogische „Schlüssel" zur Initiierung von Bildungsprozessen gelten kann, ist gleichbedeutend mit der anerkennenden Anbahnung der besagten transformierenden Artikulation von ursprünglich partikular ansozialisierten Selbst- und Wirklichkeitswahrnehmungsmustern.

5 Individuelle Wissensgenerierung, Anerkennung und pädagogisches Handeln

Im abschließenden Kapitel dieser Arbeit versuche ich, die bisher gewonnenen anerkennungstheoretischen Erkundungen über den Vorgang der Selbst-Entwicklung und Welt-Erschließung des Einzelnen auf eine Thematik hin zuzuspitzen, die traditionell als pädagogisch besonders relevant angesehen wird – nämlich auf die Mechanismen des individuellen Wissenserwerbs. Allerdings ziehe ich es vor, an der Stelle vom „Wissenserwerb" von „individueller Wissensgenerierung" zu sprechen. Der Terminus „Wissenserwerb" suggeriert nämlich, dass Wissensinhalte an sich und meta-sozial gegeben sind, um dann von Lernenden im Rahmen von alltagsweltlichen und pädagogisch arrangierten Interaktionen angeeignet zu werden. Wir haben jedoch in den vorangegangenen zwei Kapiteln gesehen, dass die Erschließung von Welt nicht als einen Akt der Aneignung einer äußerlichen und an sich existierenden Realität aufzufassen ist, sondern als intersubjektiv vermittelte Hervorbringung von transkontextuellen Horizonten der Wirklichkeits- und der Selbstkonstitution, bei der sich objektive Bedeutungen und Sinnzusammenhänge mit Anspruch auf universelle Gültigkeit für den Einzelnen herauskristallisieren.

Wenn wir nun von der zunächst intuitiven Vorstellung ausgehen, dass Wissenserwerb eine zentrale (wenn sogar nicht *die* zentrale) Form der Welterschließung ist, dann sollen wir das bisher gewonnene „sozialkonstruktivistische" Verständnis der Welterschließung auch auf den Vorgang der Wissenskonstitution durch und für den Einzelnen beziehen, und dabei dieses Verständnis weiter konkretisieren. In einem ersten Schritt zeige ich die Apodiktizität dieser intuitiven Vorstellung anhand der Darlegung einiger neueren Ansätze der analytischen „Philosophy of Mind", die Wissensgenerierung als eine sozial-diskursiv verlaufende propositionale Artikulation von ursprünglich privat-partikularen Vorstellungen, Idealen und Intentionen des Einzelnen zu „objektiven" Bedeutungsinhalten mit Anspruch auf Allgemeingültigkeit auffassen (5.1). Dann zeige ich auf, dass diese soziale Praxis der propositionalen (Selbst-) Artikulation nur dann gelingen kann, wenn sie in die Anerkennungsverhältnissen der emotionalen Zuwendung, des moralischen Respekts und vor allem der kulturell-biographischen Achtung eingebettet ist, die in den beiden letzten Kapiteln anhand Honneths Konzepts herausgearbeitet wurden (5.2). Im nächsten Schritt wird die so gewonnene anerkennungstheoretisch-sozialpragmatische Auffassung von den Perspektiven sowohl der Didaktik (bei der die Frage nach dem Arrangement von „aneignungswürdigen" kulturellen Inhalten im Vordergrund steht), wie auch der Mäeutik (bei der davon ausgegangen wird, dass das Wissen im Bewusstsein des Einzelnen schon vorhanden ist und nur zur Explikation gebracht werden muss) abgegrenzt (5.2.1 & 5.2.2). Aufgrund des in den bisherigen Schritten dargelegten intersubjektivitätstheoretischen Konzepts des Vorgangs der individuellen Wissensgenerierung wird schließlich die These zusammenfassend formuliert, dass die bisher rekonstruierte Anerkennungsfähigkeit in ihren drei unterschiedlichen Dimensionen den Kern pädagogischer Professionalität ausmacht. Die Formung dieser Fähigkeit setzt voraus, dass sich Pädagogen unter anderem im Rahmen ihrer Ausbildung systematisch-begrifflich mit ihrer eigenen Erziehungs- und Bildungsbiographie, mit ihren eigenen erziehungs- und bildungsbezogenen Anerkennungsansprüchen und Missachtungserfahrungen befasst und auseinander gesetzt haben (5.3).

5.1 Wissensgenerierung als propositionale Artikulation

Im dritten Kapitel dieser Studie habe ich bezugnehmend auf Ernst Tugendhat ausgeführt, dass nach der neueren sprachanalytischen Philosophie die propositionalen Aussagen die Rolle der Bausteine der Konstitution der Welt in der Sprache übernehmen. In propositionalen Behauptungen, d. h. in wahrheitsbezogenen und wahrheitsbeanspruchenden Zuschreibungen von Prädikaten an Subjekte, konstituieren sich situations- und kontexttranszendierende Sachverhalte, die identisch in den differierenden Perspektiven der Akteure bleiben, und deshalb „Welt" als einen gemeinsamen Referenzrahmen dieser Akteure aufbauen. Dazu eignen sie sich allerdings nur dann, wenn ihre transkontextuelle Gültigkeit begründet wird, d. h. wenn sie als Sequenzen in einer Argumentationspraxis fungieren, die sich im Rahmen einer universalistisch entgrenzten Diskursgemeinschaft ereignet.

Dieser Gedankengang ist besonders detailliert im Konzept Robert Brandoms entwickelt, das als einer der heute einflussreichsten Ansätze der sprachanalytischen Philosophie gelten darf. Für Brandom sind propositionale Behauptungen die paradigmatischen „Träger" der so genannten „konzeptuellen

Inhalte" („conceptual contents"), aus denen Wissen besteht (vgl. Brandom 1994, S. 4-6). Schon der Begriff „konzeptuelle Inhalte" selbst deutet an, dass die damit gemeinten Denotate nicht einfach als empirische Daten gegeben, sondern von Normen und Gründen durchgedrungen sind.[52]

In diesem Durchdringen drückt sich der inferentiale Charakter der konzeptuellen Inhalte bzw. der propositionalen Aussagen aus. Ihre fundamentale Eigenschaft ist, dass sie auf andere solche Inhalte als Gründe verweisen und selbst als Gründe für weitere propositionale Festlegungen von konzeptuellen Inhalten dienen können. Die Inferenzen, die hier gemeint sind, sind nicht einfach gegeben, vielmehr sind sie soziale Praktiken der Anwendung von Normen und Argumenten. Im Wesentlichen handelt es sich bei diesen Praktiken um die Akte der Festlegung („commitments") und der Unterstellung der Berechtigung („entitlements") für diese Festlegung des Sprechers. Beide Akte bezeichnet Brandom als „deontische Status" („deontic statuses") (vgl. Brandom 1994, S. XIV; S.159 -172).

Propositionale Aussagen bedeuten somit Hervorbringung von „deontischen Status", die das „deontische Konto" sowohl des Sprechers wie auch der Diskursgemeinschaft verändern („deontic scorekeeping"). Aussagen, die konzeptuelle Inhalte artikulieren, bzw. die propositionale Gehalte auf Eindrücke und Expressionen übertragen, sind daher als Züge in einem sozialen Spiel zu verstehen (ähnlich wie Tore im Fußball oder Strickes im Baseball), nämlich im Spiel des „Gründe-Gebens und Nach-Gründen-Verlangens" („giving and asking for reasons") (vgl. ebd., S. 183; S. 188, S. 496-497; S. 590).

Der kompetenter Spieler in diesem Spiel zeichnet sich durch seine Fähigkeit aus, seine ursprünglich privat-partikularen Meinungen („beliefs") zu propositional ausdifferenzierten „discursive commitments" zu artikulieren, und dabei seine Berechtigung für diese „discursive commitments" nachweisen zu können. Dafür ist es notwendig, dass er eine Art „doppelte Kontoführung" unterhält: Er muss die Inferenzen des erfassten Inhalts sowohl aus seiner eigenen Perspektive, wie auch aus der Perspektive der Zuhörerschaft verfolgen, und

---

52 Erinnern wir uns an das im ersten Kapitel dieser Studie referierte Konzept John McDowells, der wie Brandom der neueren sozial-pragmatischen Linie in der analytischen Philosophie angehört, und der sich gegen den empirizistischen „Mythos des Gegebenen" mit der These wendet, dass „Weltschließung" als Wahrnehmung des „Raums der Gründe" aufzufassen ist.

die Berechtigung für seine diskursiv-propositionale Festelegung auch aus der letzteren Perspektive nachweisen können.[53]

Aus diesen Ausführungen folgt, dass die Konstitution von Wissensgehalten, die sich durch ihre Transferierbarkeit quer durch unterschiedliche subjektive Perspektiven und Kontexte auszeichnen, und deshalb eine überindividuelle, „welthafte" Bedeutung aufweisen, im Zuge der propositionalen Artikulation von Meinungen geschieht; eine Artikulation die wiederum im Rahmen des „game of giving and asking for reasons" stattfindet. Bei diesem Spiel geht es darum, den „normativen Kontostand" des Sprechers sowie der Diskursgemeinschaft auf der Grundlage seiner Fähigkeit zur Perspektivenübernahme und Perspektivenwechsel zu erhöhen. Umgangssprachlich ausgedrückt, bedeutet etwas zu wissen, dieses „etwas" in allen Perspektiven der Diskursteilnehmer zum thematisierten Sachverhalt übersetzten sowie nachweisen zu können, dass „es" in all diesen Perspektiven identisch ist und gültig bleibt, so dass das so als gewusst Gesetzte als Prämisse für weitere diskursive Festlegungen dienen kann, gleichgültig von welchem Diskursteilnehmer sie vollzogen werden. Wissen ist demnach als propositional artikulierte und transformierte, argumentativ begründete und somit Wahrheit bzw. universelle Gültigkeit beanspruchende Meinung zu bezeichnen, die durch das skizzierte Spiel des „deontic skorekeeping", durch das Spiel des „Gründe-Gebens" und „Nach-Gründen-Verlangens" zustande kommt (vgl. Brandom 2000, S. 211).

Ein kompetenter Spieler in diesem Spiel zu sein bedeutet, sich ein wissenschaftsförmiges, objektive Gültigkeit beanspruchendes Sprachvokabular und seine innere Normativität so „anzueignen" und es so anzuwenden, dass es als Medium der Übersetzung der eigenen Anliegen und Ideale in überindividuelle

---

53 Brandom fasst die Natur und den Konstitutionsmechanismus von konzeptuellen Inhalten folgendermaßen zusammen: „Conceptual contents are *essentially expressively perspectival*; they can be specified explicitly only from some point of view, against the background of some repertoire of discursive commitments, and how it is correct to specify them varies from one discursive point of view to another. Mutual understanding and communication depend on interlocutors' being able to keep two sets of books, to move back and forth between the point of view of the speaker and the audience, while keeping straight on which doxastic, substitutional, and expressive commitments are undertaken and which are attributed by the various parties. Conceptual contents, paradigmatically propositional ones, can genuinely be shared, but their perspectival nature means that doing so is mastering the coordinated system of scorekeeping perspectives, not passing something nonperspectival from hand to hand (or mouth to mouth)." (Brandom 1995, S. 590).

und transkontextuelle Bedeutungsgehalte fungiert. Umgekehrt lässt sich behaupten, dass diese „Aneignung" und Anwendung nur dann möglich sind, wenn das Subjekt dieses Vokabular als ein solches Medium der Selbst-Universalisierung, und – das ist nur ein Ausdruck des selben – als Instrument im Spiel der diskursiven Festlegungen, im Spiel des „giving and asking for reasons" erkennen und handhaben kann.

Das so skizzierte sozial-pragmatische Konzept der Wissensgenerierung ist insbesondere vor dem Hintergrund der herkömmlichen didaktischen Vorstellung vom Wissenserwerb als Aneignung dem Einzelnen vorgegebener und an sich existierender kultureller Inhalte gewiss gewöhnungsbedürftig. Allerdings steht diese Vorstellung heutzutage vor kaum überwindbaren systematischen Schwierigkeiten, die das weitere Festhalten an ihr sehr problematisch machen. Diese Auffassung vom Wissenserwerb als Aneignung meta-sozial vorgegebener Inhalte ist durch die Abweisung des „Mythos' des Gegebenen", die im ersten Kapitel der vorliegenden Studie dargelegt wurde, mit betroffen. Eine Ablehnung dieses Mythos' könnte sich der Strategie bedienen, die anzuzeigenden Wissens- bzw. Lerninhalte nicht als originalgetreue Abbildungen von an sich und unabhängig von sozialen und kulturellen Praktiken existierenden Objekten, sondern als Produkte überlieferter Konventionen aufzufassen, die in ihrer Gesamtheit einen kulturellen Kanon ausmachen. Aber auch diese Auffassung verliert angesichts der ebenfalls im ersten Kapitel beschriebenen posttraditionellen Kondition der radikal-pluralisierten Gesellschaft der Spätmoderne an Boden und Legitimität.

Nach dem skizzierten sozial-pragmatischen Konzept vollzieht sich die Wissensgenerierung des Einzelnen nicht durch seine Unterweisung in einen festgelegten Kanon kultureller Inhalte, sondern durch seine Partizipation an dem besagten Spiel des „Gründe-Gebens und Nach-Gründen-Verlangens", in dessen Rahmen seine ursprünglich privat-partikular ansozialisierten, wir können sogar sagen: „enkulturierten" Vorstellungen und Meinungen zu diskursiven Festlegungen propositional artikuliert und somit transformiert werden. Nun gilt es, die Voraussetzungen dieser Partizipation und ihre Zusammenhänge mit weiteren Formen sozialen Handelns unter der Lupe zu nehmen. Dafür kann uns wieder einmal die Anerkennungstheorie behilflich sein.

5.2 Intersubjektive Voraussetzungen der Wissensgenerierung

Die im letzten Abschnitt vorgenommene Beschreibung der Praxis der propositionalen Artikulation als Trägerin individueller Wissensgenerierungsprozesse bedarf aus pädagogischer Sicht der Erweiterung um eine genetische Perspektive. Denn die pädagogisch zentrale Frage in Bezug auf diese Praxis ist, wann und unter welchen Bedingungen sich das (heranwachsende) Individuum zu einem kompetenten und erfolgreichen Teilnehmer am sozialen Spiel des „giving and asking for reasons", der diskursiven Festlegungen entwickeln kann.

Im Hauptwerk Robert Brandoms „Making it Explicit" (vgl. Brandom 1994) finden sich kaum Hinweise auf eine solche genetische Perspektive. Dies ist kein Zufall, denn die genannte Spielkompetenz wird als elementare Voraussetzung von Sprachfähigkeit vorausgesetzt: jeder, der imstande ist mit den Anderen sprachlich zu kommunizieren, muss laut Brandom über diese Spielkompetenz zu „discursive commitments", über die Fähigkeit zur propositionalen Artikulation verfügen. Der Grund dafür ist, dass nach Brandom propositionale, inferentiell bezogene Aussagen *das* Fundament von Sprache sind, und alle anderen Sprachelemente, wie etwa expressive Äußerungen, Personalpronomen, Konjunktionen etc. ihre Derivate sind: Es sind nämlich Sätze, die eine Inferenz ausdrücken, und nicht die Einzelwörter die „Elementarteilchen" der Sprache. Daraus folgt, dass insofern soziales Handeln mit Sprache gleichgesetzt wird, sich die Frage nach der Soziogenese der Fähigkeit zur propositionalen Artikulation gar nicht stellen kann, denn sie ist immer gegeben sobald wir auf Sprechakte treffen.

Allerdings finden sich Ansätze einer solchen genetischen Perspektive in einer neueren Arbeit Brandoms, in der er sich mit der Frage nach der Entstehung der diskursiven Artikulationsfähigkeit aus protohumanen Interaktionsformen befasst (vgl. Brandom 2003). Ohne an dieser Stelle eine Exegese des außerordentlich komplexen Argumentationsgangs in diesem Aufsatz leisten zu wollen und zu können (für einen solchen Exegeseversuch vgl. Stojanov 2006), fasse ich seine zentralen Züge folgendermaßen zusammen: Hegels „Phänomenologie des Geistes" interpretierend, rekonstruiert Brandom die Entstehung des Selbst als ein normgebendes und normanwendendes Wesen, als ermöglicht durch Beziehungen intersubjektiver Anerkennung. Diese Beziehungen kommen wiederum aufgrund einer Transformation des ursprünglich biologischen und menschlich unspezifischen Phänomens der Begierde zustande. Im Moment, in dem das Objekt der Begierde nicht mehr ein Gegenstand ist, der für das Subjekt ausschließlich als „Ding-für-mich" (z. B. als Mittel für Hungerstillung) fungiert, sondern ein anderes Subjekt, verwandelt sich die Begierde in ein Anerkennungsverhältnis. Hierbei wird der Andere als „something things are something for" (vgl. ebd. S.13) anerkannt, d. h. als jemand, der Objekte mit Bedeutungen für sich versieht. Der Andere wird hierbei zunächst als ein (rudimentäres) Selbst anerkannt, das sich von ahumanen Objekten dadurch abhebt, dass es sie mit Sinn erfüllt bzw. in einem Sinnzusammenhang einordnet, kurzum, dass es als Subjekt von Signifikanzen fungiert (vgl. ebd., S. 17-25).

Dieses Selbst kann sich jedoch nur dann auf sich selbst als Subjekt von Signifikanzen beziehen, wenn es von einem anderen Selbst als solches widerspiegelt wird. Dies geschieht wiederum dadurch, dass das letztere Selbst die Bedeutungssetzungen des ersteren Subjekts als „wahr" und letztlich als seine eigenen anerkennt – einschließlich der Setzung von ihm selbst als Selbst. In diesem wechselseitigen Vorgang des Selbst-Setzens entsteht eine Wir-Gemeinschaft der Akteure als Subjekte, die dieselben Normen konstituieren und anwenden, und dadurch einen gemeinsamen Raum objektiver Bedeutungen hervorbringen (vgl. ebd., S. 25-33).

Die Pointe dieser spekulativen Spitzfindigkeiten, die übrigens hier nur sehr verkürzt und vereinfacht dargestellt werden, ist, dass die im letzten Abschnitt skizzierte Praxis der propositionalen Artikulation, der Teilnahme am Spiel des „giving and asking for reasons" in Verhältnissen intersubjektiver Anerkennung eingebettet ist, bei denen sich die Beteiligten als selbstbezügliche Wesen und – damit zusammenhängend – als „subjects of normative statuses" wechselseitig anerkennen, d. h. als Subjekte von „commitments" und „entitlements" (vgl. ebd., S. 14). Daraus folgt letztlich, dass der Wissensgenerierungsprozess des Einzelnen nur dann glücken kann, wenn sein oder ihr Potential anerkannt wird, sich in ihrer Selbstbezüglichkeit von ihren jeweiligen faktischen Umwelten abzuheben und sich diesen Umwelten entgegenzusetzen, um dadurch begriffliche Inhalte auf seine oder ihre Vorstellungen und Ideale zu übertragen, und diese in eine universalistisch entgrenzte Argumentationspraxis einzuziehen.

Bezugnehmend auf die Überlegungen im letzten Kapitel lässt sich feststellen, dass diese Grundbedingung der individuellen Wissensgenerierung dann nicht gegeben ist, wenn Lernende jenen Praktiken ausgesetzt sind, die in diesen Überlegungen unter dem Begriff der kulturell-biographischen Missachtung subsumiert wurden. Diese Missachtungsform besteht darin, dass die besagten Schüler/innen durch ihre Lehrer als *Produkte* einer als abweichend-defizitär postulierten familiären Sozialisation wahrgenommen werden (vgl. Gomola/ Radtke 2002, S. 257-272; Diehm/ Radtke 1999, S. 62-65; Mannitz/ Schiffauer

2002). Hierbei werden zum einen „herkunftskulturell"-spezifische Wertvorstellungen und Wirklichkeitswahrnehmungsmuster gering geschätzt, von denen angenommen wird, dass sie in der frühen Kindheit „ansozialisiert" würden. Viel wichtiger erscheint jedoch hier eine zweite Missachtungsdimension, die darin besteht, dass die betroffenen Schüler als monokulturell determinierte Wesen wahrgenommen werden. Dadurch wird ihnen ihr Potential aberkannt, die Limitierungen ihrer Herkunftssozialisation zu überschreiten und auf dieser Grundlage innovative Leistungen der Übersetzung zwischen verschiedenen kulturellen und sprachlichen Kontexten sowie der Schaffung von synthetischen Artikulationsfiguren zu erbringen. So zeigt eine schulethnologische Studie unter der Leitung von Werner Schiffauer, dass während Jugendliche mit Migrationshintergrund sich in der Regel nicht durch eine singuläre nationale Zugehörigkeit definieren und in ihrer Alltagskommunikation mit großer Selbstverständlichkeit zwischen unterschiedlichen Sprachen und Sprachspielen wechseln, sie durch ihre Lehrer zu monokulturell definierten Gruppen zugeordnet werden, wobei ihre alltäglichen Übersetzungsleistungen nicht im Rahmen von schulischen Lehr-Lern-Interaktionen aufgegriffen werden (vgl. Mannitz/ Schiffauer 2002).

Diese Betrachtungsweise von Individuen als vorbestimmt durch partikulare kulturelle Zugehörigkeiten schließt ihre Anerkennung als kompetente Teilnehmer am Spiel der diskursiv-argumentativen Hervorbringung von konzeptuellen Bedeutungen aus, denn die Fähigkeit zu diesem Spiel besteht zu einem ganz wesentlichen Teil darin, die ursprünglich „privaten" Meinungen und Ideale aus den Perspektiven der Anderen und letztlich aus der Perspektiv der Allgemeinheit heraus zu artikulieren bzw. sie mit propositionalen Gehalten zu versehen. Die Überlegungen im bisherigen Argumentationsverlauf der vorliegenden Studie sollten zudem klar gemacht haben, dass die erwähnte Anerkennung des Einzelnen als Diskursteilnehmer nicht – wie bei Brandom – isoliert betrachtet werden soll, da sie mit den beiden anderen Anerkennungsformen ontogenetisch verbunden ist, die anhand des Konzepts Honneths dargelegt wurden: Diese Anerkennung setzt nämlich zum einen voraus, dass im Rahmen des Verhältnisses der Empathie die Ideale des Einzelnen als persönliche und gewissermaßen „proto-propositionale" Formen seiner Selbst- und Wirklichkeitsreferenzen wahrgenommen und erstgenommen werden. Zum anderen setzt sie die Form des moralischen Respekts, d. h. der moralischen Zurechnungsfähigkeit des Individuums, die Anerkennung seiner Fähigkeit, den „moral point of view", den Standpunkt der Allgemeinheit im Zuge der Überwindung der Grenzen von „ansozialisierten" Selbst- und Wirklichkeitsdeutungsmustern einzunehmen voraus. Demzufolge sind Blockaden der individuellen Wissensgenerierung als eine Art Synthese zweier Missachtungsformen zu verstehen, nämlich der Ignorierung der ursprünglichen Ideale des Einzelnen und seiner oder ihrer Fixierung auf die partikularen Kontexte seiner oder ihrer Herkunfts- und Familiensozialisation, die sich speziell bei Personen mit Migrationshintergrund in ihrer Betrachtung durch die „Brille der kulturellen Zugehörigkeit" äußert.

Bevor ich auf die Frage eingehe, über welche Kompetenzen Lehrpersonen verfügen müssen, damit sie die Generierung dieser Missachtungsformen in Bezug auf Lernende vermeiden, bzw. die dazu komplementären Anerkennungserfahrungen bei den Letzteren gewährleisten können, möchte ich das hier entwickelte Konzept von wissensgenerierenden Interaktionen näher erläutern, indem ich es von herkömmlichen Vorstellungen von Lehr-Lern-Prozessen abgrenze. Diese Vorstellungen lassen sich anhand einer Leitdifferenz zwischen einer (heute dominanten) didaktischen und einer mäeutischen Perspektive einordnen. Die Perspektive der Didaktik fokussiert sich auf die Frage nach der Auswahl und den Lehrmethoden von kulturellen Inhalten, die von den Lernsubjekten als „Wissen" angeeignet werden sollen, wohingegen die Perspektive der Mäeutik durch die Annahme geprägt ist, dass dieses Wissen zumindest implizit im Bewusstsein der Lernenden schon enthalten ist, und es lediglich zum Ausdruck gebracht werden soll. Ich werde zeigen, dass das hier entwickelte Konzept von den interaktiven Voraussetzungen und Verlaufsmustern der individuellen Wissensgenerierung einen dritten Weg im Vergleich zu den beiden Ansätzen begründet.

5.2.1 Individuelle Wissensgenerierung und die didaktische Perspektive

Im Zentrum der didaktischen Diskussion stehen schon seit Comenius und Herbart die Fragen nach der kulturellen Legitimation der Lerninhalte sowie nach den Ermöglichungswegen ihrer Aneignung durch die Lernenden (vgl. Schlömerkemper 2004, S. 1). Dabei ist die erstere Frage eher für den Ansatz der so genannten „bildungstheoretischen" und die Letztere eher für denjenigen der so genannten „lerntheoretischen" Didaktik charakteristisch (vgl. Kiper 2003, S. 70ff.; Plöger 1999, S. 44ff; S. 105ff.). Didaktik ist mit anderen Worten mit der übergreifenden Frage befasst, welche kulturellen Inhalte warum und wie gelehrt werden sollen. Dabei werden diese Inhalte als „objektiv" im Sinne von an sich und vor der Interaktion zwischen Lehrenden und Lernenden und unabhängig von den subjektiven Vorstellungen und persönlichen Erfahrungszusammenhängen der Letzteren angesehen. Somit geht Didaktik notwendigerweise von der Prämisse eines anzueignenden Kanons überindividueller kultureller Objektivationen aus, für dessen Vermittlung passende Unterrichtsmethoden gefunden werden sollen.

Diese Prämisse ist besonders klar sichtbar bei der bildungstheoretischen Didaktik, die immer noch den dominanten didaktischen Ansatz in der deutschsprachigen Diskussion darstellt.[54] Dieser Ansatz, der sich nach wie vor in erster Linie mit dem Namen von Wolfgang Klafki verbindet, geht von einem Grundverständnis von Bildung aus, wonach sich die geschichtliche Wirklichkeit für einen sich bildenden Menschen „aufschließt", und wonach er sich seinerseits für diese Wirklichkeit „aufschließt" (vgl. Klafki 1994, S. 96). Das Individuum bildet sich demzufolge durch die Internalisierung der allgemeinen Prinzipien der objektiven Wirklichkeit in subjektiven Verständnis- und Handlungsmöglichkeiten; daher besteht die primäre Aufgabe der Didaktik darin, eine Begegnung mit diesen allgemeinen Prinzipien zu gewährleisten, indem sie diese in konkrete Bildungsinhalte übersetzt. Klafki fasst Subjektivität und objektive Wirklichkeit zwar als zwei Realien auf, die gleichermaßen pädagogisch berücksichtigt werden sollen, jedoch kommt dem „objektiven Pol" ein ontologischer Vorrang zu, da er im Unterschied zu dem in der vorliegenden Studie entwickelten Konzept als vor und unabhängig von den Subjektleistungen (und deren intersubjektiven Verflechtungen) existierend aufgefasst wird. Subjektentwicklung vollzieht sich nach Klafki durch *Aneignung* einer „objektiv-allgemeinen Inhaltlichkeit" (ebd., S. 20), welche als „Objektivation bisheriger menschlicher Kulturtätigkeit im weitesten Sinne des Wortes" (ebd., S. 21) bezeichnet wird. Dabei stellt sich für ihn nicht die Frage, was das Subjekt dazu treibt, sich diese objektive Inhaltlichkeit „anzueignen", und aufgrund welcher

---

54 Die Modelle der lerntheoretischen Didaktik (vgl. Schulz 1981) und der Mathetik (vgl. Schlömerkemper 2004) stellen hierzu keine wirklichen Alternativen, sondern ausschließlich Akzentverschiebungen dar, da sich diese Modelle primär nicht mit der inhaltlichen Bestimmung der Lerngegenstände, sondern mit ihren Aneignungsmethoden und -mechanismen befassen, jedoch diese Lerngegenstände genauso wie die bildungstheoretische Didaktik als kulturell vorgegebene, von der sozialen Interaktion zwischen Lehrenden und Lernenden unabhängige Inhalte betrachten (vgl. Schulz 1981, S. 14f.). In diesem Zusammenhang kommt der Mathetik als „Theorie des Lernens aus der Sicht des Lernenden" (Schlömerkemper 2004) ausschließlich die Funktion zu, eine *komplementäre* Perspektive zum didaktischen Verständnis von Lerninhalten anzubieten, ohne dieses Verständnis selbst in Frage zu stellen (vgl. ebd., S. 116f.).

Mechanismen diese „Aneignung" stattfindet: Die Objektivationen der menschlichen Kultur schließen sich dem Subjekt quasi von selbst auf. Die oben erwähnte Figur des wechselseitigen Aufschließens zwischen Subjekt und Objekt suggeriert, dass, sobald die Lehrerin als Repräsentantin der kulturellen Objektivationen diese in sinnhafte Unterrichtsthemen operationalisiert, diese automatisch die Schüler erreichen und von diesen angeeignet werden würden (vgl. kritisch dazu auch Rauschenberger 1985, S. 181f.).

Damit sind zwei zentrale Defizite dieses Ansatzes benannt, die ihn speziell im Kontext soziokultureller Pluralität besonders problematisch erscheinen lassen. Zum einen geht er von der Vorstellung eines in der entsprechenden Gesellschaft geschichtlich geformten, in sich homogenen Kanons kultureller Inhalte aus, der von den Heranwachsenden angeeignet werden soll, wobei unter „Bildung" genau dieser Aneignungsprozess verstanden wird. Zum anderen wird bei diesem Ansatz vorausgesetzt, dass, welche sozial-lebensweltlichen Erfahrungen diese Heranwachsenden ansonsten auch immer machen bzw. gemacht haben, sie sich für diesen Kanon aufschließen, und dass sie seine Aneignung in die Entwicklung der eigenen Subjektivität ummünzen würden.

Diese Defizite zeigen sich besonders klar in Klafkis späterem Konzept von „Bildung im Medium des Allgemeinen" in der Form einer Auseinadersetzung mit „epochaltypischen Schlüsselproblemen". Anhand des allgemeinen Auswahlkriteriums, dass es sich hierbei um „Strukturprobleme von gesamtgesellschaftlicher, meistens sogar übernationaler bzw. weltumspannender Bedeutung handelt, die gleichwohl jeden einzelnen zentral betreffen" (Klafki 1994, S. 60), formuliert Klafki unterschiedlich modifizierte Listen solcher Probleme, wobei die Entscheidung für die Aufnahme oder Nicht-Aufnahme von bestimmten Einzelproblemen in diesen Listen nicht im Einzelnen begründet wird und nicht immer plausibel erscheint. In der Ausgabe der „Neuen Studien zur Bildungstheorie und Didaktik" von 1994 werden als epochaltypische Schlüsselprobleme die Friedensfrage, die Umweltfrage, das Problem der gesellschaftlich produzierten Ungleichheit, das Problem der Möglichkeiten und Gefahren der neuen technischen Steuerungs-, Informations-, und Kommunikationstechnologien und die Problematik der Ich-Du-Beziehungen genannt (vgl. Klafki 1994, S. 56ff.), wobei auffällt, dass etwa die Frage nach der Gültigkeit und der Durchsetzung von Menschenrechten in dieser Liste nicht auftaucht, obwohl sie sich vielleicht noch am ehesten mit einem Anspruch auf universelle Gültigkeit und gleichzeitige Relevanz für jeden einzelnen Menschen auszeichnet. In der gleichnamigen Denkschrift der Kommission „Zukunft der Bildung – Schule der Zukunft" bei dem Ministerpräsidenten des Landes Nordrhein-Westfalen, an der Klafki maßgeblich beteiligt war, werden als solche Probleme die Kriegs- und die Friedensproblematik, die Umweltfrage, das Verhältnis der Generationen zueinander, Möglichkeiten und Gefahren des technischen und ökonomischen Fortschritts, Freiheitsspielraum und Mitbestimmungsanspruch der Einzelnen und kleiner Gruppen einerseits und das System der großen Organisationen und Bürokratien andererseits, sowie die Themen Arbeit, Berufswahl und Arbeitslosigkeit, soziale Ungleichheit und ökonomisch-gesellschaftliche Machtpositionen, Mehrheiten und Minderheiten, das Verhältnis der Geschlechter zueinander, „entwickelte Länder" und „Entwicklungsländer", Deutsche und Ausländer in Deutschland, die Frage nach Recht und Grenzen des Nationalitätsgedankens in der Spannung zur Internationalität, die Konkurrenz der Kirchen und der Glaubensgemeinschaften, Gesundheit und Kranksein, Behinderte und Nicht-Behinderte, Massenmedien und ihre Wirkungen benannt (vgl. Bildungskommission NRW 1995, S. 113).

Diese schulisch kaum zu bewältigende Fülle von Fragen und Themen, sowie der Eindruck einer gewissen Beliebigkeit ihrer Auswahl sind deshalb problematisch, weil diesen Fragen und Themen die Funktion aufgebürdet wird, Schülerinnen und Schüler in die Theorie der Epoche einzuführen, d. h. den Geist des Zeitalters in schulischen Lehr-Lern-Prozessen zu repräsentieren (vgl. Klafki 1994, S. 56). Da jedoch die epochaltypischen Schlüsselprobleme zum Teil beliebig ausgewählt worden sind und zudem eine zuweilen so umfangreiche Liste ausbilden, dass nur einige von ihnen Eingang in Schulunterricht finden können, können sie die erwähnte Funktion gar nicht erfüllen, und sie können nicht als eine zeitgemäße Lösung des Kanonproblems einer Allgemeinbildung fungieren, wie dies die Überlegungen Klafkis nahe legen (vgl. ebd., S. 56).

Damit möchte ich jedoch keineswegs behaupten, dass die Befassung mit „epochaltypischen Schlüsselproblemen" im Rahmen schulischer Bildung sinnlos wäre – ganz im Gegenteil. Vor dem Hintergrund der oben dargelegten anerkennungstheoretisch-sozialpragmatischen Perspektive auf den Vorgang der individuellen Wissensgenerierung und letztlich auf den individuellen Bildungsprozess besteht der primäre Sinn dieser Befassung allerdings nicht in der Aneignung einer einheitlichen Theorie des gegenwärtigen Zeitalters, die angesichts der Pluralität der Ansichten der Akteure über die Beschaffenheit seiner wichtigsten Themen und Probleme gar nicht möglich ist, sondern in der Ermöglichung des beschriebenen Vorgangs der Selbst-Universalisierung durch die Artikulation der ursprünglich persönlich-privaten Anliegen und Ideale aus der Perspektive der Allgemeinheit, für die genau solche weltbezogenen, d. h.

universelle Gültigkeit und transkontextuelle Bedeutung beanspruchenden Thematiken konstitutiv sind. Die Frage, ob die Liste der zu thematisierten Schlüsselprobleme vollständig und repräsentativ für den objektiven Geist der Epoche ist, verliert im Zuge dieser Sinnverschiebung der Befassung mit „epochaltypischen Schlüsselproblemen" ihre Brisanz. Denn diese Probleme dienen nun nicht als Schlüssel zu einer möglichst vollständigen Aneignung geschichtlich gewordener Objektivität, sondern als Medien der im letzten Abschnitt beschriebenen Praxis der propositionalen Artikulation von konzeptuellen Inhalten, auf die sich individuelle Wissensgenerierung gründet. Demzufolge steht nicht der konkrete Inhalt dieser Probleme im Vordergrund, sondern ihre Struktureigenschaft, universelle Bedeutungshorizonte zu begründen, deren Einnahme die Transformation der Ideale und Anliegen der Lernenden zu diskursiven Festlegungen mit Ansprüchen auf Allgemeingültigkeit ermöglicht.

Bei diesem veränderten Blickwinkel zur bildungsstiftenden Bedeutung der Auseinandersetzung mit epochaltypischen Schlüsselproblemen wird auch das zweite Defizit des Konzepts Klafkis überwunden. Ich meine hier das in diesem Konzept ungelöste Problem der Motivation der Lernenden, sich mit solchen Problemen auseinanderzusetzen. Selbst wenn wir davon ausgehen, dass die genannten Schlüsselprobleme *objektiv* alle Individuen gleichermaßen, d. h. ungeachtet ihrer soziokulturellen Hintergründe und Positionierungen, zentral betreffen – und dies wäre eine ziemlich gewagte Annahme –, so wäre es noch lange nicht ersichtlich, warum diese „objektive" Betroffenheit von den Heranwachsenden positiv wahrgenommen (und nicht etwa verdrängt) werden sollte und aufgrund von welchen Gesetzmäßigkeiten sie sich *in subjektive Handlungsimpulse* ummünzen können sollte, sich mit diesen Themen und Problematiken aktiv zu befassen. Klagt man nicht gerade in der Bundesrepublik über eine zunehmende Indifferenz eines Großteils der heutigen Jugendlichen gegenüber solchen Themen und Problematiken, obwohl sie sich ihnen durch alle möglichen massenmedialen Kanäle „aufschließen"?

Nach den Prämissen des in diesem Kapitel dargelegten Verständnisses vom Lernen lässt sich diese Motivationsfrage dahingehend beantworten, dass Lernende dann für die Befassung mit „epochaltypischen Schlüsselproblemen" offen sein würden, wenn sie diese Befassung als Mittel für „deontic scorekeeping" im Zuge des Spiels des „Gründe-Gebens" und „Nach-Gründen-Verlangens" identifizieren und handhaben können. Die Voraussetzung dafür ist ihre Erfahrung mit moralischem Respekt und sozialer Wertschätzung entlang von schulischen Interaktionen, d. h. ihre Erfahrung mit der Anerkennung ihrer Fähigkeiten, die Grenzen ihrer „partikular-ansozialisierten" Perspektive auf gesellschaftliche Wirklichkeit und auf sich selbst zu überschreiten, um so ihre persönlichen Ansichten und Meinungen als gesellschaftlich wertvoll darstellen zu können. Nach den Prämissen dieses Verständnisses erfordert z. B. eine Befassung mit dem Thema „Gerechtigkeit" das Explizit-Machen der eigenen Intuitionen der Lernenden zu diesem Thema, hinter denen ihre persönlichen Erfahrungen mit gerechten und vor allem mit ungerechten Handlungsweisen stehen. Das Ziel des Lernprozesses würde hierbei in der Entwicklung einer *subjektiven Theorie* über Gerechtigkeit, d. h. in der Verdichtung dieser Intuitionen und Erfahrungen zu einem argumentativ gestützten Begriff von Gerechtigkeit bestehen, dessen Bedeutungskomponenten Allgemeingültigkeit beanspruchen können. Dies würde wiederum die Befassung mit schon vorhandenen kategorialen Modellen von Gerechtigkeit erfordern, welche die Lernenden als Vehikel der Artikulation der eigenen gerechtigkeitsbezogenen Ideale aus dem Standpunkt der Allgemeinheit handhaben, um so die Anerkennungsformen des moralischen Respekts und der kulturell-biographischen Anerkennung beanspruchen zu können.

Im Vergleich zu dieser Anerkennung (oder ihrer Abwesenheit) hat das Erlernen von Methoden und Techniken des „Lernens des Lernens", so wie sie von einer mathetisch geprägten „lernorientierten Didaktik" favorisiert werden, eine sekundäre Bedeutung. Lernen ist nicht primär eine Angelegenheit der Anwendung von vorab „angeeigneten" formellen Methoden und Techniken, sondern der sozial-interaktiven Hervorbringung von konzeptuellen Inhalten, die durch Übertragung propositionaler Strukturen des Selbst- und Weltbezugs auf persönliche Ideale und Meinungen auf der Grundlage gemachter Erfahrungen mit den beschriebenen Anerkennungsformen geschieht.

5.2.2 Individuelle Wissensgenerierung und die Perspektive der Mäeutik

Der skizzierte anerkennungstheoretisch-sozialpragmatische Ansatz zum Vorgang der individuellen Wissensgenerierung erweckt den nicht ganz unberechtigten Eindruck einer „Subjektorientierung". Demnach fungieren als Ausgangspunkt von Lern- und letztlich von Bildungsprozessen nicht „objektiv" vorgegebene und kanonisierbare kulturelle Inhalte, sondern die Vorstellungen und die Ideale des Einzelnen über Wirklichkeit und sich selbst, die in seinen oder ihren lebensweltlichen Erfahrungen eingebettet sind. Dadurch scheint dieser Ansatz zunächst einmal sehr nah an die Sokratische Methode der Mäeutik im Sinne einer „Hebammenkunst" in Bezug auf implizites Wissen beim

Lernenden angelehnt zu sein. Diese Kunst hatte im Sinne Platons Wiedererinnerungslehre ursprünglich das Ziel, die Anschauung des Reichs der Ideen, des wahren Seins im Bewusstsein des Einzelnen zu revitalisieren, welche seine Seele vor ihrem Verfall in die dingliche Welt vollziehen konnte. Selbst unter der Bedingung der Abkopplung der Mäeutik von der platonischen Seinsontologie, etwa in den modernen Formen des Sokratischen Gesprächs, bleibt die Grundintention dieser Methode bestehen, bei den Gesprächsteilnehmern vorhandenes, aber implizites und unbewusstes Wissen zu explizieren und zu ihrem Bewusstsein zu führen – und nicht ihnen äußerlich gelagertes „Wissen" zu vermitteln (vgl. Raupach-Strey 2002, S. 53-57; Horster 1994, S. 17ff.; Heckmann 1993, S. 123f.).

In der Tat teilt der in den vorherigen Abschnitten dieses Kapitels entwickelte Ansatz zum Wissenskonstitutionsprozess die Grundprämisse der Mäeutik, dass Wissen von den lernenden Subjekten nicht angeeignet, sondern im Rahmen der Kommunikation mit anderen Subjekten *hervorgebracht* wird. Allerdings ist nach diesem Ansatz die Hervorbringung nicht als Explizit- oder Bewusstmachung von Wissen, das im Einzelnen schon vorhanden war, sondern als ein kreativer Akt der Produktion, oder der Emergenz von Wissen zu verstehen. Privat-partikulare Meinungen und Vorstellungen sind nach diesem Ansatz noch nicht als Wissensentitäten zu bezeichnen; vielmehr werden sie zu solchen Entitäten im Zuge ihrer propositionalen Artikulation und ihrer Einschließung in eine universalistisch ausgerichtete Argumentationspraxis entwickelt, wobei sie zu diskursiven Festlegungen transformiert werden, die eine überindividuelle und transkontextuelle Gültigkeit beanspruchen. Dies erfordert wiederum die Beherrschung einer wissenschaftsförmigen, begrifflich strukturierten Sprache, die der Perspektive einer entgrenzten Diskursgemeinschaft entspricht, welche der Einzelne einzunehmen imstande sein muss, wenn er oder sie die genannten diskursiven Festlegungen zu vollziehen bemüht ist, um als kompetenter Spieler im Spiel des „giving and asking for reasons" anerkannt zu werden. Dazu muss er zu einem Sich-Hineinversetzen in fremde Perspektiven fähig sein, wie dies durch Beschäftigungen mit Sprachen und Literatur ermöglicht wird[55], seine

---

55 Nach Martha Nussbaum ist die zentrale Aufgabe der schulischen Befassung mit Sprache und Literatur die Entwicklung von „narrative imagination", die dem Individuum ermöglicht, sich in die Geschichten von anderen Personen hineinzuversetzen, und sich so als Mitglied der universellen Gemeinschaft der Menschen zu verstehen (vgl. Nussbaum 1997, S. 9-11).

Erfahrungen in formell-abstrakten, zuweilen quantifizierbaren Zusammenhängen darstellen können, wie sie für die mathematische Sprache charakteristisch sind, und auch Praktiken der Ableitung von Definitionen und des Schlussfolgerns beherrschen können, welche die Logik von Natur- und Sozialwissenschaften prägen.

In diesem Zusammenhang sei auf die unterrichtstheoretischen Überlegungen John Deweys über die vermeintliche Kluft zwischen Kind und Lehrplan hingewiesen. Nach Dewey ist die Welt des Kindes eng, aber persönlich und „ganzherzig", wohingegen sich die „unendlich ausgedehnte" Welt des Lehrplans durch Abstraktheit, Spezialisierung und logische Klassifizierung auszeichne (vgl. Dewey 2002, S. 86). Dementsprechend entfalten sich die Grabenkämpfe zwischen einer Reformpädagogik „vom Kinde aus" und einer konservativen fächerorientierten Pädagogik entlang der Entgegensetzung dieser zwei Welten. Für Dewey ist allerdings diese Entgegensetzung dann nicht zwingend und nur scheinbar, wenn man auf der einen Seite davon ausgeht, dass die aktuellen Neigungen und Vorstellungen des Kindes nicht als etwas gegebenes und in sich aufzubewahrendes, sondern als Ausgangspunkte für seine Erfahrungserweiterung sind, die das eigentliche Ziel des Bildungsprozesses darstellt, und auf der anderen Seite der Lehrplan als Herauskristallisierung der Erfahrung der Menschheit betrachtet wird. Vor dem Hintergrund dieser Prämissen besteht die Aufgabe der pädagogischen Initiierung individueller Lern- und Bildungsprozesse in der verwandelnden Zurückübertragung der Inhalte in die individuelle Erfahrung, wodurch die Erweiterung und die Universalisierung dieser Erfahrung bezweckt wird (vgl. ebd., S.95f.). An diesen Gedanken anknüpfend, allerdings über das Konzept und die Terminologie Deweys hinausgehend, möchte ich behaupten, dass die wissenschaftsförmige Sprache der Lehrpläne die erwähnte Erfahrungserweiterung dann ermöglicht, wenn sie als Medium der Einnahme des Standpunkts der Allgemeinheit gehandhabt wird, das als Grundlage der propositionalen Artikulation individueller Vorstellungen und Ideale zu konzeptuellen Inhalten, letztlich zu diskursiven Festlegungen dient. Diese Handhabung und – dadurch vermittelt – der erwähnte Vorgang der Erfahrungserweiterung und -universalisierung ist allerdings kein Selbstläufer und keine Frage der Beherrschung methodischen „Rezeptwissens". Wie der bisherige Argumentationsgang der vorliegenden Arbeit gezeigt haben dürfte, kann diese Erfahrungserweiterung und -universalisierung nur dann gelingen, wenn ihre Subjekte an bildungsstiftenden Interaktionen beteiligt sind, die sich durch die bisher dargelegten Anerkennungsformen auszeichnen.

5.3 Qualitätsmerkmale pädagogischer Professionalität aus anerkennungstheoretischer Perspektive

In diesem abschließenden Abschnitt möchte ich das zentrale Ergebnis des entwickelten anerkennungstheoretischen Bildungskonzepts für ein Qualitätsprofil pädagogischer Professionalität zusammentragen und erläutern. Ich denke, dass dieses Ergebnis aus den bisherigen Ausführungen hinreichend klar geworden ist und an dieser Stelle ausschließlich systematisch zusammengefasst zu werden braucht: Lehrpersonen können dann Bildungsprozesse initiieren, ermöglichen und unterstützen, wenn sie die in den letzten zwei Kapiteln herausgearbeitete Form der kulturell-biographischen Anerkennung in Bezug auf die sich Bildenden praktizieren. Diese Anerkennungsform besteht aus zwei Dimensionen, nämlich, erstens, der Wahrnehmung der lebensweltlichen Vorstellungen und der ansozialisierten Ideale der Heranwachsenden und der Einbeziehung dieser Vorstellungen und Ideale in die bildungsbezogenen Interaktionen, und zweitens, der Anerkennung des Potentials der Heranwachsenden, diese Vorstellungen und Ideale zu konzeptuellen Inhalten durch die Übernahme der Perspektive einer entgrenzten Diskursgemeinschaft im Zuge der Überschreitung der ursprünglich privat-partikularen Horizonte der Selbst- und der Wirklichkeitsdeutung transformierend-propositional zu artikulieren. Die so rekonstruierte Form der kulturell-biographischen Anerkennung, d. h. der Anerkennung der Symbolisierungstätigkeit des Einzelnen in ihrer biographischen Relevanz, ist inhärent verbunden und kann nur zusammen praktiziert werden mit den Formen der Empathie und des moralischen Respekts. Zeichnet sich ein empathisches Verhältnis zu einem Individuum durch das Hineinversetzten in seine Situation, durch das Nachvollziehen seiner Bedürfnisse und seiner Sichtweise auf sich selbst und auf seine soziale Umwelt aus, konkretisiert sich moralischer Respekt in der Anerkennung der moralischen Zurechnungsfähigkeit dieses Individuums, d. h. in der Anerkennung seiner Fähigkeit, den Standpunkt der Allgemeinheit als notwendige Bedingung für seine Teilnahme am Spiel des „Gründe-Gebens" und „Nach-Gründen-Verlangens" einzunehmen.

Nun könnte man meinen, dass die so skizzierte Fähigkeit zu diesen drei Anerkennungsformen in jedem alltäglichen sozialen Handeln enthalten ist, und dass sie mit großer Selbstverständlichkeit von jedem halbwegs intakt sozialisierten Subjekt praktiziert wird, so dass sie sich kaum als Bestimmungsmerkmal eines so hochspezialisierten Kompetenzbereichs wie den der pädagogischen Professionalität eignet. Um den Schein dieser Selbstverständlichkeit und Trivialität zu entgehen, reicht es aus, sich einige weit verbreiteten Störungsmuster der Anerkennungsfähigkeit speziell beim Lehrerhandeln vor Augen zu führen.

Aufgrund seiner langjährigen Erfahrungen sowohl in der Ausbildung von Lehramtkandidat/innen wie auch in der Lehrerkollegienberatung identifiziert Albert Ilien drei pathologische Formen des Lehrerhandelns, die jeweils den Lehrertypen des „Schülerfreundes", des „Inhaltevertreters" und des „Sich-selbst-Schützers" entsprechen (vgl. im Folgenden Ilien 2005, S. 94-105; S. 164-185). Das Gemeinsame dieser Typen ist, dass ihre Vertreter die im letzten Abschnitt skizzierte Aufgabe der wissensgenerierenden Vermittlung der persönlichen Anliegen und Ideale der Schüler/innen mit einer wissenschaftsförmigen, der Perspektive einer entgrenzten Diskursgemeinschaft entsprechenden Sprache strukturell nicht leisten können.

Selbstverständlich ist dies besonders klar bei dem „Sich-selbst-Schützer" der Fall, der sich durch eine „emotionale Emigration" (ebd., S. 100) aus seinem Beruf auszeichnet und dementsprechend keinerlei subjektive Bezüge weder zu Schülern noch zu Lerninhalten mehr zu pflegen vermag. Hingegen konzentrieren sich die beiden anderen Typen auf je eine Dimension der genannten Vermittlungsaufgabe und verfehlen somit ebenfalls den Aufbau eines bildungsstiftenden Anerkennungsverhältnisses zu ihren Schülern. Die „Inhaltevertreterin" betrachtet den „Stoff" ihres jeweiligen Faches als einen Bestandteil des schulisch als Selbstzweck anzueignenden kulturellen Kanons. Der Wert dieses Stoffes ist an sich gegeben, er besteht nicht in seiner „lebensweltlichen Anschlussfähigkeit" bei den Schülern und begründet demzufolge eindeutige Selektionsentscheidungen je nachdem, inwieweit sich die Schüler die vorgegebenen Inhalte aneignen. Bei dieser Einstellung erscheint eine Einbeziehung der lebensweltlichen Vorstellungen und Ideale der Lernenden, die Berücksichtigung ihrer Sozialisationsgeschichten und Biographien, das empathische Sich-Hineinversetzen in ihre Sichtweisen und Lebenssituationen zumindest überflüssig, und die Forderungen danach als Ausdrücke einer leistungs- und konkurrenzfeindlichen „Kuschelpädagogik" (vgl. ebd., S. 97f.). Der „Inhaltevertreter" ignoriert tendenziell die Tatsache der soziokulturellen Pluralität, unter deren Bedingungen der Lehrer – nach der im ersten Kapitel schon erwähnten Formulierung von Thomas Ziehe – stets zugleich als Beziehungs- und Kulturarbeiter fungieren muss, insofern er einen für ihn und seine Schüler gemeinsamen kulturellen Sinn- und Bedeutungszusammenhang immer erst interaktiv herstellen muss (vgl. Ziehe 1996, S. 82f.).

Der „Schülerfreund" stellt den exakten Gegenpol zur „Inhaltevertreterin" dar. Für ihn ist die Herstellung einer intuitiv-emotionalen solidarischen Verbundenheit mit den Heranwachsenden, bei der sachbezogene Aspekte der pädagogischen Interaktion in ihrer selbständigen Bedeutung ausgeklammert werden, das eigentliche Geheimnis des pädagogischen Handelns (vgl. Ilien 2005, S. 167). Bei der Bemühung um diese Verbundenheit schlüpfen Schülerfreunde aus ihrem Erwachsen-Sein, um sich auf eine gleiche Interaktionsebene mit ihren Schülern begeben zu können (vgl. ebd., S. 99). Dadurch geraten sie in jene von Dewey beschriebene Einseitigkeit, bei der die momentanen Bedürfnisse, Anliegen und Vorstellungen von Kindern und Jugendlichen als etwas an sich gegebenes und selbstgenügsames und nicht als Stufen der Subjektivitätsentwicklung betrachtet werden. Das Potential zur kognitiven Welt-Erschließung durch die Beherrschung einer wissenschaftsförmigen Sprache als Mittel der propositionalen Artikulation dieser Bedürfnisse, Anliegen und Vorstellungen aus der Perspektive der Allgemeinheit wird somit in den Interaktionsstil des „Schülerfreundes" mit Heranwachsenden tendenziell nicht einbezogen; daher zeichnet sich dieser Stil letztlich durch einen Mangel an moralischem Respekt aus.

Diese knappen Ausführungen sollten hinreichend klar gezeigt haben, wie komplex und differenziert die Anerkennungsanforderungen an das Lehrerhandeln sind. Während die Anerkennungsform der Empathie eine Nähe zu den momentanen persönlichen Bedürfnissen, Anliegen und Vorstellungen der Heranwachsenden voraussetzt, erfordern die Formen des moralischen Respekts und letztlich der kulturell-biographischen Anerkennung die Antizipation ihrer kognitiven Entwicklung der Selbst-Universalisierung und der Welt-Erschließung, wofür es übrigens unentbehrlich ist, dass der Lehrer selbst einen persönlichen Bezug zu den überindividuellen und transkontextuellen Sprachen hat, die er fachlich zu vermitteln hat, und dass er ihren Sinn als Medien von Subjektivitätskonstitution und Subjektivitätsentwicklung, als Ermöglichungsbedingungen diskursiver Inter-Subjektivität (anstatt als Verkörperungen eines hochkulturellen Kanons[56]) erkennen und praktizieren kann.

---

56 Die Argumentationslinie dieser Arbeit wendet sich nicht gegen die Bildungsbedeutung von Hochkultur, sondern gegen die Vorstellung, dass sich Bildung durch die Aneignung von schulisch kanonisierten Formen von Hochkultur vollzieht, die partikularen (nationalen) Traditionszusammenhängen entstammen. Wenn unter „Hochkultur" elaborierte Symbol- und Ausdrucksformen verstanden werden, die Allgemeingültigkeit beanspruchen, und eine zeitlich und räumlich entgrenzte Gemeinschaft der Menschheit ansprechen können, so ist sie selbstverständlich hochrelevant für den beschrieben Vorgang der Selbst-Universalisierung durch Welt-Erschließung. Diese Relevanz ist allerdings losgelöst von der Frage, welche konkreten Erscheinungsformen von Hochkultur zu Gegenständen von Lehr-Lern-

Die Vermutung ist nahe liegend, dass Störungen in der so beschriebenen Anerkennungsfähigkeit in der eigenen intersubjektiv vermittelten Entwicklungsgeschichte zu lokalisieren sind. Im 3. Kapitel dieser Arbeit haben wir uns bestimmte psychoanalytische Erkenntnisse vor Augen geführt, die den anerkennungstheoretischen Ansatz unterfüttern, und die besagen, dass zur Empathie nur derjenige fähig ist, der ausreichend Erfahrung mit empathischen Einstellungen zu sich selbst machen konnte. Auf der anderen Seite haben die Erläuterungen, ebenfalls im 3. Kapitel, über die ontogenetische Ordnung der Anerkennungsformen gezeigt, dass ohne diese Empathieerfahrungen die Form des moralischen Respekts für das betroffene Subjekt unnachvollziehbar bleiben muss.

Dies lässt sich in der Behauptung verallgemeinern, dass die Kommunikation mit Heranwachsenden immer zugleich Kommunikation mit dem Kind ist, das man selber einmal war, und dass sie eine Aktualisierung der eigenen biographischen Anerkennungs- und Missachtungserfahrungen impliziert, die einer systematischen Reflexion unterzogen werden müssen. Denn nur derjenige, der sich selbst in seiner intersubjektiv vermittelten Entwicklung begreifen kann, kann die Entwicklung der anderen sowie ihre intersubjektive Abhängigkeit aus einer Teilnehmerperspektive heraus nachvollziehen, was seinerseits Voraussetzung für den Aufbau eines intersubjektiven Verhältnisses zu den Schülern ist. Dazu ist es notwendig, dass sich der Lehrer kontinuierlich Fragen in seinem Bewusstsein präsent hält wie: Wann und warum fühlte ich mich während meiner eigenen Schulzeit verletzt durch meine Lehrer, welche Anerkennungserwartungen und -wünsche hatte ich in Bezug auf sie, wann und warum war ich motiviert, mich mit bestimmten Lerninhalten zu befassen, wann und warum nicht? Wie sahen diese Inhalte aus meiner damaligen Perspektive aus, warum hatten sie eine Bedeutung für mich oder eben nicht? Projiziere ich nicht meine eigenen Missachtungserfahrungen oder nichtverwirklichten Anerkennungssehnsüchte auf meine aktuelle Kommunikation mit meinen Schülern? Ist etwa die Identifizierung mit der Rolle des „Schülerfreunds" eine Suche nach einer kompensatorischen Erfahrung der Empathie

---

Prozessen gemacht werden sollen. Pointiert und vielleicht etwas provokativ ausgedrückt, besitzen Fragen wie etwa, ob und welche Schriften von Goethe in der Schule thematisiert werden sollen, und ob dort Latein gelernt werden soll, oder nicht, keine *Bildungs*relevanz, sondern höchstens eine Relevanz für Überlieferungsaufbewahrungsstrategien.

des Schülers in mir? Rührt die konstitutive Überzeugung des „Inhaltevertreters", wonach es in der Schule ausschließlich um „Wissens"aneignung und „objektive" Selektion anhand des Bewältigungsgrades dieser Aneignung gehen soll, nicht aus der eigenen schulischen Erfahrung her, in seinem Entwicklungspotential nicht erstgenommen, und statt dessen auf seine kindliche Wirklichkeits- und Selbstrepräsentationen und -ausdrucksweisen reduziert zu werden?

Die systematische Aufarbeitung dieser biographisch verankerten Fragen setzt einen selbstreflexiven Ansatz bei der Lehreraus- und -fortbildung voraus. Demzufolge soll die Qualifizierung zu pädagogischen Berufen – nicht unähnlich der Therapeutenausbildung – eine fundamentale Dimension der systematisch-begrifflichen Klärung der eigenen Bildungs- und Erziehungsbiographie enthalten, die zugleich als Einführungsbasis in erziehungswissenschaftliche Theorien sowie in die Praxis des pädagogischen (Fall-)Verstehens fungieren soll.[57]

Diese Umstellung der Lehrerausbildung auf einen selbstreflexiv-biographischen Ansatz wäre eine notwendige, wenn auch keine hinreichende Voraussetzung für die Kultivierung und Aufrechterhaltung der Anerkennungsfähigkeit von Pädagogen. Eine andere Bedingung dafür wäre die Etablierung einer Anerkennungskultur in Lehrerkollegien, eine Anerkennungskultur, deren spezifische Bedeutung sich durch den Umstand erklärt, dass aufgrund des asymmetrischen Charakters des pädagogischen Handelns Lehrer in einem besonderen Maße auf Anerkennung durch Gleichartige angewiesen sind, da sie diese Anerkennung nicht von ihren Schülern auf einer Basis der Gegenseitigkeit erwarten können. Diese Etablierung ist als die primäre Aufgabe entsprechender Schulentwicklungsprozesse zu begreifen. Sie systematisch zu rekonstruieren wäre allerdings Aufgabe eines anderen Buchs.

---

57 Ein Blick auf das neuerdings von der Deutschen Gesellschaft für Erziehungswissenschaft erstellte Strukturmodell für die Lehrerbildung im Bachelor/Master System bzw. auf das dazu gehörige Kerncurriculum Erziehungswissenschaft zeigt, wie wenig eine reflexiv-biographische Selbstvergewisserung in den heute dominanten Vorstellungen über Ausbildung pädagogischer Professionalität vertreten ist. Für eine solche Selbstvergewisserung ist kein Platz in den erwähnten Dokumenten zur Lehrerausbildung vorgesehen. (vgl. Vorstand der DGfE 2006, insb. S. 30-32).

6 Fazit

Aus der zurückblickenden Sicht des Autors lässt sich der „Ertrag" der begriffsanalytisch-rekonstruktiven Arbeit in dieser Studie in zwei Schlussfolgerungen zusammenfassen:
Erstens setzen individuelle Bildungsprozesse, verstanden als Parallelvorgänge von Selbst-Entwicklung und Welt-Erschließung, kontinuierliche Erfahrungen mit drei Formen intersubjektiver Anerkennung voraus, nämlich Empathie, moralischer Respekt und soziale Wertschätzung. Dabei ist für Bildungsprozesse jene spezifische Version der sozialen Wertschätzung besonders und unmittelbar relevant, die in diesem Buch als „kulturell-biographische Anerkennung" bezeichnet wird, und die eine Synthese der Formen der Empathie und des moralischen Respekts darstellt. Diese Intersubjektivitätsform besteht aus zwei zentralen Dimensionen: der Wahrnehmung der ursprünglich persönlich-partikularen Bedürfnisse und Ideale des Einzelnen und der Anerkennung seines Potentials, diese Bedürfnisse und Ideale zu „konzeptuellen Inhalten" (Brandom) im Rahmen seiner Partizipation an einer universalistisch entgrenzten Diskurs- und Argumentationsgemeinschaft propositional (und das heißt: transformierend) zu artikulieren. Es handelt sich hierbei um eine Artikulation, welche dem Vorgang der individuellen Wissensgenerierung zugrunde liegt, und welche die Beherrschung einer wissenschaftsförmigen, begrifflich strukturierten Sprache erfordert. Die Voraussetzung dafür ist, dass die Akteure diese Sprache als ein Medium für ihre Teilnahme am diskursiven Spiel des „Gründe-Gebens" und „Nach-Gründen-Verlangens" und somit letztlich als ein Mittel des „Kampfes um Anerkennung" erkennen und handhaben können.
Zweitens ist genau diese durch Anerkennungserfahrungen und Anerkennungsansprüche motivierte propositional-diskursive Artikulation von eigenen Anliegen und Idealen der Einzelnen – und nicht die Weitergabe von kollektiven kulturellen Überlieferungen, die in Schulcurricula kanonisiert werden – als der zentrale Ansatzpunkt von Bildung unter posttraditionellen Bedingungen zu bezeichnen. Bildung ist mit anderen Worten als ein Vorgang zu verstehen, der gewissermaßen von „Innen" nach „Außen", d. h. als Objektivierung, oder besser: als Verweltlichung von Subjektivität, und nicht *primär* als Aneignung

vorgegebener kultureller Inhalte verläuft. Kulturelle Inhalte haben ausschließlich die instrumentelle Bedeutung, als symbolische Ressourcen der Selbst-Artikulation und der Selbst-Universalisierung des Einzelnen zu fungieren. Die Befassung mit diesen Inhalten ist daher nicht als Selbstzweck, sondern ausschließlich als Mittel des Bildungsprozesses zu verstehen, der von Tradierungspraxen kultureller Objektivationen strikt zu unterscheiden ist.

Bezogen speziell auf die schulische Situation von Kindern und Jugendlichen mit Migrationshintergrund, die allgemein als besonders problembeladen wahrgenommen wird, bedeutet diese These, dass Institutionen öffentlicher Erziehung weder die Assimilation dieser Kinder und Jugendlichen an die „Mehrheitskultur", noch die Aufrechterhaltung ihrer spezifischen „kulturellen Identitäten" bezwecken sollen, sondern die Entfaltung ihrer Übersetzungsleistungen zwischen ihren biographisch verwurzelten Selbst- und Wirklichkeitsbildern einerseits und dem Standpunkt der Allgemeinheit andererseits. Die Ausführung dieser Übersetzungsleistungen ist nicht nur bei diesen Kindern und Jugendlichen, sondern auch im Allgemeinen, der Entwicklung individueller Autonomie und der Befähigung zur sozialen Partizipation gleichbedeutend. Pädagogische Behandlungs- und Betrachtungsweisen, bei denen entweder die lebensweltlichen Erfahrungen und Ideale der Schüler ignoriert, oder aber die letzteren als vorgeprägt und festgelegt in ihren Selbst- und Wirklichkeitsreferenzen durch ihre partikular-kulturelle Sozialisationsmuster wahrgenommen und dadurch moralisch missachtet werden, erschweren oder verunmöglichen sogar die Entwicklung individueller Autonomie und die Befähigung zur sozialen Partizipation. Dabei sind individuelle Autonomie und soziale Partizipation als die normativen Leitprinzipien aufzufassen, in denen sich der universalistische Gehalt des Bildungsbegriffs unter posttraditionellen Bedingungen verwirklicht.

7 Literatur

Adorno, Theodor (1979): Soziologische Schriften I (hrsg. von Rolf Tiedemann). Frankfurt a. M.: Suhrkamp
Altmeyer, Martin (2000): *Narzißmus, Intersubjektivität und Anerkennung*. In: Psyche (2/2000), S. 143-171
Anselm, Sigrun (1997): Identifizierung und Selbstbehauptung. Überlegungen zu einer aktuellen Dimension des Anerkennungskonflikts. In: Keupp, Heiner/ Höfer, Renate. (Hg.): Identitätsarbeit heute. Klassische und aktuelle Perspektiven der Identitätsforschung. Frankfurt a. M.: Suhrkamp, S. 135-148
Auernheimer, Georg (1988): Der sogenannte Kulturkonflikt. Orientierungsprobleme ausländischer Jugendlicher. Frankfurt/ New York: Campus
Auernheimer, Georg (1994): Struktur und Kultur. Über verschiedene Zugänge zu Orientierungsproblemen und -strategien von Migranten. In: Zeitschrift für Pädagogik (1/1994), S. 29-42
Badawia, Tarek (2002): „Der Dritte Stuhl". Eine Grounded Theory-Studie zum kreativen Umgang bildungserfolgreicher Immigratenjugendlicher mit kultureller Differenz. Frankfurt a. M./ London: IKO-Verlag
Benhabib, Seyla (1995): Selbst im Kontext. Kommunikative Ethik im Spannungsfeld von Feminismus, Kommunitarismus und Postmoderne. Frankfurt a. M.: Suhrkamp
Benjamin, Jessica (1990): Die Fesseln der Liebe: Psychonalyse, Feminismus und das Problem der Macht. Basel/ Frankfurt a.M.: Stroemfeld/ Roter Stern
Benner, Dietrich (1990): Wilhelm von Humboldts Bildungstheorie. Eine problemgeschichtliche Studie zum Begründungszusammenhang neuzeitlicher Bildungsreform. Werinheim/ Mänchen: Juventa
Benner, Dietrich (1999): „Der Andere" und „Das Andere" als Problem und Aufgabe von Erziehung und Bildung. In.: Zeitschrift für Pädagogik (3/1999), S. 315 - 328
Bhabba, Homi K. (2000): Die Verortung der Kultur. Tübingen: Stauffenburg.
Bilden, Helga (1997): Das Individuum – ein dynamisches System vielfältiger Teil-Selbste. Zur Pluralität in Individuum und Gesellschaft. In: Keupp, Heiner/ Höfer, Renate (Hrsg.): Identitätsarbeit heute. Klassische und aktuelle Perspektiven der Identitätsforschung. Frankfuhrt a. M.: Suhrkamp, S. 227 - 250
Bildungskommission NRW (1995): Zukunft der Bildung - Schule der Zukunft. Denkschrifft der Kommission „Zukunft der Bildung - Schule der Zukunft" beim Ministerpräsidenten des Landes Nordrhein - Westfalen. Neuwied u.a.: Luchterhand
Böhm, Winfried (2005): Wörterbuch der Pädagogik (16. vollständig überarbeitete Auflageunter Mitarbeit von Frthjof Grell). Stuttgart: Kröner
Bohnsack, Ralf/ Nohl, Arnd-Michael (2001): Ethnisierung und Differenzerfahrung: Fremdheit als alltägliches und als methodologisches Phänomen. In: Zeitschrift für qualitative Bildungs-, Beratungs-, und Sozialforschung (ZBBS), Heft 1/ 2001, S. 15 - 36
Borrelli, Michele (1986): Interkulturelle Pädagogik als pädagogische Theoriebildung: Hypothesen zu einem (neuen) Bildungsbegriff. In: Borrelli, Michele (Hg.): Interkulturelle Pädagogik. Positionen - Kontroversen - Perspektiven. Baltmannsweiler: Schneider, S. 8 - 36
Borst, Eva (2003): Anerkennung der Anderen und das Problem des Unterschieds. Perspektiven einer kritischen Theorie der Bildung. Baltmannsweiler: Schneider

Brandom, Robert B. (1994): Making It Explicit. Reasoning, Representing, and Discursive Commitment. Cambridge/London: Harvard University Press

Brandom, Robert B. (2000): Articulating Reasons. An Introduction to Inferentialism. Cambridge/London: Harvard University Press

Brandom, Robert B. (2003): The Structure of Desire and Recognition. (A Draft of a Forthcoming Article)

Bundesverfassungsgereicht (Pressestelle) (2003): Lehrerin mit Kopftuch. Pressemitteilung 71/2003. In: www.bundesverfassungsgericht.de/pressemitteilungen/bvg71-03.html

Butler, Judith (2001): Psyche der Macht. Das Subjekt der Unterwerfung. Frankfurt a. M.: Suhrkamp

Cassirer, Ernst (1956): Der Begriff der symbolischen Form im Aufbau der Geisteswissenschaften. In: Cassirer, Ernst: Wesen und Wirkung des Symbolbegriffs. Darmstadt: Wissenschaftliche Buchgesellschaft, S. 169 - 200

Cavell, Stanley (2002): Knowing and Acknowledging. In: Ders.: Must We Mean What We Say? (Updated Edition). Cambridge: Cambridge University Press, S. 238 - 266

Claessens, Dieter (1972): Familie und Wertsystem. Eine Studie zur „zweiten, sozio-kulturellen Geburt" des Menschen und der Belastbarkeit der „Kernfamilie". Berlin: Duncker & Humblot

Coleman, Joe (2003): School Choice, Diversity, and a Life of One's Own. In: Theory and Research in Education Vol. 1(1)/ 2003, S. 101-120, www.sagepublications.com

Damasio, Antonio R. (1997): Descartes' Irrtum. Fühlen, Denken und das menschliche Gehirn. München: Deutscher Taschenbuch Verlag.

Dewey, John (1916): Democracy and Education: An Introduction to the Philosophy of Education. New York: The Macimilllian Company

Dewey, John (1964): Demokratie und Erziehung. Eine Einleitung in die philosophische Pädagogik (3. Auflage; übersetzt von Erich Hylla). Branschweig u.a.: Westermann

Dewey, John (2002): Das Kind und der Lehrplan. In: Ders.: Pädagogische Aufsätze und Abhandlungen (1900 - 1944) (Mit einer Einleitung neu hrsg. von Rebekka Horlacher und Jürgen Oelkers). Zürich: Pesralozzianum, S. 83 - 100

Dickopp, Karl- Heinz (1986): Begründung und Ziele einer Interkulturellen Erziehung - Zur Konzeption einer transkulturellen Pädagogik. In: Borrelli, Michele (Hg.): Interkulturelle Pädagogik: Positionen - Kontroversen - Perspektiven. Baltmannsweiler: Schneider, S. 37 - 48

Diehm, Isabell (1999): Differenz und Ambivalenz - Ein handlungstheoretischer Überblick auf die Praxis interkultureller Erziehung. In: Tätigkeitsbericht 97/98. Fachbereich Erziehungswissenschaften der Johann Wolfgang Goethe-Universität Frakfurt am Main, Themenbereich: Migration und Minderheiten. Frankfurt a.M.: Universität, S.12-36

Diehm, Isabell/Radtke, Frank-Olaf (1999): Erziehung und Migration. Eine Einführung. Stuttgart: Kohlhammer

Döbert, Reiner/ Habermas, Jürgen/ Nummer-Winkler, Gertrud (1977): Entwicklung des Ichs. Köln: Kiepenheuer & Witsch

Dohmen, Günther (1964): Bildung und Schule. Die Entstehung des deutschen Bildungsbegriffs und die Entwicklung seines Verhältnisses zur Schule. Bd. 1 (Der religiöse und der organologische Bildungsbegriff). Weinheim: Beltz

Dohmen, Günther (1965): Bildung und Schule. Die Entstehung des deutschen Bildungsbegriffs und die Entwicklung seines Verhältnisses zur Schule. Bd. 2 (Die Entstehung des pädagogischen Bildungsbegriffs und seines Bezugs zum Schulunterricht. Weinheim: Beltz

Dornes, Martin (1993): Der kompetente Säugling. Die präverbale Entwicklung des Menschen. Frankfurt a. M.: Fischer

Eagle, Morris, N. (1988): Neuere Entwicklungen in der Psychoanalyse. Eine kritische Würdigung. München/ Wien: Verlag Internationale Psychoanalyse

Emcke, Carolin (2000): Kollektive Identitäten. Sozialphilosphische Grundlagen.Frankfurt/ New York: Campus

Erikson, Eric (1968): Identity, Youth and Crisis. New York: Norton

Esser, Hartmut (2001): Sinn und Kultur (= Soziologie. Spezielle Grundlagen, Bd. 6). Frankfurt/ New York: Campus

Flick, Uwe (2002): Qualitative Sozialforschung. Eine Einführung. Reinbek: Rowohlt

Forst, Rainer (2002): Zu einer kritischen Theorie transnationaler Gerechtigkeit. In: Schmücker, Reinold/ Steinvorth, Ulrich (Hg.): Gerechtigkeit und Politik. Philosophische Perspektiven. Sonderband 3 der Deutschen Zeitschrift für Philosophie. Berlin: Akademie, S. 215 - 232

Foucault, Michel (1999): In Verteidigung der Gesellschaft. Vorlesungen am Colège de France (1975 - 76). Frankfurt a. M.: Suhrkamp

Fraser, Nancy (1998): Social Justice in the Age of Identity Politics: Redistribution, Recognition, Participation. Discussion Paper FS I 98-108. Berlin: Wissenschaftszentrum Berlin für Sozialforschung

Fraser, Nancy (2003a): Soziale Gerechtigkeit im Zeitalter der Identitätspolitik. Umverteilung, Anerkennung und Beteiligung. In: Fraser, Nancy/ Honneth, Axel: Umverteilung oder Anerkennung? Eine politisch-philosophische Kontroverse. Frankfurt a. M.: Suhrkamp, S. 13 - 128

Fraser, Nancy (2003b): Anerkennung bis zur Unkenntlichkeit verzerrt. Eine Erwiderung auf Axel Honneth. In: Fraser, Nancy/ Honneth Axel: a. a. O., S. 225 - 270

Galston, William A. (1995): Two Concepts of Liberalism. In: Ethics, Vol. 105 (3/1995), S. 516 - 534

Giddens, Anthony (1994): Living in a Post-Traditional Society. In: Beck, Ulrich/Giddens, Anthony/ Lash, Scott: Reflexive Modernization. Cambridge: Polity Press, S. 56 - 107

Gomola, Mechtild/ Radtke, Frank-Olaf (2002): Indititutionelle Diskriminierung. Die Herstellung ethnischer Differenz in der Schule. Opladen: Leske + Budrich

Gutmann, Amy (1995): Civic Education and Social Diversity. In: Ethics, Vol. 105 (3/1995), S. 557 - 579

Habermas, Jürgen (1971): Theorie der Gesellschaft oder Sozialtechnologie? Eine Auseinadersetzung mit Niklas Luhmann. In: Habermas, Jürgen/ Luhmann, Niklas: Theorie der Gesellschaft oder Sozialtechnologie: Was leistet die Systemforschung? Frankfuhrt a.M.: Suhrkamp, S. 142 - 290

Habermas, Jürgen (1976): Zur Rekonstruktion des Historischen Materialismus. Frankfurt a. M.: Suhrkamp

Habermas, Jürgen (1981): Theorie des kommunikativen Handelns, Bd. 1 und 2. Frankfuhrt a.M.: Suhrkamp

Habermas, Jürgen (1984): Was heißt Universalpragmatik? In: Ders.: Vorstudien und Ergänzungen zur Theorie des kommunikativen Handelns. Frankfurt a. M.: Suhrkamp, S. 353-440

Habermas, Jürgen (1986): Entgegnung. In: Honneth, Axel/ Joas, Hans (Hg.): Kommunikatives Handeln. Beiträge zu Jürgen Habermas' „Theorie des kommunikativen Handelns". Frankfurt a. M.: Suhrkamp, S. 327-405

Habermas, Jürgen (1988): Der philosophische Diskurs der Moderne. Frankfurt a. M.: Suhrkamp

Habermas, Jürgen (1991): Erläuterungen zur Diskursethik. Frankfurt a. M.: Suhrkamp

Habermas, Jürgen (1992): Faktizität und Geltung. Frankfurt a.M.: Suhrkamp

Habermas, Jürgen (1996): Die Einbeziehung des Anderen. Studien zur politischen Theorie. Frankfurt a. M.: Suhrkamp

Habermas, Jürgen (1997): Die befreiende Kraft der symbolischen Formgebung. In: Ders.: Vom sinnlichen Eindruck zum symbolischen Ausdruck. Frankfurt a. M.: Suhrkamp, S. 9 - 40

Habermas, Jürgen (1999): Wahrheit und Rechtfertigung. Philosophische Aufsätze. Frankfurt a. M.: Suhrkamp

Hafeneger, Benno/ Henkenborg, Peter/ Scherr, Albert (Hg.) (2002): Pädagogik der Anerkennung. Grundlagen, Komnzepte, Praxisfelder. Schwalbach /Ts.: Wochenschau Verlag

Hall, Stuart (2000): Postmoderne und Artikulation. In: Ders: Cultural Studies. Hamburg: Argument, S. 52 - 77

Hartmann, Martin (2002): Widersprüche, Ambivalenzen, Paradoxien: -Begrifflliche Wandlungen der neueren Gesellschaftstheorie. In: Honneth, Axel (Hg.): Befreiung aus der Mündigkeit. Paradoxien des gegenwärtigen Kapitalismus. Frankfurt/ New York: Campus, S. 221 - 251

Hartmann, Hans-Peter (1995): Grundbegriffe der Selbstpsychologie. Teil I. In: Kutter/ Paál/ Schöttler Hartmann/ Milch (Hg.): Der therapeutische Prozeß. Psychoanalytische Theorie und Methode in der Sicht der Selbstpsychologie. Frankfurt a. M.: Suhrkamp, S. 23-36

Heckmann, Gustav (1993): Das Sokratische Gespräch. Herausgegeben von der Philosophisch-Politischen Akademie mit einem Vorwort zur Neuausgabe von Dieter Krohn. Frankfurt a. M.: dipa-Verlag:

Hegel, Georg Wilhelm Friedrich (1974): Jenaer Realphilosophie. Die Vorlesungen von 1805/06. Philosophie des Geistes. In: Ders.: Frühe politische Systeme (Hg. von Gerhard Göhler). Frankfurt a. M. u.a.: Ullstein, S. 201-289

Hegel, Georg Wilhelm Friedrich (1974a): Anhang zur Jenaer Realphilosophie. Ausarbeitungen zur Geistesphislosophie von 1803/04. In: Ders.: Frühe politische Systeme (Hg. von Gerhard Göhler). Frankfurt a. M. u.a.: Ullstein, S. 291- 335

Hegel, Georg Wilhelm Friedrich (1978): Grundlinien der Philosophie des Rechts. In: Ders.: Werke in zwanzig Bänden, Bd. 7. Frankfurt a.M.: Suhrkamp

Hegel, Georg Wilhelm Friedrich (1980): Phänomenologie des Geistes. Hrsg. von Wolfgang Bonsiepen und Reinhard Heede (Gesammelte Werke, Bd. 9). Hamburg: Meiner

Heitmeyer, Willhelm/ Müller, Joachim/ Schröder, Helmut (1997): Verlockender Fundamentalismus. Türkische Jugendliche in Deutschland. Frankfurt a. M.: Suhrkamp

Helsper, Werner (1996): Antinomien des Lehrerhandelns in modernisierten pädagogischen Kulturen. Paradoxe Verwendungsweisen von Autonomie und Selbstverantwortlichkeit. In: Combe, Arno/ Helsper, Werner (Hrsg.): Pädagogische Professionalität.Untersuchungen zum Typus pädagogischen Handelns. Frankfurt a.M.: Suhrkamp, S. 521- 569

Helsper, Werner (2001): Schülerpartizipation und Schulkultur - Bestimmungen im Horizont schulischer Anerkennungsverhältnisse. In: Böhme, Jeanette/ Kramer, Rolf-Torsten (Hg.): Partizipation in der Schule. Theoretische Perspektiven und empirische Analysen. Opladen: Leske + Budrich, S. 37 - 48

Helsper, Werner/ Lingkost, Angelika (2002): Schülerpartizipation in den Antinomien von Autonomie und Zwang sowie Organisation und Interaktion - exemplarische Rekonstruktionen im Horizont einer Theorie schulischer Anerkennung. In: Hafeneger, Benno/ Henkenborg, Peter/ Scherr, Albert (Hg.): Pädagogik der Anerkennung. Grundlagen, Konzepte, Praxisfelder. Wochenschau Verlag: Schwalbach/ Ts., S. 132 - 156

Höhne Thomas/ Kunz, Thomas/ Radtke, Frank-Olaf (1999): Bilder von Fremden. Formen der Migrantendarstellung als der „anderen Kultur" in deutschen Schulbüchern von 1981 -1997. Frankfurt a. M.: Universität

Honneth, Axel (1986): Kritik der Macht. Reflexionsstufen einer kritischen Gesellschaftstheorie. Frankfurt a.M.: Suhrkamp

Honneth, Axel (1992): Kampf um Anerkennung. Zur moralischen Grammatik sozialer Konflikte. Frankfurt a.M.: Suhrkamp

Honneth, Axel (1994): Die soziale Dynamik von Missachtung. In: Leviatan (22/1994), S. 78 – 93.

Honneth, Axel (2000a): Pathologien des Sozialen. Tradition und Aktualität der Sozialphilosophie. In: Ders: Das Andere der Gerechtigkeit. Frankfurt a. M.: Suhrkamp, S. 11-69

Honneth, Axel (2000b): Dezentrierte Autonomie. Moralphilosophische Konsequenzen aus der Subjektkritik. In: Ders: Das Andere der Gerechtigkeit. Frankfurt a. M.: Suhrkamp, S.237-254

Honneth, Axel (2000c): Objektbeziehungstheorie und postmoderne Identität. Über das vermeintliche Veralten der Psychoaanalyse. In: Psyche (11/ 2000), S. 1087-1109

Honneth, Axel (2003a): Umverteilung als Anerkennung. Eine Erwiderung auf Nancy Fraser. In: Fraser, Nancy/ Honneth, Axel: Umverteilung oder Anerkennung? Eine politisch-philosophische Kontroverse. Frankfurt a. M.: Suhrkamp, S. 129 - 224

Honneth, Axel (2003b): Die Pointe der Anerkennung. Eine Entgegenung auf die Entgegenung. In: Fraser, Nancy/ Honneth, Axel: a. a. O., S. 271 - 305

Honneth, Axel (2004): Anerkennung als Ideologie. In: WestEnd. Neue Zeitschrift für Sozialforschung (1/ 2004), S. 51 - 70
Horster, Detlef (1991): Auf den Spuren Sokrates' Ortswechsel für das Philosophieren. Philosophieren mit Kindern. Hannover: Universität
Horster, Detlef (1994): Das Sokratische Gespräch in Theorie und Praxis. Opladen: Leske + Budrich
Horster, Detlef (1999): Jürgen Habermas zur Einführung. Hamburg: Junius
Humboldt, Wilhelm von (1905a): Über das vergleichende Sprachstudium in Beziehung auf die verschiedenen Epochen der Sprachentwicklung. In: Wilhelm von Humboldts Gesammelte Schriften (hrsg. von der Königlich Preussichen Akademie der Wissenschaften), Bd. 4. Berlin: B. Behr's (photomechanischer Nachdruck de Gruyter & Co. Berlin 1968), S. 1 - 34
Humboldt, Wilhelm von (1905b): Über das Entstehen der grammatischen Formen und ihren Einfluß auf die Ideenentwicklung. In: Wilhelm von Humboldts Gesammelte Schriften, a. a. O., S. 285 - 314
Humboldt, Wilhelm von (1905c): Über den Nationalcharakter der Sprachen. In: Wilhelm von Humboldts Gesammelte Schriften, a. a. O.; S. 420 - 435
Humboldt, Wilhelm von (1980): Theorie der Bildung des Menschen. In: Flitner, Andreas/ Giel, Klaus (Hg.): Wilhelm von Humboldt. Werke in fünf Bänden. Bd. 1. Darmstadt: Wissenschaftliche Buchgesellschaft, S. 234 - 240
Husserl, Edmund (1954): Die Krisis der europäischen Wissenschaften und die transzendentale Phänomenologie (Husserliana 5). Den Haag: Nijhoff
Husserl, Edmund (1977): Cartesianische Meditationen. Eine Einleitung in die Phänomenologie. Hamburg: Meiner
Husserl, Edmund (1973): Phänomenologie der Intersubjektivität, Bd. 2. (Husserliana 14). Den Haag: Nijhoff
Ilien, Albert (1994): Schulische Bildung in der Krise. Hannover: Universität
Ilien, Albert (2005): Lehrerprofession. Grundprobleme pädagogischen Handelns. Wiesbaden: Verlag für Sozialwissenschaften
Kaschuba, Wolfgang (1995): Kulturalismus: Vom Verschwinden des Sozialen im gesellschaftlichen Diskurs. In: Ders. (Hg.): Kulturen - Identitäten - Diskurse. Perspektiven europäischer Ethnologie. Berlin: Akademie, S. 11 - 30
Keupp, Heiner (1997): Diskursarena Identität: Lernprozesse in der Identitätsforschung. In: Keupp, Heiner/ Höfer, Renate. (Hg.): Identitätsarbeit heute. Klassische und aktuelle Perspektiven der Identitätsforschung. Frankfurt a. M.: Suhrkamp, S. 11 - 39
Kiper, Hanna (2003): Literacy versus Curriculum? In: Moschner, Barbara/ Kiper, Hanna/ Kattmann (Hg.): PISA 2000 als Herausforderung. Perspektiven für Lehren und Lernen. Baltmannsweiler: Schneider, S. 65 - 86
Klafki, Wolfgang (1994): Neue Studien zur Bildungstheorie und Didaktik. Zeitgemäße Allgemeinbildung und kritisch – konstruktive Didaktik. Weinheim/Basel: Beltz
Koch, Lutz (1999): Bildung. In: Reinhold/ Pollak/ Heim (Hg.): Pädagogik-Lexikon. München: Oldenbourg, S. 78-84
Kohut, Heinz (1976): Narzißmus. Eine Theorie der psychonalytischen Behandlung narzißtischer Persönlichkeitsstörungen. Frankfurt a. M.: Suhrkamp
Kohut, Heinz (1979): Die Heilung des Selbst. Frankfurt a. M.: Suhrkamp
Kohut, Heinz (1987): Wie heilt die Psychoanalyse? Frankfurt a. M.: Suhrkamp
Kohlberg, Lawerence (1984): The Psychologiy of Moral Development. San Francisco: Harper & Row
Kolakowski, Leszek (1986): Die Suche nach der verlorenen Gewißheit. Denkwege mit Edmund Husserl. München: Piper
Koller, Hans-Christoph (1999): Bildung und Widerstreit. Zur Struktur biographischer Bildungsprozesse in der (Post-) Moderne. München: Fink
Koller, Hans-Chrisoph (2000): Bildung in der (Post-)Moderne. Bildungstheoretische Überlegungen im Anschluss an Lyotards Philosophie des Widerstreits. In. Pedagogisch Tijdschrift (25/ 2000), Nr. 3/4, 293-317

Koller, Hans-Christoph (2002a): Bildung und kulturelle Differenz. Zur Erforschung biographischer Bildungsprozesse von MigrantInnen. In: Kraul, Margret/ Marotzki, Winfried (Hg.): Biographische Arbeit. Opladen: Leske + Budrich. S. 92-116

Koller, Hans-Christoph (2002b): Bildung und Migration. Bildungstheoretische Überlegungen in Anschluss an Bourdeau und Cultural Studies. In: Friedrichs, Werner/ Sanders, Olaf (Hg.): Bildung, Transformation: kulturelle und gesellschaftliche Umbrüche aus bildungstheoretischer Perspektive. Bielefeld: Transcript, S. 181 - 200

Krüger, Heinz-Hermann (1999): Entwicklungslinien und aktuelle Perspektiven einer Kritischen Erziehungswissenschaft. In: Sünker, Heinz / Krüger, Heinz-Hermann (Hg.): Kritische Erziehungswissenschaft am Neubeginn ?! Suhrkamp: Frankfurt a. M., S. 162 - 183

Krüger-Potratz, Marianne (2005): Interkulturelle Bildung. Eine Einführung. Münster u.a.: Waxmann

Kymlicka, Will (1991): Liberalism, Community and Culture. Oxford/ New York: Oxford University Press

Lenzen, Dieter (1997) Lösen die Begriffe Selbstorganisation, Autopoiesis und Emergenz den Bildungsbegriff ab? In: Zeitschrift für Pädagogik (6/1997), S. 949 - 968

Lenzen, Dieter (2000): Bildung im Kontext. Eine nachgetragene Beobachtung. In: Dietrich, Cornelie/ Müller, Hans - Rüdiger (Hrsg.): Bildung und Emanzipation. a. a. O. , S. 73 - 86

Macedo, Stephen (1995): Liberal Civic Education and Reilgious Fundamentalism: The Case of God v. John Rawls. In: Ethics, Vol. 105 (3/1995), S. 468 - 496

Madureira, Miriam (2002): Intersubjektivität und Gleichheit. Unveröffentlichtes Manuskript

Mannitz, Sabine (2002): Auffassungen von kultureller Differenz: Identitätsmanagement und diskursive Assimilation. In: Schiffauer/ Baumann/ Kastoryano/ Vetrovec (Hg.): Staat - Schule - Ethnizität. Politische Sozialisation von Immigrantenkindern in vier europäischen Ländern. Münster: Waxmann, S. 255 - 322

Mannitz, Sabine (2002a): Disziplinarische Ordnungskonzepte und zivile Umgangsformen in Berlin und Paris. In: Schiffauer/ Baumann/ Kastoryano/ Vetrovec (Hg.), a. a. O., S. 161 - 220

Mannitz, Sabine/ Schiffauer, Werner (2002): Taxonomien kultureller Differenz: Konstruktionen der Fremdheit. In: Schiffauer/ Baumann/ Kastoryano/ Vetrovec (Hg.), a. a. O., S. 67 - 100

Margalit, Avishai (1997): Politik der Würde: über Achtung und Verachtung. Berlin: Fest

Markell, Patchen (2002): Bound by Recognition. Princeton/ Oxford: Princeton University Press

Marotzki, Winfried (1990): Entwurf einer strukturalen Bildungstheorie. Biographietheoretische Auslegung von Bildungsprozessen in hochmodernen Gesellschaften. Weinheim: Deutscher Studien Verlag

Marotzki, Winfried (1991): Aspekte einer bildungstheoretisch orientierten Biographieforschung. In: Hoffman, Dietrich/ Heid, Helmut (Hg.): Bilanzierungen erziehungswissenschaftlicher Theorieentwicklung. Erfolgskontrolle durch Wissenschaftsforschung. Weinheim: Deutscher Studien Verlag, S. 119-134

Marotzki, Winfried (1996): Forschungsmethoden der erziehungswissenschaftlichen Biographieforschung. In: Krüger, Heinz-Hermann/ Marotzki, Winfried (Hg.): Erziehungswissenschaftliche Biographieforschung. Opladen: Leske + Budrich, S. 55-89

Masschelein, Jan (1991): Kommunikatives Handeln und pädagogisches Handeln. Die Bedeutung der Habermasschen kommunikationspädagogischen Wende für die Pädagogik. Weinheim/Leuven: Deutscher Studien Verlag/ Leuven Univ. Press

McDowell, John Henry (1996): Mind and World: With a new Introduction. Cambridge/ London: Harvard University Press

Mead, Georg Herbert (1959): Mind, Self and Society. From the Standpoint of a Social Behaviorist.Chicago: University of Chicago Press

Mecheril, Paul/ Miandashti, Siavash/ Kötter, Hubert (1997): „Anerkennung als Subjekt" - eine konzeptuelle Orientierung für die psychosoziale Arbeit mit Migrantinnen und Migranten. In: Verhaltenstherapie und psychosoziale Praxis (4/1997), S. 559 - 575

Meister Eckhart (1963): Die deutschen und die lateinischen Werke. Herausgegeben und übersetzt von Josef Quint, Bd. 5. Stuttgart: Kohlhamer

Meister Eckhart (1979): Deutsche Predigten und Traktate. Herausgegeben und übersetzt von Josef Quint. Zürich: Diogenes

Meyer-Drawe, Käte (1990): Illusionen von Autonomie. Diesseits von Ohnmacht und Allmacht des Ichs. München: Kircheim

Milch, Wolfgang (1995): Grundbegriffe der Selbstpsychologie Teil 2. In: Kutter/ Paál/ Schöttler/ Hartmann/ Milch (Hg.): a.a.O, S. 37 - 51

Mollenhauer, Klaus (1968): Erziehung und Emanzipation. Problematische Skizzen. München: Juventa

Nassehi, Armin (1997): Das stahlharte Gehäuse der Zugehörigkeit. Unschärfen im Diskurs im die „multikulturelle Gesellschaft", in: Ders. (Hrsg.): Nation, Ethnie, Minderheit. Köln/Weimar/Wien: Böhlau, 189-208.

Nieke, Wolfgang (2000): Interkulturelle Erziehung und Bildung. Wertorientierungen im Alltag. Opladen: Leske + Budrich

Nohl, Arnd-Michael (2001): Migration und Differenzierung. Junge Einheimische und Migranten im rekonstruktiven Milieuvergleich. Opladen: Leske + Budrich

Nohl, Arnd-Michael (2003a): Ethnisierungserfahrungen Jugendlicher – Zur vergleichenden Rekonstruktion sozialer Probleme in der Einwanderungsgesellschaft. In: Groenemeyer, Axel/ Mansel, Jürgen (Hg.): Die Ethnisierung von Alltagskonflikten. Opladen: Leske + Budrich, S. 69 - 87

Nohl, Arnd-Michael (2003b): Interkulturelle Bildungsprozesse im Breakdance. In: Androutsopoulos, Jannis (Hg.): HipHop: Globale Kultur - Lokale Praktiken. Hamburg: transcript, S. 297 - 320

Nohl, Herman (1970): Die pädagogische Bewegung in Deutschland und seine Theorie. Frankfurt a. M.: Schulte-Blimke

Nussbaum, Martha C. (1997):. Cultivating Humanity: A Classical Defense of Reform in Liberal Education. Cambridge/London: Harvard University Press--

Plöger, Wilfried (1999): Allgemeine Didaktik und Fachdidaktik. München: Fink

Prengel, Annedore (1993): Pädagogik der Vielfalt. Verschiedenheit und Gleichbereichtigung in Interkultureller, Feministischer und Integrativer Pädagogik. Opladen: Leske + Budrich

Raupach-Strey, Gisela (2002): Sokratische Didaktik. Die didaktische Bedeutung der Sokratischen Methode in der Tradition von Leonard Nelson und Gustav Heckmann. Münster: Lit

Rauschenberger, Hans (1985): Über die didaktische Mentalität in unserer Zeit. In: Ders.(Hg.): Unterricht als Zivilisationsform: Zugänge zu unerledigten Themen der Didaktik. Königstein/ Ts.: Athenäum, S. 173-220

Ruhloff, Jörg (1982): Bildung und national-kulturelle Orientierung. In: Ders. (Hg.): Aufwachsen im fremden Land. Frankfurt a. M.: Peter Lang

Ruhloff, Jörg (1986): Ausländersozialisation oder Kulturüberschreitende Bildung? In: Borrelli, Michelle (Hg.): Interkulturelle Pädagogik. Positionen - Kontroversen - Perspektiven. Baltmannsweiler: Schneider, S. 186- 200

Schaller, Klaus (1987): Pädagogik der Kommunikation. Annährungen. Erprobungen. Sankt Augustin: Richarz

Scherr, Albert (2002): Subjektbildung in Anerkennungsverhältnissen. Über „soziale Subjektivität" und „gegenseitige Anerkennung" als pädagogische Grundbegriffe. In: Hafenger, Benno/ Henkenborg, Peter/ Scherr, Albert (Hg.): Pädagogik der Anerkennung (a.a.O.), S. 26-44

Schlömerkemper, Jörg (2004): Mathetik – Lernen aus der Sicht der Lernenden. In: Kaiser, Astrid/ Pech, Detlef (Hg.): Basiswissen Sachunterricht (Bd. 4). Baltmannsweiler: Schneider, S. 113-118

Schrader, Achim/ Nikles, Bruno/ Griese, Hartmut (1979): Die zweite Generation. Sozialisation und Akkulturation ausländischer Kinder in der Bundesrepublik. Königstein/ Ts.: Athenäum

Schulz, Wolfgang (1981): Unterrichtsplanung: mit Materialien aus Unterrichtsfächern. München u.a.: Urban und Schwarzenberg

Schwenk, Bernhard (1989): Bildung. In: Lenzen, Dieter (Hg.): Pädagogische Grundbegriffe, Bd. 1. Rowolt: Reinbek bei Hamburg , S. 208 – 220

Sellars, Wilfried (1997): Empiricism and the Philosophy of Mind. Cambridge, MA: Harvard University Press
Siep, Ludwig (1979): Anerkennung als Prinzip der praktischen Philosophie: Untersuchungen zu Hegels Philosophie des Geistes. Freiburg/ München: Alber
Siep, Ludwig (1998): Die Bewegung des Anerkennens in Hegels Phänomenologie des Geistes. In: Köhler, Dietmar/ Pöggeler, Otto (Hg.): G. W. F. Hegel, Phänomenologie des Geistes. Berlin: Akademie Verlag, S. 107- 127
Stern, Daniel (1998): Die Lebenserfahrung des Säuglings. Stuttgart: Klett-Cotta
Stojanov, Krassimir (1999): Gesellschaftliche Modernisierung und lebensweltorientierte Bildung. Weinheim/ Basel: Deutscher Studien Verlag
Stojanov, Krassimir (1999a): Personal Identity and Social Change: Toward a Post-Traditional Lifeworld. In: Philosophy in the Contemporary World. Vol. 6, Nr. 1 (1999), San Antonio, S. 55-60
Stojanov, Krassimir (2000): Praktische Rationalität und Leiblichkeit. In: Bauer/Lippitz/Marotzki/Ruhloff/Schäfer/Wulf. (Hrsg.): Rationalitäts- und Glaubensvariationen. Jahrbuch für Bildungs- und Erziehungsphilosophie 3. Baltmannsweiler: Schneider, S. 113 - 126
Stojanov, Krassimir (2002): The Issue of the Cosmopolitan Identities and the Third Way between Cultural Embeddement ans Liberal Autonomy. In: Philosophy in the Contemporary World. Vol. 9 (2/ 2002) San Antonio: S. 7 - 12
Stojanov, Krassimir (2006): Intersubjective Recognition and the Development of Propositional Thinking. Unveröff. Manuskript
Tenort, Heinz-Elmar (1994): „Alle alles zu lernen". Möglichkeiten und Perspektiven allgemeiner Bildung. Darmstadt: Wiss. Buchgesellschaft
Tenorth, Heinz-Elmar (2000): Bildung - was denn sonst? In: Dietrich, Cornelie/ Müller, Hans - Rüdiger (Hg.): Bildung und Emanzipation. Klaus Mollenhauer weiterdenken. Weinheim: Juventa, S. 87 – 102
Taylor, Charles (1986): Sprache und Gesellschaft. In: Honneth, Axel/ Joas, Hans (Hg.): Kommunikatives Handeln. Beiträge zu Jürgen Habermas' „Theorie des kommunikativen Handelns". Frankfurt a. M.: Suhrkamp, S. 35 - 52
Taylor, Charles (1989): Sources of the Self. Cambridge: Cambridge University Press
Taylor, Charles (1993): Die Politik der Anerkennung. In: Gutmann, Amy (Hg.): Multikulturalismus und die Politik der Anerkennung: Frankfurt a.M.: Fischer, S. 13 - 78
Taylor, Charles (1995): Das Unbehagen an der Moderne. Franfurt a. M.: Suhrkamp
Todorov, Tzvetan (1996): Abenteuer des Zusammenlebens. Versuch einer allgemeinen Anthropologie. Berlin: Wagenbach
Tugendhat, Ernst (2003): Egozentrizität und Mystik. Eine anthropologische Studie. München: Beck
Velleman, J. David (1999): Love as a Moral Emotion. In: Ethics (January 1999), S. 338 - 374)
Vorstand der DGfE (2006): Strukturmodell für die Lehrerbildung im Bachelor/ Bakkalaureus- und Master/ Magister-System. In: Erziehungswissenschaft, Heft 32, Jg. 2006, S. 25-32
Waldron, Jeremy (1995): Minority Cultures and the Cosmopolitan Alternative. In: Kymlicka, Will (Ed.): The Rights of Minority Cultures. Oxford/ New York: Oxford University Press, S. 93 - 119
Winnicott, Donald W. (1974): Reifungsprozesse und fördernde Umwelt. Kindler: München
Winnicott, Donald W. (1973): Vom Spiel zur Kreativität. Stuttgart: Klett
Ziehe, Thomas (1996): Zeitvergleiche. Jugend in kulturellen Modernisierungen. Weinheim/ München: Juventa